INTRODUCTION TO SOUND SYSTEM FOR CHURCHES

교회음향을 위한 음향시스템 입문

저자 | 박 경 배

발 행 일	초판 1쇄 2016년 8월 10일
	초판 2쇄 2018년 1월 09일
저 자	박경배
펴 낸 곳	도서출판 아진
주 소	경기도 의왕시 이미로 40 인덕원 IT밸리 A동 1019호 도서출판 아진
전 화	02-737-0663
팩 스	02-737-0664
홈페이지	ajin.to
기 획 처	레오방송아카데미 평생교육원
주 소	서울특별시 강남구 도산대로 1길 28 남경빌딩 2F
전 화	031-662-0301
홈페이지	www.live-eng.com
디 자 인	샘디자인
인 쇄	샘디자인
주 소	경기도 성남시 분당구 판교역로 235 에이치스퀘어 N동 B106호
전 화	031-696-7778
발 행 인	김근배
I S B N	978-89-5761-498-3 93670
등록번호	제300-1995-56호

파본 및 낙장본은 교환하여 드립니다.
이 책의 저작권은 레오방송아카데미에 있습니다.
이 책의 일부 혹은 전체 내용을 레오방송아카데미의 허락 없이 복사·전재하는 것은
저작권법에 저촉됩니다.

교회음향을 위한 음향시스템 입문을 여러 음향인들의 의견을 수렴하여 제작되고 있습니다.
책의 내용에 관한 의견이나 원고 및 정보를 제공해주실 분은 이메일을 통해 보내주시면 감사하겠습니다.
채택되신 분께는 소정의 원고료를 드리겠습니다

이 메 일 teamsound@naver.com

추천사

김진섭 박사
(백석신학교 학장, 백석대학교 서울캠퍼스 부총장, 구약학)

성경의 최대 명령은 동전의 양면 같은 "주 예수님을 믿으라"(행 16:31)와 "성령님의 충만함을 받으라"(엡 5:18)입니다. 이 두 명령이 순종되는 가장 확실한 장소는 바로 "기도와 찬송"의 이중주(행 16:25; 엡 5:19)가 시위되는 "경배와 찬양"(시 66:4; 대하 29:30)입니다.

예배(worship)란 하나님의 "하나님 되심". 즉 그분의 "가치"(worth)를 "인정"(-ship)하는 것입니다. 모든 피조물 안에는 궁극적인 의미나 목적이 결코 없으며, "오직 하나님께 영광"(Soli Deo Gloria)을 돌려드리기 위해 피조물은 지음 받았고 존재하는 것입니다(롬 11:36).

예배는 하나님께 영광 돌리는 가장 구체적인 자리입니다(롬 12:1). 현대물리학이 이해하는 빛-소리-열의 자유전환 아래, 밤하늘 일등별에서 팔등별까지 어우러져 팔도화음계의 웅장한 대 자연교향곡으로 하나님의 영광을 선포하는 '별들의 합창'(욥 38:7; 시 148:3; 눅 2:13)을 우리는 얼마나 자주 '우주 성전'(시 29:9)에서 듣습니까?

성경에 언급된 우주합창단을 소개한다면, 하나님의 능력과 신성을 시위하는 만물(롬 1:20), 하늘과 궁창 및 낮과 밤(시 19:1), 하늘과 땅(사 49:13), 하늘과 땅의 깊은 곳 및 산과 삼림(사 44:23), 산들과 작은 산들 및 손바닥을 치는 들의 모든 나무(사 55:12), 하나님의 목소리—뇌성, 지중해 파도, 레바논 산맥의 백향목, 가데스 광야(시 29:3-9), 파도의 박수와 산악의 합창(메아리; 시 98:8), 돌들(눅 19:40), 시내산 예배의 서곡인 우뢰와 번개와 빽빽한 구름과 천사의 나팔(출 19:16; 20:18; 히 12:19), 천사의 나팔(마 24:31; 고전 15:51-52; 살전 4:16), 천상의 영물들(시 29:1; 사 6:2-3; 눅 2:13-14)이 하나님의 은혜를 찬양합니다.

우주창조의 중심이요 면류관인 사람은 우주창조 기쁨의 극치요(잠 8:30-31), 하나님의 전능을 시위하는 보증서입니다(시 139:13-18). 모든 피조물도 찬양으로 하나님께 영광을 돌리는 그리스도인들에 동참하기를 고대합니다(롬 8:19, 21). 하나님의 형상인 인간이 출생을 알리는 '응아' 울음소리는 하나님 찬양을 위해 입력된 절대음 A(라)이지만, 범죄 한 인간은 하나님께 영광을 돌리지 않고(롬 1:21) 인간과 우상을 숭배하며(롬 1:23,25), 하나님의 영광에 이르지 못하게 된 것입니다(롬 3:23).

구원의 은혜를 하나님의 선물로 받은 구약의 이스라엘이나(사 42:8; 43:7, 21) 신약의 교회는(롬 9:5; 엡 1:6) 한결같이 하나님께 예배로 영광 돌리기 위해 선택되고 존재하는 것입니다. 우리 각자는 삼위일체 하나님을 알현하는 VIP 초대장을 받아 "주 예수님을 통하여 한 성령님 안에서 아버지께 나아가는"(엡 2:18) 영광과 감격으로, 천상에서 나의 존재 의미와 목적을 달성하는 경배와 찬양을 돌리게 될(계 4:8-11) 맛보기로서 생명력이 넘치는 산제사라는 긴장과 기대감으로 예배에 참예하게 되는 것입니다. .

이런 사활적인 신앙적 이해 아래, 오늘날 교회 예배 가운데 중요한 역할을 감당하는 부분이 바로 교회 음향 사역입니다. 예배가 잘 진행될 수 있도록 보이지 않는 곳에서 헌신하고 있는 이들이 바로 교회 음향 엔지니어입니다.

이 책은 첫 장에서 교회 안에서 이루어지는 예배준비 과정에 서로에게 소통이 부족하여 생기는 상처들에 대한 고찰을 나누고 있습니다. 성경에서 제시하는 방식으로 해결할 방법들을 제언하고 교회음향엔지니어가 예배를 준비하는 자라는 소명을 깨우쳐주는 귀중한 책이라고 생각됩니다. 또한 예배를 준비하는 과정에서 꼭 필요한 기술적인 부분을 기록했고 실제 교회 시공 사례를 예로 들어 쉽게 이해할 수 있습니다.

이런 맥락에서 이번에 기독교계에 초유로 출간된 박경배 교수의 「교회음향을 위한 음향시스템 입문」이 한국 교회의 올바르고 영감 있는 예배를 준비하는 방송실 운영에 유익을 더하는 전문 서적으로서 독자들에 사랑과 감사를 받는 필독서가 되며, 이 책을 통하여 한국 교회의 방송 사역에 갱신과 부흥이 일어나기를 기도하며 축복합니다.

추천사

천관웅 목사
(뉴사운드교회 담임)

　저는 임재가 가득한 예배를 위해서는 기름부음이 가득한 워십리더만큼이나 영성과 실력이 겸비된 엔지니어의 역할이 중요하다는 것을 지난 세월 동안 숱한 사역을 통해 경험해왔습니다. 그럼에도 불구하고, 성령으로 충만하고 기술적으로 탁월한 엔지니어를 육성해낼 전문 교육기관이나 교재가 부족했던 것이 현실이었고, 때문에 그러한 엔지니어를 만나는 것도 쉽지 않은 일이었습니다. 이러한 현실 속에서 '음향시스템 입문'이 출간된 것은 참으로 반가운 일이 아닐 수 없습니다. 이 책은 비단 엔지니어 뿐 아니라 현실적 필요로 현장에서 음향장비를 접해야 하는 수많은 분들에게 안내자가 되어줄 것임을 확신하기에 기쁜 마음으로 추천합니다.

추천사

이유정 목사
(리뉴교회 예배목사, 예배사역연구소 대표,
'오직 주만이' 작곡자)

　'예배하는 엔지니어', 이 책에서 강조하는 한 문구다. 이를 달리 해석하면, 교회 음향 엔지니어라는 자리는 예배드리기 쉽지 않은 포지션이라는 아픔을 내포한다. 교회에서 드리는 공예배 현장에서 예배의 사각지대가 있다면 바로 음향 엔지니어 부스나 미디어 콘트롤 룸일 것이다. 이곳에서 사역하는 봉사자나 전문 인력들은 하나님과 1:1로 직접 대면하기보다는 믹서, 모니터, 스피커, 컴퓨터 스크린, 자막기 등을 통해 예배하고, 설교 듣고, 섬긴다. 특히 직원으로 채용된 전문 음향 엔지니어의 경우는 찬양팀이나 예배팀에 속해 있지 않아 예배 디렉터나 예배 담당 목사의 영적 케어를 받지 못하는 경우가 태반이다. 이들은 보통 담임 목회자 직속이거나, 교회내 어느 부서에도 속하지 않은 외딴 섬에 방치되어 있다. 이는 영과 진리로 드리는 예배의 현장에서 음향을 단순히 기능적 역할로 국한 시키는 심각한 모순이다. 현대 교회에서 예배음향이 차지하는 비중은 갈수록 높아지고 있다. 예배음향은 단순히 기능적 측면만이 아닌 영적 측면에서도 매우 주도면밀하게 접근해야 한다. 예배음향 엔지니어의 기능과 영성이 상대적으로 저평가되고 있는 우리시대에 이 책은 그 눈을 뜨게 해주는 아주 현실적이고 실재적인 내용을 담고 있어서 적극 추천하는 바이다.

추천사

민호기 목사
(찬미워십, 소망의 바다, 대신대학교 교수)

무대 위에서 조명 받고 박수 받는 일에 익숙해지다 보니, 자칫 잊어버리기 십상인 이들이 있다. 음향으로, 영상으로, 조명으로, 보이지 않는 곳곳에서 수고의 땀과 헌신의 눈물을 쏟는 Back Stager들이 바로 그들이다. 그들이 단순한 테크니션이 아니라 본질적으로 예배자 임을 확인케 하는 이 책이 그래서 더욱 반갑다. 방송실은 가장 치열한 예배의 현장이다. 그럼에도 예배의 사각지대로 전락하기 가장 쉬운 장소이기도 하다. '하이테크 예배'의 저자 퀸틴 슐츠는 Hi Tech(nology)에 Hi Touch가 더해질 때 보게 될 예배의 영광을 찬미했다. 더 이상 우리의 예배가 화려한 장비 자랑에 그치지 않고 예배의 중심에서 하나님께만 집중되기를. 이를 위해 오랜 시간 경주해온 저자 박경배 대표는 공교한 손과 예민한 귀와 섬김의 영성을 가진 특별한 친구요, 성실한 예배자다. 이 책의 독자가 될 수 있어 진심으로 기쁘다.

추천사

정신호 목사
(이커브미니스트리 대표)

하나님께 예배를 드리는 예배안에서 우리는 모두 예배자가 되어야 한다. 하나님의 말씀과 그 분의 놀라운 행하심 앞에 무릎꿇고 경배하며 예배를 올려드릴 때 하나님은 성령안에서 고백하고 순종하는 아멘의 찬양을 기뻐받으신다. 나는 무엇보다도 이런 놀라운 성령의 역사안에서 예배사역을 섬기는 이들을 너무나 좋아한다. 특별히 엔지니어들은 예배사역안에서 그들의 예배의 시작은 누구보다도 먼저이며 동시에 그들의 예배의 마무리는 누구보다도 나중임을 본다. 다시 말해서 제일 먼저 예배를 준비하며 맨나중에 예배를 마무리한다. 보이지 않는 곳에서 가장 오랜시간 하나님앞에 서 있는 그들... 누구보다도 예배를 가장 잘 아는 이들이라 생각해본다. 장비가 화려하든 화려하지 않든 묵묵히 순종해내는 엔지니어들의 아멘의 찬양을 주님은 기뻐하실 것이다. 그리고 이 책은 그렇게 예배자로서길 원하는 엔지니어들의 귀한 순종의 도구가 되리라 믿어 의심치 않는다.

페이스북 https://www.facebook.com/ecoveministry / 인스타그램 e_cove_ministry

| Thanks To |

| 추천사 및 감수

    김진섭 교수   백석대학교 서울캠퍼스 부총장, 백석신학교학장
    천관웅 목사   뉴사운드교회, 연세디지털콘서바토리 CCM학부장
    민호기 목사   찬미워십, 소망의바다, 대신대학교 교수

| 감수

    구기민 실장   사랑의교회 방송실

| 기술자문

    두세진 교수   동아방송예술대학교 방송예술융합학부장
    김도석 대표   ㈜서울음향
    이수용 교수   동아방송예술대학교 음향제작학과
    정재선   Arvid Acoustic Design Studio 연구소장

| 편집장

    최동욱 실장   상하이한인연합교회(SKCC) 방송실

| 집필진

    우한별 목사   하이테크예배신학연구소장
    이재학 감독   RPG KOREA
    이태진 감독   전 어노인팅 엔지니어, 오륜교회 음향감독, 현 K-Soul ent 프로듀서
    김선영 감독   안산제일교회 방송실
    최성락 감독   송탄중앙침례교회 방송실
    추홍성 실장   ㈜팀사운드
    김 결   동아방송예술대학교 음향제작학과
    송지섭   동국대학교 전자전기공학부

| 신학자문

    박영화 목사   삼대교회
    박영호 목사   이름없는교회
    이선우 전도사 동안교회

| 교정

　　김상헌 실장　　강남중앙침례교회 방송실
　　김성호 실장　　천안 하늘중앙교회 방송실
　　손승진 실장　　수정성결교회 방송실
　　김항배 감독　　지구촌교회 방송실
　　이영현 팀장　　㈜ 소비코
　　한상철 실장　　천앙중앙교회 방송실
　　김형준 감독　　맑은샘광천교회 방송실
　　차지현　　　　동아방송예술대학교 방송기술과

| 일러스트 & 캘리

　　이단비, 고윤정, 유지은, 전혜정, 김혜련, 이지현, 이한림, 오지수

| 사진

　　강희덕, 백인환, 김선홍, 강상오, 최동욱, 김농주 작가(오산반석교회담임목사)

| 표지이미지

　　UNOGRAPHY　전은호 작가

| 편집디자인

　　샘디자인　　　진우식 대표, 배종관 팀장

| 자료제공

　　㈜팀사운드 & 라이트
　　김형진, 김대근, 김지우, 김목양, 이수희, 송아론

| 장소협찬

　　오륜교회, 안산제일교회, 광교지구촌교회, 사랑의교회, 천안중앙교회,
　　지구촌교회, 상하이 한인연합교회, 평택동산교회, 누구나교회,
　　일산하나사랑의교회, 청운교회, 강남중앙침례교회, 기쁜교회

저자 | 박경배 대표
(주) 팀사운드 대표
중앙대학교 예술경영학 석사
前 사랑의교회 음향감독
　　침례신학대학교 교회음향
現 동아방송예술대학교 방송기술과 교수

저서 | 교회음향핸드북(2008)
　　　라이브사운드핸드북(2014)

논문 | 공연예술 관련 직무향상을 위한
　　　전문교육의 필요성에 관한 연구

1970년 후반, 어느 추운 겨울날이었습니다. 크리스마스를 기념하는 성탄 예배를 위해 주일학교 아이들은 성극과 찬양을 준비하였습니다.

비교적 어린 학생 셋은 성극에서 '해', '달', '별' 등 동방박사와 아기 예수님을 소개하는 역할을 맡았습니다.

"나는 별 입니다."라는 하나의 대사뿐인 조연이었지만, 마지막 대사를 할 차례가 된 한 아이는 긴장 한 나머지 울음을 터트렸던 기억이 납니다. 왜냐하면 그 아이는 바로 저였기 때문이죠.

그 이후로는 강단 위에서 어떤 연극이나 찬양 등의 역할을 감당하기 힘들었습니다.

그렇다 보니 자연스레 조명을 키고 끄는 등 무대에서 해야 할 일들을 돕는 자리에 서게 되었습니다.

1980년 후반 어느 가을, 평택에 옹기장이 선교단이 교회를 방문했습니다. 무대 위에서 찬양을 하는 단원들의 모습도 아름다웠지만, 뒤에서 소리를 조정하고 찬양을 틀어주는 엔지니어 모습이 생소했고, 하나의 섬김의 자리가 될 수 있음을 알게 되었습니다. 그 이후 엔지니어 사역을 꿈꾸게 되었고 어른이 되어 음향 회사에서 일을 하게 되었습니다.

  시간이 지나 2000년 사랑의 교회 방송실에 입사하였고 故 옥한흠 목사님을 섬기며 방송 사역을 시작하게 되었습니다.

  목사님의 제자훈련 모습을 모티브로, 내가 가지고 있는 방송기술을 나누기 위해 2002년 교회 음향 학교를 시작하게 되었습니다.

  1년에 봄, 가을로 2회의 모임으로 시작했던 교회 음향 학교는 방송 사역을 배우기 위해 전국 각지에서 모이기 시작하였고, 지속적인 소통을 위해 인터넷 커뮤니티 "교회 음향 학교 엔지니어" 카페를 만들게 되었습니다.

  2007년부터는 카페 회원들과 농어촌 미자립 교회를 섬기는 활동을 시작하였고,

  매년 여름 한 지역을 선정하여 30여 개교회의 방송시스템을 무상으로 점검, 수리, 교체를 해주는 사역은 올해로 10년이 되었습니다.

  교회 음향 학교를 통해 여러 방송 신역자들을 예배하는 사역자로 세우는데 노력하였습니다.

  재능을 나누는 사역을 하다 보니 아는 것을 가르치는 것은 매우 어렵다는 것을 깨닫게 되었습니다. 더 질 높은 재능 나눔을 위해 깊이 있는 공부를 시작하게 되었고, 강사활동을 하다 보니 대학에서 출강 의뢰가 오게 되었습니다.

강의를 하면서 음향 봉사자들에게 입문에 필요한 책을 추천 받기도 하였는데 기존 음향 전공 책들은 입문자들이 접하기에 어려운 구성으로 되어 있었습니다. 음향의 이론서보다는 방송 시스템 운영자 입장에서 매뉴얼을 만들어가는 것이 도움이 될 듯하여 2007년, '교회 음향 핸드북'을 출간하게 되었고 이후 공연 음향에 관련된 '라이브 사운드 핸드북'을 출간하게 되었습니다.

교회 방송 사역에 필요한 책을 재개정해달라는 의견으로 개정증보를 시작하게 되었습니다.
한 사람의 지혜보다는 여러 사람들의 지혜를 모아 책을 만들어야겠다는 마음으로 2014년부터 책에 대한 이야기를 SNS를 통해 시작하게 되었습니다. 2년여간 함께 공부와 기도를 통해 책을 만들어 왔습니다. 예배에 대한 마인드를 나누기 위해 민호기 목사님을 비롯한 여러 예배 사역자들을 만났고, 마이크 사용법과 모니터 사용에 관한 내용들을 정리했습니다. 작은 교회에는 A/S 서비스를 받지 못하는 경우도 있어, 공구에 관한 내용의 DIY 단원을 만들었습니다. 교회의 리모델링 사례들을 통해 실제적으로 교회에서 일어나는 문제점들의 해결방안들을 정리했습니다. 마지막으로 교회 내 방송 시스템 안전에 관련한 내용을 정리했습니다. 전기음향 부분은 **음향엔지니어 실무 지침서 라이브사운드 핸드북**의 내용을 중심으로 교회에 적용되도록 재해석 하였습니다.

이렇게 책이 나오기까지 사랑의 교회 구기민 실장님의 지도와 감수에 감사드리고, 예배자의 마음으로 추천사를 써주신 김진섭교수님과 천관웅 목사님, 민호기 목사님께 감사드립니다. 부족한 저와 함께 고되었지만 소명이된 사역을 함께한 집필진과 여러 동역자들께 다시 한번 머리 숙여 감사드립니다.

끝으로 집필활동을 할 수 있게 협력해준 팀사운드, 팀라이트 직원들과 집에서 응원해주는 가족들에게 감사드립니다.

앞으로도 SNS와 카페 활동을 통해, 교회 음향 학교를 통해, 농활을 통해 방송 사역을 함께 하겠습니다. '교회 음향을 위한 음향 시스템 입문' 책은 계속해서 개정하며 함께 고민하고 기도하며 책을 써나가겠습니다.

오늘도 이름 없이 빛도 없이 방송실에서 예배를 위해 땀 흘리는 교회 음향 엔지니어들께 당신은 '예배하는 엔지니어요 예배하는 방송실'임을 선포합니다.

2016년 3월 27일 부활의 아침에 ..

Contents

01 교회 음향이란?

교회 음향의 특징   22
교회 음향 엔지니어   24
    전문성
    소통
    예배하는 엔지니어
효과적인 방송실 운용하기   37
    방송실의 위치
    팀워크
    매뉴얼북
    예산편성
    장비관리

02 소리

소리의 현상 및 전달   56
    소리
    소리의 현상
    소리의 전달
    주파수와 파장

소리의 성질   61
    반사
    회절
    굴절
    소리의 지연
    엔벨로프
    소리의 속도
    역제곱 법칙
    간섭

소리의 강도   67
    데시벨 (dB decibel)
    음압 레벨(dB SPL)

다이나믹레인지   69

03 전기음향

기초전기   73
    전기의 흐름
    접지
    전기 노이즈

04 전기음향기기

마이크 87
- 마이크의 종류
- 마이크의 지향성
- 마이크의 특성
- 마이킹 key point
- 마이크의 설치
- 마이크의 관리
- 마이크케이블&스탠드의 관리
- 라인입력과 다이렉트 박스

무선 마이크 117
- 무선 마이크의 구성
- 무선 안테나의 특성
- 무선 마이크의 운영
- 무선 마이크의 설치사례
- 디지털 무선시스템

콘솔 137
- 콘솔의 역할
- 콘솔의 기능
- 디지털 믹싱

파워드믹서 165
- 파워드믹서의 역할
- 파워드믹서의 기능
- 파워드믹서의 사용

아웃보드 173
- 이퀄라이저
- 이펙터
- 컴프레서/리미터
- 익스팬더/게이트

파워 앰프 196
- 파워 앰프의 역할과 기능
- 파워 앰프의 모드
- DSP를 내장한 파워 앰프
- 파워 앰프 입력 출력 신호 연결
- 파워 앰프의 관리와 연결

스피커 213
- 스피커의 역할
- 스피커의 구조와 스펙
- 스피커의 연결
- 서브우퍼
- 스피커의 설치
- 스피커 프로세서

모니터 시스템 239
- 웨지 모니터 스피커
- 사이드필 스피커
- 인이어 모니터 시스템

05 전기음향기기의 연결

케이블 — 251
- 케이블의 구조
- 케이블의 종류

커넥터 — 256
- 커넥터의 역할
- 커넥터의 종류
- 전원 관련 커넥터

06 교회 음향 DIY

공구사용의 방법 — 265
- 공구의 종류와 이해
- 공사에 필요한 자재류
- 스피커의 설치
- 멀티미터 사용

시공사례 — 287
- 하나사랑의교회
- 상하이한인연합교회

07 교회방송실 안전메뉴얼
안전관리 철학　　　309
전기안전
고소작업안전
화재예방

08 부록
방송실 서식 모음　　321
음향서비스센터리스트
참고문헌

교회음향을 위한
음향시스템 입문

CHAPTER 01

INTRODUCTION TO SOUND SYSTEM FOR CHURCH

교회 음향이란?

교회 음향의 특징
교회 음향 엔지니어
효과적인 방송실 운용하기

그러므로 형제들아,
더욱 힘써 너희 택하심과
부르심을 굳게 하라
너희가 이것을 행한즉
언제든지 실족하지 아니하리라

베드로후서 1장 10절 ©Sonmat

 Church sound is?
교회 음향이란?

　교회 음향이란 교회에서 사용되는 음향을 말합니다. 즉, 교회에서 이루어지는 고유한 예배와 행사를 위한 음향의 모든 것을 말합니다.

　현대 교회에서는 교회의 성장과 함께 시대의 흐름에 맞추어진 예배 스타일의 변화(다양한 악기 사용)로 음향 장비의 활용도가 증가하고 있습니다. 그에 따라 다양한 음향 장비를 폭넓게 사용하게 되고, 점점 발전하고 있는 전기 음향 기술과 함께 교회 음향도 새로운 변화를 추구하게 되었습니다.

　교회 음향은 주로 실내공간에서 소리 전달에 대해 다루기 때문에 건축물의 구조와 마감재를 중심으로 전기 및 음향 이론과 실무에 대한 내용을 폭넓게 이해하는 것이 무엇보다 중요합니다. 교회 음향의 이해와 숙련도, 장비에 따라 다양한 예배에 효과적으로 대응할 수 있기 때문에 현대 교회에서는 그 중요성이 더욱 커지고 있습니다.

교회 음향의 특징

예배

예배는 개인적인 삶의 자리에서부터 예배당에서 드리는 공예배까지 다양한 모습으로 존재합니다.

시대의 흐름에 따라 예배에서 말씀과 찬양이 중심이 되면서 다양한 문화적 요소들을 적절하게 반영하게 되었고, 이것을 잘 표현하게 돕는 매체가 필요하게 되었습니다. 현대 예배에서는 기술의 발달로 이와 같은 표현을 좀 더 세밀하고 다양하게 만들 수 있게 되고, 말씀의 전달도 더 명확하게 할 수 있게 되었습니다.

특별히 교회 음향은 전체 공동체가 공동의 예배를 잘 드릴 수 있도록 돕는 매체가 되었고, 교회 음향을 담당하는 엔지니어는 음향을 책임지고 돕는 역할을 하게 되었습니다.

따라서 교회 음향은 예배가 온전히 드려지는데 중요한 역할을 감당합니다. 다시 예배를 드리는 회중들이 듣는 소리가 불편하지 않게 하나님께만 집중하도록 돕고, 찬양 인도자나 설교자들에게도 이야기 할때 불편함이 없도록 해야합니다. 따라서, 예배 중에 좋은 소리가 전달될 수 있도록 음향 장비를 사용하고 관리해야 합니다.

예배에서의 다양한 음향적인 요소

예배에는 다양한 음향적인 요소가 존재합니다.

교회 안에는 다양한 형태의 찬양과 연령들의 모임이 존재하기 때문에 각 모임의 특성에 맞게 음향을 세팅해야 합니다. 찬양대와 오케스트라, 찬양팀 등의 다양한 모임이 존재하는데, 일반적으로 찬양대나 오케스트라는 풍부한 잔향(배음)이 만들어지는 공간과 자연스러운 소리를 선호하는데 비해, 밴드 악기를 사용하는 찬양팀은 잔향이 적은 공간을 선호합니다.

예배라는 단어는 한글에서는 명사형이지만 히브리어나 헬라어 어원에서는 모두 동사로 나옵니다. "절하다, 몸을 굽히다, 엎드리다, 혹은 입을맞추다."라는 히브리어 동사 "샤하, 하와" (창 18:2, 시 99:5), 헬라어 동사"프로스퀴네오" (요 4:23)와 "노예나 종이 주인을섬기다"의 의미를 가진 히브리어 동사 "아바드, 사라트" (신 10:12, 대상 16:4)와 헬라어 동사"라트류오", "라트레이아" (마 4:10, 롬 12:1, 행 13:2), 그리고 "경외함, 존경"의 의미를 가지고 있는 히브리어 동사 "야레" (렘 32:38-40, 신 6:13)와 헬라어 동사 "세보마이" (마 15:8)가 있습니다.

따라서 성경이 말하는 예배는 하나님께 엎드리고, 섬기며, 존경하는 의미를 담고 있습니다. 이 예배의 중심에는 성부 하나님과 인간, 그리고 우리 죄를 사하시고 그 사이를 화목제물로 화해하도록 해주신 성자 하나님이신 예수 그리스도가 계시고, 예배를 통해 하나님과 교통하게 하시는 성령 하나님이 계십니다.

또한 설교는 메시지 전달의 명확성을 위해 공간의 울림이 적고 또렷한 소리를 선호합니다. 따라서 설교자의 목소리의 특성, 성량 등을 고려하여 음향을 세팅해야 합니다.

예배가 제대로 드려지기 위해서는 전기음향, 건축 음향, 전기 통신, 심리 음향, 음악의 이해 등의 여러 다양한 요소를 고려하여 최적의 소리를 만들기 위한 고민이 필요합니다. 그래서 전문화된 음향 시설과 음향장비를 운용하는 별도의 전문 인력이 필요합니다. 또한 방송실 내에서뿐만 아니라 예배를 담당하는 인도자와 팀워크가 잘 이루어져 서로 협력하고, 지속적인 교육을 통해 교회 내 봉사자들에게 전문지식을 공유하여 교회음향에 대한 전문가 의식과 기술을 형성할 수 있도록 지원하는 노력이 필요합니다.

교회음향엔지니어의 역할은 안정적인 예배 음향을 만들어 내는 것과 음향과 관련된 문제를 해결하고 장비를 잘 관리하는 것입니다. 또한 예배를 돕는 사역자라는 마음으로 책임감을 갖고 섬겨야 할 것입니다.

또한 교회에서도 이런 부분을 잘 이해하고 음향엔지니어를 단순 업무 담당자가 아닌 종합 기술과 예술적인 역량을 갖춘 사역자로 존중하고 세워 나가야 합니다.

교회음향엔지니어
(CSE : Church Sound Engineer)

'교회음향엔지니어'는 일반 공연장의 음향엔지니어가 공연을 위해 음향 기술을 지원한다는 면에서 기능적인 역할은 비슷하지만, 공연이 아닌 예배를 드리면서 동시에 예배를 돕는 자리에 있다는 면에서 확연한 차이가 있습니다. 예배의 음향을 담당하는 전문 기능인으로서 예배자의 마음을 갖고 기술적으로 섬겨야 하는 특별한 자리입니다. 주님께서 부르신 이 자리에서 온전히 섬기기 위해서 갖춰야 할 자세에 대해 살펴보겠습니다.

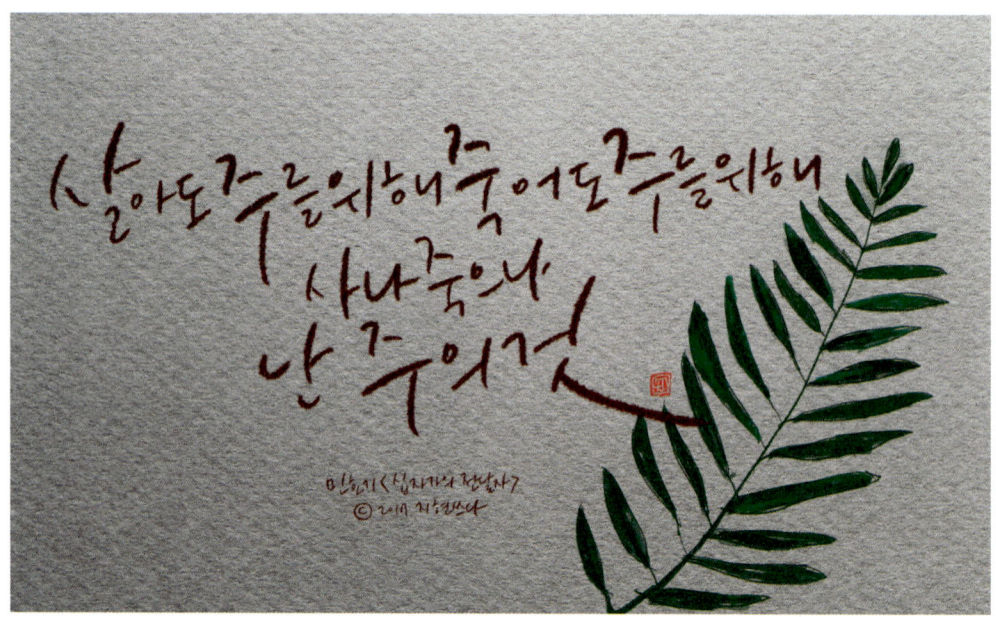

전문성

예배를 준비하는 손길에는 기본적으로 전문적인 능력을 갖춰야 합니다.

먼저 전문성을 갖춰야 합니다. 많은 교회에서 음향엔지니어는 봉사자인 경우가 많지만 교회음향은 전문적인 기술이 필요하기 때문입니다. 음향은 물리, 수학, 전기, 전자, 건축, 음악 등의 다양한 영역이 중첩되는 분야입니다. 그러므로 전문성을 갖추기 위해 기본적으로 다음과 같은 자세를 가져야 합니다.

많이 듣기 (좋은 음악을 듣자)

음악적인 전문성을 키우기 위한 첫 걸음이 바로 "많이 듣기"입니다. 좋은 음악을 많이 듣는 것은 좋은 음향엔지니어가 되기 위한 가장 기본적이고 필수적인 훈련 방법이며, 지속적으로 역량을 키워 나가는 데에도 중요한 부분입니다.

좋은음악이란 연주력이 있는 뮤지션들이 연주를 하고 녹음이 잘된 음악을 이야기 할 수 있습니다. 하지만 무엇보다도 엔지니어 자신이 좋아하는 음악을 선정하는 것이 중요합니다. 즐겨 들을 수 있는 음악이 좋은 음악의 중요한 요소입니다.

또한 클래식이나, 팝, 재즈, 락 등의 다양한 분야의 음악을 이해하면 좋습니다.

다양한 음악을 청취하게 되면 믹싱 과정에서 각 음원의 음색과 전체적인 밸런스를 어떻게 만들어낼 것인가에 대한 기준을 가질 수 있게 됩니다. 음악을 들을 때 음악 자체를 분석한다는 생각으로 보컬과 반주의 밸런스, 리듬 악기와 멜로디 악기간의 밸런스, 드럼과 베이스 기타의 밸런스, 각 악기 음색 등을 비교하면서 듣습니다.

이렇게 형성된 음악적 기준을 바탕으로 교회가 추구하는 예배와 찬양의 스타일을 파악하여 소리의 균형을 잡습니다. 찬양팀은 어떤 분위기의 곡을 선호하고, 인트로나 솔로는 어떻게 구성되는지 음악을 이해하고 회중들과 목회자들이 어느 정도의 소리의 크기와 저음의 양을 편하게 느끼는지 확인하여 믹싱 과정에 반영한다면, 예배를 돕는 좋은 소리에 좀 더 접근할 수 있습니다.

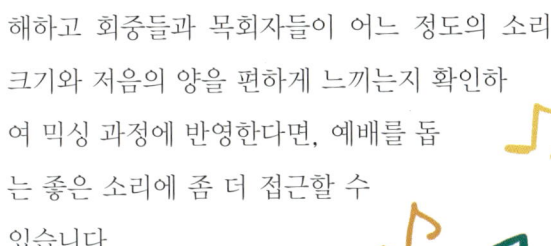

연주자가 되어보기

음악을 구성하는 여러 악기의 종류와 특징 등을 배우고, 기초적인 수준으로라도 직접 연주를 해보면 믹싱을 할 때 상당한 도움이 됩니다. 특히 타악기와 같이 소리의 특징이 뚜렷한 악기들을 직접 연주해본다면 믹싱을 할 때 다양한 생각을 해볼 수 있습니다. 예를 들어 현재 드럼소리가 맘에 들이 않는다면 '이퀄라이저를 만져볼까, 아니면 드럼을 조정해 톤을 바꿔볼까?', '악기의 마이크 위치를 바꿔볼까?' 등의 고민을 해볼 수 있게 됩니다.

악기를 조금이라도 연주를 해보게 된다면 각각의 악기 특징에 따라 제조사에 따른 특징적인 소리를 이해하게 되고, 앰프에 따라 소리가 어떻게 변하는지, 심지어는 기타 줄에 따른 특징이나 악기의 잘못된 부분도 알 수 있습니다.

마지막으로 찬양을 할 때 어떤 연주 스타일로 진행하는지 이해하게 됩니다. 연주자가 사용하는 다양한 연주 기법에 대해 이해할 수 있고 이를 믹싱에 응용해볼 수 있습니다. 그리고 연주자와 음향에 대해 소통을 할 때 서로를 잘 이해할 수 있습니다.

평생배우기

음향엔지니어는 배움에 있어서 늘 즐거워해야 합니다. 그렇게 늘 배우려는 자세를 가지게 된다면 배우는 일이 즐거울 것이며 사역에도 큰 힘이 됩니다. 예를 들어, 음향 장비들의 최신 기술 정보를 알게 되고 그러므로 교회에 적합한 가격대비 성능이 좋은 제품을 선택하는데 도움이 됩니다. 이렇게 배우는 과정에는 음향 전문 서적, 잡지 등을 구독하는 방법이 있고 최근 인터넷을 통한 블로그 검색, 동영상 강의등 관련 지식을 넓혀가는 노력을 통해 전문성을 키울 수 있습니다.

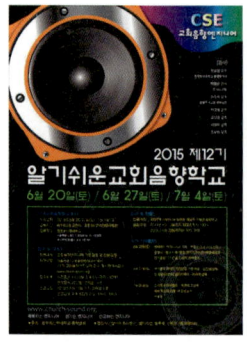
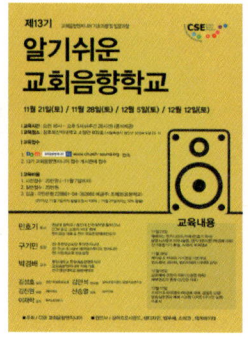

그리고 방송장비 전시회나 음향 세미나에 참석하여 기초지식을 학습 받고 최신 기술의 발전과 동향을 살펴보는 것도 유익합니다. 장비를 설치하고 철수하며, 관리하고 운영하는 방법을 꾸준히 공부하고 실전 경험을 쌓는다면 능숙한 음향엔지니어가 될 것입니다.

방송실에서의 용어사용

방송실에서 사용하는 언어 중에는 모호한 용어를 사용하는 것보다 정확한 장비 명칭을 사용하거나 전문 용어를 사용하는 것이 좋습니다. 장비를 사용할 때 모델명이나 제조사 등을 정확하게 사용하면 보다 신속하고 정확하게 전달이 됩니다. 또한 함께 섬기는 봉사자와 사역자들에게 방송실 내에서는 존칭을 사용하는 것을 원칙으로 하면 좋습니다. 무전기를 사용하거나 콘솔의 토크백 마이크를 사용 할 때도 직책이나 존칭을 사용합니다. 이를 지키기 위해서 평상시에 부르는 호칭에도 이러한 원칙을 지킨다면 도움이 될 것입니다.

단정한 복장

복장은 자신의 마음상태를 알려주는 또 하나의 표현이기도 합니다. 유니폼, 정장은 물론 조끼 등의 단정한 복장을 갖추는 것은 예배를 준비하는 기본적인 태도이며, 자기 정체성의 도구가 됩니다. 유니폼을 입으면 회중들도 교회음향엔지니어를 인지할 수 있어 서로간에 신뢰를 주는 좋은 방법이 됩니다. 또한 자신의 신분을 알릴 수 있는 ID CARD를 착용하는 것도 좋습니다.

  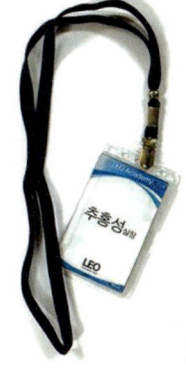

녹음하고 믹싱 하기

예배실황을 중계하다보면 여러가지 변수로 인해 좋은 믹싱보다 안전한 믹싱을 하게 되는 경우가 있습니다. 예배 실황을 녹음하여 예배 후에 다시 들어보면서 믹싱의 밸런스나 톤 등을 다시 한번 확인해 볼 수 있습니다. 같은 패턴으로 녹음된 음원을 듣는 훈련을 하면서 마이크포인트의 위치도 더 좋은 지점을 찾게 되고, 계속해서 믹싱 완성도를 확인할 수 있기 때문에 예배 음향을 개선해 나갈 수 있습니다. 특히 설교자의 목소리를 다시 재생하면서 주파수 대역을 바꿔보며 최적의 소리를 찾아보는 것도 좋습니다. 최근에는 디지털 콘솔의 등장으로 예배 실황을 녹음하는 것이 좀 더 간편해졌습니다.

시간엄수

교회음향엔지니어가 예배를 준비하는 과정에서 시간을 잘 지키는 것은 매우 중요한 일입니다. 늘 먼저 와서 준비하고 마지막까지 남아서 정리하는 것이 외롭고 고독할 수도 있는 일이지만, 누구보다 먼저 예배하고 마지막까지 나만의 예배를 드리는 마음으로 기쁘게 준비하고 마무리한다면 행복한 사역이 될 것입니다. 정해진 시간을 지키는 일은 신뢰의 기초이며 엔지니어의 기본적인 자세입니다. 만일 내가 시간약속을 못 지킬 경우 찬양팀과의 리허설이 부족하게 되고 이는 예배에 직접적인 영향을 주기 때문입니다.

가르치는 엔지니어

배움의 가장 좋은 방법은 다른 사람을 가르치는 것입니다. 아는 것과 가르치는 것은 매우 다릅니다. 교육을 위해 자신이 학습한 것을 정리하여 문서로 만들어보는 과정에서 자신이 부족한 부분을 알게 되고, 기존에 알고 있던 지식도 더 폭넓고 자세하게 알게 됩니다. 함께 사역하는 음향 봉사자들을 가르치고 교육함으로써 더 많은 정보들이 공유되고 발전되는 계기를 마련할 수 있습니다. 또한 SNS, 음향엔지니어 커뮤니티 안에서도 정보를 공유하면서 또 다른 배움의 기회를 만들 수 있습니다.

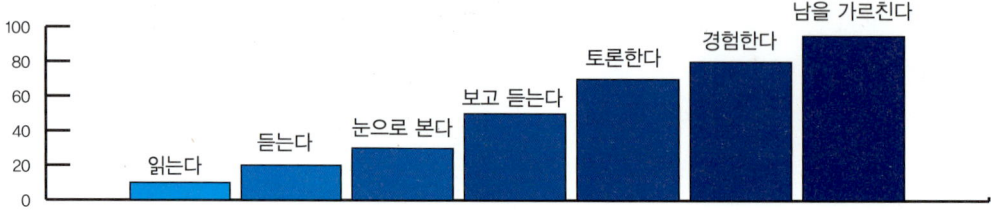

엔지니어는 슈퍼맨이 아니다.

   교회방송사역을 하다 보면 과중하게 일을 감당해야 하는 경우가 있습니다. 자신의 열정으로 많은 일을 감당하는 것은 감사한 일이지만 무리하게 일을 반복해서 진행할 경우 결국 모두가 지치는 결과를 낳게 됩니다. 봉사자들과 역할을 나누고 체계적으로 일이 주어지도록 시스템을 만드는 것이 매우 중요합니다. 특히 '본인이 없으면 방송실이 멈출 것이다'라는 생각으로 애타는 마음이나 자만하는 마음을 갖는 것은 방송실 사역을 멍들게 하는 주범입니다. 방송실은 갑작스러운 요구가 빈번하게 나타날 수 있으며 긴장된 시간이 잦아 매우 힘든 정신적 부담을 가지게 되는 자리입니다. 특히 작은 교회의 경우 방송실 인력을 확보하는 것이 참 어려운 것이 현실인 듯 합니다. 하지만 의외의 분이 교회 음향에 관심이 있을 수 있으니 찾는 노력을 게을리하지 않기를 바랍니다. 역설적이지만 교회 방송 사역은 본인이 없어도 잘 운영될 수 있게 하는 것이 가장 좋은 방송실 사역의 모습입니다.

소통

교회음향엔지니어로 섬기기 위해서는 음향 전문지식과 함께 꼭 필요한 것이 '소통과 공감능력'입니다. 서로 협력하여 선을 이루는 교회 공동체를 온전히 섬기기 위해 꼭 필요한 자세입니다.

준비하는 엔지니어

교회음향엔지니어는 예배 전에 시간적인 여유를 갖고 미리 준비해야 합니다. 예배를 준비할 수 있는 충분한 시간을 확보하지 않은 상태에서는 더 많은 변수와 돌발 상황이 발생할 수 있습니다. 그러므로 교회음향엔지니어는 사전에 방송 장비를 관리하고 정돈해 두어야 하며, 작동 상태를 확인해야 합니다. 또한 매뉴얼을 작성하여 누구나 기본적인 운영이 가능할 수 있도록 준비합니다.

또한 목회자가 이런 부분을 잘 이해하도록 하며, 목회자도 예배 직전에 변동 내용을 전달하지 않고 미리 요청 사항을 전달하여 준비할 시간을 가질 수 있도록 엔지니어를 배려해야 합니다.*

귀기울이는 엔지니어

교회음향엔지니어, 찬양팀, 목회자, 성도는 같은 예배를 드리면서도 소리에 대해서는 다른 생각을 가질 수 있습니다. 이런 상황에서는 각자의 입장만을 고수하게 되면 마찰이 생기게 됩니다. 그렇기 때문에 서로의 다름에서 오는 마찰을 미연에 방지할 수 있도록 소통에 적극적인 자세를 가진 엔지니어가 되어야 합니다.

찬양팀이 연습할 때는 현재의 음향시스템 내에서 찬양팀의 요구사항을 최대한 들어주고, 불가능하거나 어려운 상황에서는 그 이유를 설명하면서 소통하려는 노력이 필요합니다. 또한 마이크 사용법, 라인 정리법 등을 교육하여 장비가 잘 관리될 수 있도록 서로가 함께 노력해야 합니다.

*보이스카우트의 경례는
"준비(Be Prepared)"라고 합니다.
스카우트 표어는 세계 공통으로 준비(Be Prepared)이며, 어떠한 상황에도 대처할 수 있도록 준비하고 있음을 뜻합니다.

설교자가 강단에서 설교하기 전에 미리 강단의 모니터의 위치나 음량을 함께 확인하고, 예배가 마친 후에 설교자에게 음향에 대한 의견(피드백)을 받아서 바로 수정하면 설교자에게 더욱 도움을 주고 신뢰도 쌓을수 있을 것입니다.

회중들에게도 예배를 드리면서 느끼는 불편함은 없는지 확인하고 피드백을 받는 것이 필요합니다. 소리가 너무 크거나 작은 좌석이 없도록 확인합니다. 회중들이 예배 가운데 소리로 인한 불편함을 느끼지 않도록 해야 합니다. 이렇게 찬양팀 및 예배 관계자들과 목회자, 회중들의 의견을 수렴하는 자세는 교회음향엔지니어로서 감당해야 할 예배자의 모습입니다. 다만 무리한 요청이 있거나 불가능한 요청에 대해서는 직접 응대하기보다는 팀장이나 부장, 담당 목회자선에서 상호간에 협의하여 가장 좋은 방법을 찾아가는 노력이 필요합니다.

> 마음을 같이하여
> 같은 사랑을 가지고
> 뜻을 합하며
> 한마음을 품어
> 아무일에든지
> 다툼이나 허영으로 하지말고
> 오직 겸손한 마음으로
> 각각 자기보다 남을
> 낫게 여기고
> 각각 자기일을 돌볼뿐더러
> 또한 각각
> 다른 사람들의 일을 돌보아
> 나의 기쁨을 충만케하라
> 너희안에 이 마음을 품으라
> 곧 그리스도 예수의 마음이니
> 빌립보서 2:2-5

공동체와 하나 되는 엔지니어

교회음향엔지니어는 교회라는 믿음의 공동체 안에 속해있기 때문에 음향엔지니어로서의 전문적인 기술을 사용하는 역할 외에도 공동체의 모임과 사역에 참가하고 교제해야 합니다. 교회가 추구하는 공동의 목표와 사명을 인식하고 동참함으로써 단순한 엔지니어가 아닌 교회의 비전과 사명을 함께하는 교회의 공동체 일원이 되는 것입니다. 교회음향엔지니어는 홀로 예배를 섬기는 것이 아니라, 공동체 속에서 함께 예배를 드리는 예배자입니다. 청년이라면 청년공동체에, 장년이라면 장년공동체안에서 함께 예배를 드리고 공동체내의 일원이 되었을 때 더욱 사역이 행복해지며 견고하게 될 것입니다.

가족의 신뢰를 얻기

교회 음향 사역의 과정에서 가족의 신뢰가 기본입니다. 가족을 사랑하고 함께 소통하며 지지를 받아야 합니다. 하지만 방송실 사역은 자녀나 가족과 함께 예배 드리지 못하는 상황이 반복됨으로 불만이 쌓일 수 있습니다. 그래서 무엇보다 가족들이 자신의 사역을 이해할 수 있도록 노력하고 가족을 위한 시간을 확보해야 합니다. 가족의 신뢰가 바탕이 되어야 사역이 지속성이 생기고 흔들리지 않게 됩니다.

교회도 자원봉사자나 담당자들을 확보하고 운영할 때 이 부분이 반드시 고려될 수 있도록 관심을 가져야 합니다. 가정을 올바로 섬기면서 교회에서도 헌신하는 것이 올바른 예배자의 모습이며 건강한 교회를 세우는 사역의 기본입니다.

먼저 말하기

함께 예배하는 여러 사역자들과 예배를 준비하는 과정에서 서로에 대한 배려가 매우 중요합니다. 작은 배려에 감사하는 표현을 먼저하고, 작은 실수라도 먼저 인정하는 태도는 매우 중요합니다. 특히 논쟁이 있을 경우 먼저 사과를 하는 태도를 가진다면 오히려 더 좋은 관계가 만들어질 수 있습니다.

"감사합니다", "미안합니다" 같은 작은 노력이 서로에게 관계를 회복하게 하며 더욱 돈독한 관계를 만들어갑니다.

험담금지

다른 사람에 대한 판단은 하지 말아주세요. 판단은 오직 하나님이 하십니다. 험담은 비성경적이며, 교회 안의 모든 관계를 파괴합니다. 험담을 하게 되면 작은 문제가 더 큰 문제가 됩니다. 그렇기 때문에 서로 험담을 하거나 비판하지 않고, 서로 이해하고 배려하기 위한 노력이 필요합니다.

가족의 신뢰를 얻기
참조 : THE ULTIMATE Church Sound Operator's Handbook Bill Gibson, HAL LEONARD 7페이지

예배하는 엔지니어

교회음향엔지니어가 가져야 할 신앙의 자세

교회음향엔지니어의 올바른 자세는 바로 '예배하는 엔지니어'입니다. 우리는 음향엔지니어이기 이전에 하나님을 예배하는 예배자로서, 하나님을 사랑하고 예수님을 믿고 따르는 그리스도인입니다. 그렇기 때문에 우리는 힘써 예배해야 합니다.

'예배하는' 음향엔지니어에게 있어 하나님께 최선의 결과를 올려드리는 '결과'도 중요하지만, 더 중요한 것은 '과정'입니다. 예배를 위해 함께 준비하고 섬기는 동역자들과 화목하게 준비하는 것을 하나님께서 기뻐하십니다. 좋은 소리라 할지라도 그 과정 가운데 화목함 없이 자신의 능력으로 했다고 한다면, 그것은 하나님께서 받으시

"예배가 끝나고 난 뒤 음향엔지니어가 회중석에서 홀로 기도하는 모습"

는 소리가 아닐 것입니다. 혹여 음향에 문제가 생겼더라도 너무 자책하기 보다, 다시 마음을 잡아 겸손하게 기도하고 최선을 다해 준비하며 공동체와 함께하는 마음으로 예배하는 것이 하나님께서 기뻐 받으시는 예배일 것입니다.

섬기는 마음

방송실에서 봉사하는 것은 섬기는 자리입니다. 칭찬이 적은 방송실에서 자신의 이름을 버리고 섬기는 자로 세워지려면 자신의 자존심이나 공명심은 버리고 섬김의 마음을 가져야 합니다.

목회자와 친해지기

　예배 속에서 음향 사고가 있거나 목회자의 소리에 대한 불만을 표현하는 과정에서 때때로 엔지니어의 자리는 상처를 받는 자리가 될 수가 있습니다. 음향엔지니어로 최선을 다하고 목회자와 소통하고 서로에게 신뢰가 되는 관계가 된다면, 목회자도 음향에 대해 편하게 대화할 수 있고 이를 통해 더 좋은 소리로 예배를 도울 수 있습니다. 설교 전에 마이크테스트를 직접 하면서 소리를 맞춰가고 예배를 드리고 난 뒤 목회자에게 피드백을 받고 조금씩 개선해 나간다면 서로간에 신뢰가 쌓일 수 있습니다.

　프로야구에서 투수와 포수가 손짓으로 사인을 주고 받듯 간단한 서로간의 비밀 사인을 만들 수도 있습니다. 가령 마이크를 두 손으로 잡았다 놓는다면 모니터 소리가 작다는 사인으로 정하는 식으로 회중들이 인식하지 못하는 방법으로 목사님과 소통할 수 있습니다.

목회자와 친해지기 (참조 : THE ULTIMATE Church Sound Operator's Handbook Bill Gibson, HAL LEONARD 33page)

엔지니어 이전에 예배자

우리는 음향엔지니어이기 이전에 예배자입니다. 콘솔 앞에 앉으면 하나님께 영광 돌리는 예배가 되도록 기도하고, 예배를 마치고 모든 정리를 한 후 방송실을 나가기 전에 감사 기도로 마무리합시다.

예배 중에는 사역에 집중하다 보니 예배에 집중하기 어려울 것입니다. 찬양을 할 때 함께 소리 내어 찬양하는 것이 아니라 듣고 분석해야 하고, 말씀을 들을 때도 목사님의 소리가 문제가 없는지 집중해야 하는 긴장된 상황의 연속이기 때문입니다.

만약 교회의 주일 예배시간이 나눠져 있다면 적어도 그 예배들 중 한 번은 회중들과 같은 자리에서 예배를 드리는 것이 좋습니다. 예배를 드리다 보면 방송실에서 있을 때와는 또 다른 입장에서 예배를 바라볼 수도 있지만, 그에 앞서 나의 예배를 회복한다는 점에서 더욱 큰 의미가 있습니다. 일정한 시간을 정하여 말씀을 묵상하고 헌금생활도 잘 지켜야 합니다. 또한 소그룹 모임(청년부나 구역 모임 등)에도 적극 참여하여 공동체의 삶을 지켜나가는 것이 매우 중요합니다. 예배자로서 지켜야 할 기본적인 성도의 자리를 지키는 데에 힘쓰시기를 바랍니다. 본인이 예배보다 방송 사역에만 집중하고 있다면 방송실 사역을 쉬는 것 또한 방법이 될 수 있습니다. 우리는 방송실 음향엔지니어이기 이전에 예배자이기 때문입니다.

교회와 목회자의 이해와 지원

예배하는 엔지니어가 되기 위해서는 교회와 목회자의 이해와 지원이 필요합니다. 교회음향엔지니어를 기능직처럼 대하여 교회음향엔지니어가 영적인 어려움을 겪는 경우도 있고, 예배를 준비하는 동역자보다 기술자로만 보는 시각들 때문에 예배하는 엔지니어는 정체성에 혼란을 겪기도 합니다. 교회와 목회자는 음향엔지니어의 다양한 고충들을 이해하고 신앙적인 필요를 채워주고 동등한 예배 사역자로 인정하여 세워주는 노력이 필요합니다.

칼빈 기념교회(St. Pierre Cathedral) 내부

종교개혁가 존 칼빈(John Calvin, 1509-1561)이
목회하며 설교 하였던 기념 교회.

Photo by 김농주

효과적인 방송실 운용하기

음향을 효과적으로 지원하기 위해서는 음향에 필요한 장비들을 안전하고 견고하게 설치할 수 있는 공간이 필요합니다. 방송실 공간의 위치 선정은 위치에 따른 청음환경, 장비 설치, 음향을 담당하는 엔지니어들을 위한 최소한의 편의시설 등의 위치를 결정하는데 중요한 바탕이 되므로 다양한 요건들에 대한 고려가 필요합니다. 방송실의 위치가 적합하게 확보되고 음향에 관련된 모든 준비가 완료된 상황에서도 음향 장비의 배치와 관리를 어떻게 진행할지 모른다면 효율적인 장비사용이 어렵습니다.

이번 장을 통해 방송실의 위치에 따른 음향시설의 적합한 위치 선정과 방송실의 효과적인 관리에 대해 알아보도록 하겠습니다.

방송실의 위치 선정
강단 옆

강단 옆에 음향장비를 설치하면 예배실의 크기가 작거나, 담당 엔지니어가 없을 경우 가까운 거리에서 목사님이나 찬양팀이 직접 쉽게 소리를 제어할 수 있다는 장점이 있습니다. 하지만 큰 공간에서 방송실의 위치가 강단 옆에 위치하게 되면 전체적인 소리의 크기를 파악할 수 없어 소리를 조정하는데 상당한 불편함이 따르게 됩니다. 실제 상황에서는 회중들이 듣는 소리와 목사님이 듣는 소리의 차이가 많이 나기 때문에 음향 조절이 어렵습니다.

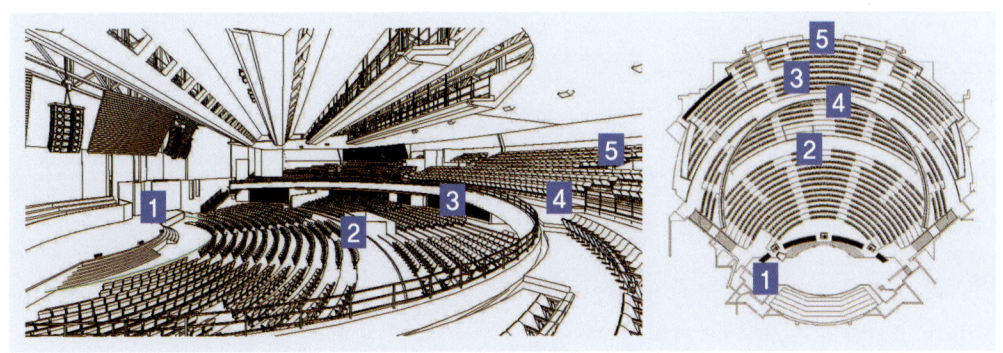

1층 가운데

1층 가운데에 방송실을 설치할 경우, 찬양팀의 구성이 복잡하거나 뮤지컬등 다양한 음향적인 요구사항이 있을 때 소통하기 좋고, 좌우의 스테레오 소리를 들을 수 있으며, 강단을 전체적으로 볼 수 있다는 장점이 있습니다. 또한 회중석과 가까이 있기 때문에 성도의 관점에서 음향조정을 하기에는 최적의 환경이라고 할 수 있습니다.

지구촌교회 미금성전

단점이 있다면 음향엔지니어가 서있을 때 엔지니어의 뒷자리좌석에 있는 회중들의 시야를 방해할 수 있습니다. 이 때문에 방송실의 위치를 고려해서 뒤편에 위치한 회중석을 계단식으로 시공하여 엔지니어가 서있어도 그 뒤에 앉은 회중들의 눈높이 정도가 되도록 조정하기도 합니다.

1층 뒤

방송실이 회중석 뒤편 복도에 위치하게 되면 회중들의 시야를 방해하지 않는다는 장점이 있으나, 엔지니어의 입장에서는 직접음과 예배당 후면 벽의 반사음이 함께 들리기 때문에 정확한 소리를 듣기 어렵습니다. 이를 최소화하기 위해 후면 벽에 확산 및 흡음 처리를 해주어야 합니다.

만약 발코니가 있는 경우라면 공진 현상으로 인해 소리가 부정확하게 들리게 되는데, 이러한 현상은 발코니가 깊고 낮을수록 더욱 심해집니다.

2층 발코니 앞

2층 발코니 앞에 방송실이 있으면 1층 가운데에 위치한 경우와 비슷하게 메인스피커소리를 좌우로 명확히 들을 수 있으며, 강단을 전체적으로 내려다 볼 수 있다는 장점이 있습니다. 하지만 소리를 조정할 때에는 1층 소리와 2층 소리의 차이가 발생하므로 이를 충분히 고려하여 조정해야 합니다. 예를 들어 서브우퍼를 본당 바닥에 스텍을 할 경우 1층

오륜교회방송실

은 저음의 음량이 충분한데 2층에서는 저음이 작게 들리는 현상이 생길 수 있어 이를 감안하여 소리를 조정해야 합니다. 또한, 강단과 방송실 사이의 동선이 길어지므로 1층 가운데 자리에 비해 신속한 대응이 어렵습니다.

발코니의 방송실 위치를 앞쪽 아래로 돌출하도록 설계하면 발코니턱이 커지는 단점이 있으나 방송실 뒷자리의 회중들도 예배를 드리기에 좋은 환경이 됩니다.

평택동산교회방송실

2층 뒤 밀폐된 방송실

방송실이 2층 뒤에 자리한 경우에는 소리를 듣기 위해 창문을 만들어도 1층에서 소리를 듣는 것과 매우 다르게 느껴지게 됩니다. 또한 강단의 상황을 따로 전달받지 못하는 경우에는 문제가 발생되었을 때 신속한 대응이 어려워집니다. 그러나 영상 및 조명팀과 의사소통이 편리해져서 방송 사고를 줄일 수 있다는 장점이 있습니다.

방송실의 위치와 디자인 구성

　방송실의 크기는 음향 콘솔, 아웃보드, 녹음장비 등의 확장을 염두하고 여유 공간을 넉넉히 확보하는 것이 좋습니다. 가능하다면 스피커를 기준으로 좌우 스피커와 동일한 거리의 중앙에 위치하는 것이 가장 좋습니다. 방송실이 중앙에 위치할 경우 좌우 스피커의 상태와 고장·이상 여부의 체크 및 스테레오 이미지를 확인하기 유용하기 때문입니다.

　하지만 대부분의 교회에서 방송실의 위치는 회중석 확보를 위해 발코니 아래 가장 뒤편에 있거나, 영상실과 함께 운영하는 경우가 많아 소리를 조정하기 어렵습니다. 이를 해결하기 위해 메인콘솔만 회중석 가운데에 위치하고 방송실에 서브콘솔, 영상, 조명 장비를 두는 경우도 있습니다. 예배당과 방송실이 유리 등으로 막혀 있을 경우 공간이 분리되어 음향을 조정하기가 매우 어렵게 됩니다. 예를 들어 예배중에 하울링이 발생하면 처음에는 조그맣게 시작되어 큰소리로 변화하게 되므로 회중들이 하울링을 인지하기 시작해도 방송실에서는 인지하지 못할 수 있습니다. 결국 하울링이 크게 발생하여 회중들이 불편할 때쯤 방송실에서 인지하여 조정을 하게 됩니다.

　최근에는 디지털 콘솔의 등장으로 네트워크를 이용한 원격무선제어로 이러한 어려움을 조금이나마 보완할 수 있게 되었습니다.

방송실 선로 유지보수 공간을 확보

방송실 바닥에는 여러 종류의 케이블 들이 복잡하게 설치되어 있고 공사 완료 후에도 다양한 이유로 추가로 설치하거나 철거해야하는 경우가 있습니다. 이럴 경우를 대비해 억세스플로어(Access Floor)를 설치하면 편리합니다. 방송실 내부 위치를 높여 시야 확보에 도움이 될 수 있고, 선로 구성에 여유 공간 확보가 용이하기 때문에 전기선로, 음향선로, 데이터선로 등의 경로를 독립적으로 구성할 수 있어 배선의 안전도를 높일 수 있습니다. 그러나 단점은 비용이 발생하고, 노후 되었을 때 오히려 방송실 내부 소음의 원인이 될 수 있습니다. 예산 부족으로 억세스플로어를 나무마감으로 진행할 경우, 점검구를 필히 제작하여 유지보수가 가능하도록 합니다.

억세스플로어(Access Floor)

방송실 내부에 전등은 이중으로 설치

예배 상황일 경우 예배의 집중을 위해서 방송실의 조명을 어둡게 하는 것이 좋습니다. 방송실 내의 엔지니어에게도, 강단에서 설교자가 보기에도 방송실이 너무 밝은 경우 오히려 방해가 될 수 있기 때문입니다. 주광등을 천장에 설치해서 음향 조정이 필요한 부분만 낮은 조도로 비춰주는 것을 권장합니다. 물론, 콘솔에 포함된 램프를 활용할 수도 있지만 상대적으로 비싸고 내구성도 떨어질 수 있습니다. 그 외에 평상시 업무 및 유지보수 작업을 할 경우에는 형광등이나 LED 레일 조명과 같은 별도의 밝은 조명이 필요합니다.

 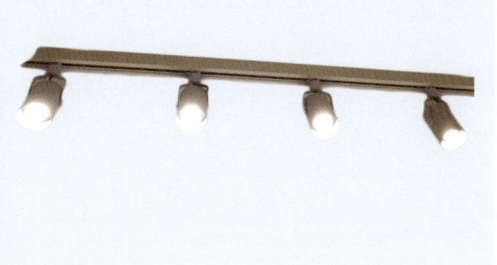

조명 (주광등, LED 레일 조명)

방송실 랙케이스의 배치

 방송실 내에서는 음향 콘솔의 위치를 가능한 가운데에 배치해서 모니터 스피커의 좌우 균형을 잡을 수 있으면 좋습니다. 그리고 장비를 배치할 때 자주 사용하는 장비와 사용 빈도는 낮지만 공간을 필요로 하는 장비로 구분하여 배치합니다.

기타 음향장비 정리

앰프, 앰프실

 재생용 장비들과 녹음장비, 멀티 이펙터, 컴프레서, 무선마이크의 수신기, 순차전원기 등 음향엔지니어가 자주 확인하고 조정이 필요한 장비는 콘솔 옆에 작은 랙케이스에 설치하여 엔지니어와 가까운 거리에 설치하고, 파워 앰프는 스피커와의 거리를 최소화 할 수록 효율이 높기 때문에 스피커와 가까운 장소에 위치하는 경우가 많습니다. 그리고 파워 앰프는 다른 음향기기에 비해 전력소모가 크므로 충분한 전력용량과 배선을 통해 전원 공급이 이루어져야 합니다. 또한 발열을 해소하기 위한 항온 항습을 해주어야 합니다. 열을 식히기 위한 팬이나 에어컨 등을 설치하면 장비 유지에 도움이 됩니다.

 최근의 DSP 내장형 디지털 앰프들은 앰프의 상황을 컴퓨터로 확인 및 제어가 가능하도록 구성되어 있으므로 그러한 기능들을 잘 활용하는 것도 좋은 방법입니다.

팀워크

　방송실 사역은 협력해서 이루어내는 팀워크 사역입니다. 혼자서 모든 것을 하는 것보다 여러 구성원이 서로 역할을 나누어 섬길 때 온전하게 해낼 수 있습니다.

　음향, 영상, 자막, 조명 등 여러 파트의 담당자가 필요하며, 각 파트마다 정과 부로 나누어 각 예배마다 담당자들을 세우는 것이 좋습니다. 팀원들의 구성은 나이와 성별을 고르게 편성하는 것이 좋습니다.

　방송실의 규모에 따라 전문지식이 있는 유급직원이 필요하기도 합니다. 직원을 통해 안정적인 예배환경을 만들면서 방송실 내에서 경험과 전문지식을 교육할 수 있다면 더욱 유익할 것입니다. 하지만 모든 인력을 유급화할 수는 없기 때문에 각 파트별로 자원봉사자를 두어 함께 할 때 더 좋은 결과를 만들어 낼 수 있습니다. 매해 연도별로 방송실 봉사인력을 모집하여 체계를 잡아가는 교회도 있지만, 그렇지 못하더라도 본당 방송실 봉사자뿐만 아니라 각 부서에서 음향에 봉사하는 회중들에게 정기적으로 교육을 진행한다면 보다 효과적이고 안정적인 운영이 가능할 것입니다.

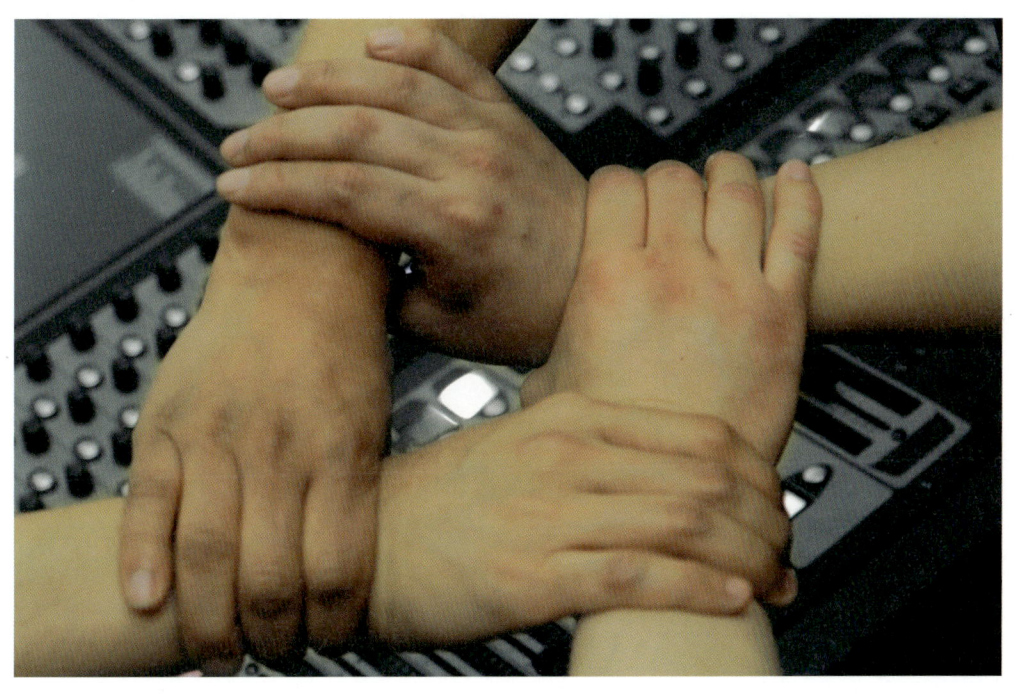

매뉴얼 북

예배에 있어서 중요한 부분 중 하나는 중립적인 안정성입니다. 예배를 담당하는 엔지니어가 달라진다고 해서 소리의 크기나 밸런스가 달라진다면 예배를 드리는 회중들이 불편함을 느낄 수 있습니다. 따라서 방송실 운영지침을 규격화하여 문서로서 기준을 세워둔다면, 지속적으로 동일한 음향환경을 제공할 수 있고 장기적으로는 음향환경 개선의 근거가 될 것입니다.

예배 진행 순서지에 따른 방송 준비

시간	소요	순서	내용	출연자	음향	영상	비고
① 07:45–08:00 ② 09:35–09:50 ③ 11:45–12:00	15′	찬 양	① 주 은혜임을 F ② 나를 통하여 F ③ 내 구주 예수를 더욱 사랑 G		찬양 가사		마지막찬양은 일어섬
① 08:00–08:01 ② 09:50–09:51 ③ 12:00–12:01	1′	예배부름	"□부 예배에 오신 여러분을 주의 이름으로 환영합니다! 다같이 사도신경으로 신앙고백하겠습니다."		핸드 마이크	멘트 Simple & Strong	
① 08:01–08:02 ② 09:51–09:52 ③ 12:01–12:02	1′	신앙고백	사도신경			자막	
① 08:02–08:03 ② 09:52–09:53 ③ 12:02–12:03	1′	영광송 멘트	"주여, 이곳에 임하셔서 성령의 기름부으사 빛으로 일으키소서. 할렐루야!"		Orche	전주시작과멘트	
① 08:03–08:06 ② 09:53–09:56 ③ 12:03–12:06	3′	영광송	– 할렐루야 성령의 기름부으사 –		Orche	영광송후박수, 자리에앉음	
① 08:06–08:09 ② 09:56–09:59 ③ 12:06–12:09	3′	기 도	대표기도		핸드 마이크	Long Shot	기도문작성
① 08:09–08:10 ② 09:59–10:00 ③ 12:09–12:10	1′	기도송		①1부찬양대 ②2부찬양대 ③3부찬양대	찬양대 Orche		
① 08:10–08:18 ② 10:00–10:08 ③ 12:10–12:18	8′	광 고	1) 새가족 환영 및 광고 2) 아래 별첨에 내용 참조	사회자 & 담임목사		홍보영상	
① 08:23–08:24 ② 10:13–10:14 ③ 12:23–12:24	1′	성경 봉독	느헤미야7:5-10			성경 본문	
① 08:24–08:28 ② 10:14–10:18 ③ 12:24–12:28	4′	찬 양	① 주님의 능력으로	①1부찬양대 ②2부찬양대 ③3부찬양대	찬양대 Orche	찬양 가사	사회자퇴장
① 08:28–09:05 ② 10:18–10:55 ③ 12:28–01:05	37′	설 교	"언약의 백성"		Pin 마이크		
① 09:09–09:10 ② 10:59–11:00 ③ 01:09–01:10	1′	축 도					

사회자 : 1) 각 공동체와 교구에서는 올해의 사역 내용을 정리해서 12월 말까지 사무국에 제출해주시기 바랍니다.
담임목사 : 1) 11/13(금)에 있는 비전부흥회 시편축제, 11/15(주일)에 있는 창립35주년 감사예배에 이웃을 초청하셔도 좋습니다.

주일예배, 수요예배, 찬양예배, 새벽예배, 금요예배, 절기예배 등 교회마다 전통적으로 준비된 예배 진행상황을 문서화 한다면 보다 안정적인 예배의 준비가 가능하게 될 것입니다. 처음 예배 진행 순서지(Cue Sheet)를 보는 사람도 예배의 분위기와 문화를 쉽게 이해할 수 있도록 자세하면서도 쉽게 볼 수 있도록 제작하는 것이 중요합니다.

예배 순서지에 따라서 음향 장비 운영에 대한 준비 과정을 정리해 둡니다. 마이크 설치나, 방송실 장비 켜기 등 준비과정을 꼼꼼하게 메모해 하나씩 체크를 한다면 실수를 방지하는데 도움이 될 것입니다. 그리고 예배과정마다 필요한 장비조작에 대한 내용을 사역별로 구체적으로 기입한 체크리스트를 정리합니다. 마지막으로 예배 후 정리하는 과정을 기재합니다.

방송 준비를 위한 안정적인 지표가 세워진다면 어떤 음향 엔지니어가 오더라도 예배의 방송환경이 일정하게 유지 될 것입니다.

시스템 블록 다이어그램

방송실에는 많은 장비들이 유기적으로 연결되어 있습니다. 장비간의 연결이 어떻게 순서대로 연결되어 있는지를 알아야 체계적이고 안전하게 운용을 할 수 있습니다. 만약 장비를 업그레이드 하거나, 고장이 난 경우 도면을 통해 보다 신속하게 문제점을 찾고 처리할 수 있습니다.

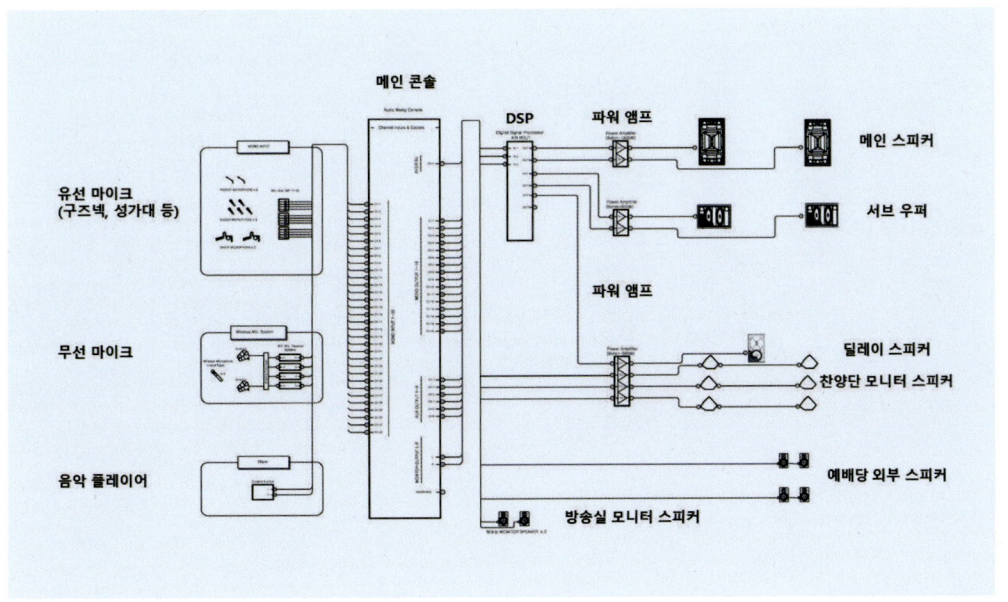

시스템 블록 다이어그램

건축도면 및 전기배관, 배선도

건축도면은 교회의 구조와 체적을 확인할 수 있어 음향시뮬레이션, 음향배치 및 거리에 따른 소리의 지연 조정 등 음향을 운영하는데 매우 유용하게 사용됩니다.

전기배관, 배선도는 현재 전기의 구성이 어떻게 되어있는지 특히 전기의 위상부분이나 전기의 부하가 얼마나 되는지 확인할 수 있는 중요한 자료입니다.

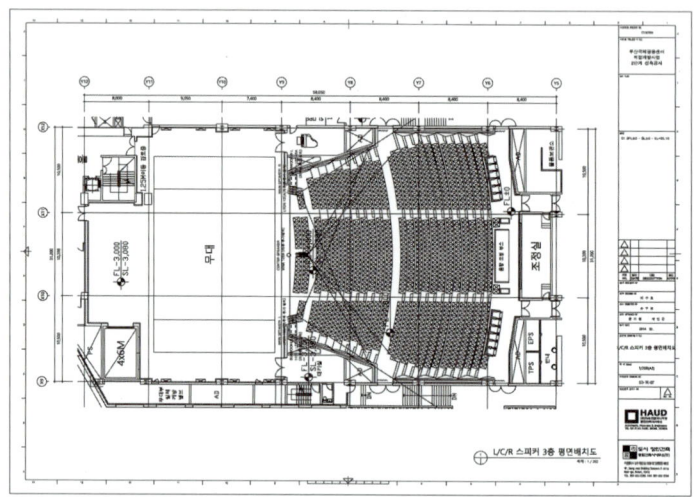

설계도

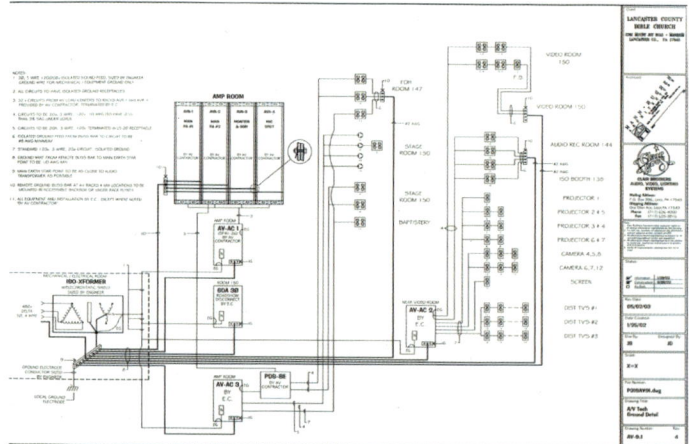

전기 배선도

장비목록 대장 작성 및 장비 라벨링

장비목록 대장은 음향장비의 파악과 장비 구입에서 A/S, 폐기 시기에 이르기까지 장비에 대한 모든 내용을 알려줍니다. 내용에 장비의 구입일시, 구입처, 무상A/S기간, 장비의 수명 등을 체크할 수 있게 해두면 방송실 장비에 고장이 있을 경우 구입처에 대한 정보가 없어 난감한 상황을 미연에 예방할 수 있고, 장비 교체시기를 미리 파악할 수 있어 예산 수립에 도움이 됩니다. 구입단가와 가격, 수량, 구입일시 등을 포함하면 방송실 장비의 자산을 파악할 수 있고, 이러한 정보들은 화재보험이나 도난보험을 가입할 경우에도 유용하게 활용할 수 있습니다.

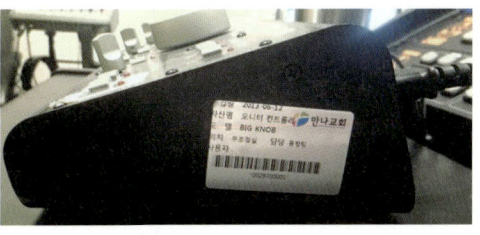

또, 장비 라벨링은 사용처에 대한 부분과 관리 등에 있어서 중요합니다. 다른 부서와 함께 장비를 운용하거나 빌려준 후에 혼선이 생기는 경우를 방지할 수 있습니다. 라벨링 방법은 종이 스티커를 사용하거나, 마카 등으로 쓰고 지우는 방법 등을 장비에 따라 다르게 활용하는 것이 좋습니다. 마이크 케이블 등의 경우에도 컬러수축튜브를 사용하여 케이블의 길이에 따라 구분하여 분류할 수 있습니다. 케이블을 감는 벨크로 테이프도 사용하면 분류하기 좋습니다. 일례로 2001년도에 제가 근무하던 교회에 수해로 인한 피해를 입었을 때 장비목록이 기준이 되어 보험사로 부터 합당한 보상을 받은 일이 있었습니다. 만일의 일을 대비해서라도 귀한 헌금으로 구입된 장비들을 체계적이고 철저히 관리해야 합니다.

소모장비 품목대장 작성

방송실에는 소모성으로 지출해야 하는 품목들이 있습니다. 대표적인 예로 건전지가 있습니다. 보통 이러한 물품들은 가격이 낮아 별다른 관리는 하지 않는 경우가 많지만 많은 양을 한 번에 구입하는 경우 소모장비 품목대장을 작성하면 구입가격이나 거래처 등을 확인할 수 있고 방송실 내에서 평균적으로 지출해야 되는 예산을 책정하는 데에 도움이 됩니다.

예산편성 (*부록 참고)

　교회 내에서 음향에 관련한 예산집행을 할 경우는 여러 가지가 있습니다. 신규로 건축을 진행할 경우, 오래된 방송장비를 교체할 경우, 단순한 마이크 등을 구입하는 경우, 소모품 건전지나 그 외 식사, 간식 등 다양한 지출이 필요합니다. 이 때 별도의 예산이 책정이 되어있는 경우라면 문제가 없지만 방송실에 대한 예산이 없을 경우 그때마다 어렵게 청구를 해야 하고, 청구가 부담스럽게 느껴진다면 효율적인 음향장비 운영에 문제가 될 수 있습니다.

　보통 방송실의 예산 편성은 현재 보유하고 있는 장비의 총액을 참고하여 감가상각을 반영하여 사용 가능 기간을 결정합니다. 예를 들어 그 기간을 10년으로 책정했다면 그에 따른 자산금액을 계산하게 됩니다. 그 후에는 총액을 참고하여, 통상적으로 지출하는 수선 비용의 평균합을 계산하여 예산을 편성합니다.

장비관리 (*부록 참고)
음향 시스템

　마이크 케이블은 잘 정돈하여 길이 별로 보관하고, 마이크는 별도의 마이크 보관함을 사용하여 관리하며 컨덴서마이크의 경우 특별히 습기와 충격에 주의하여야 합니다. 마이크의 헤드부분이 쉽게 지저분해지는데, 브러시를 사용하여 중성 세제로 닦아주고 그늘에서 말려서 사용합니다.

　마이크 스탠드의 경우 나사의 풀림 및 마모 상태 등을 주기적으로 관리합니다.

　콘솔의 경우 사용 후 반드시 덮개를 통해 먼지의 유입을 막고, 표면의 먼지는 브러시와 진공청소기를 사용하여 청소해줍니다. 페이더의 경우 6개월에 한번 정도 떼어내어 중성 세제로 닦아내고 완벽하게 건조한 후에 장착하여 사용합니다.

　파워앰프의 경우 필터에 먼지가 쌓이기 쉬우니 주기적으로 털어내면 오래 사용하기 좋습니다. 특히 주변바닥을 청결하게 유지하는 것이 좋은 습관입니다. 특별히 콘솔과 앰프는 4~5년에 한 번씩 공식 A/S 센터에서 내부 회로 기판 청소를 할 경우 내구성이 좋아집니다.

　스피커의 경우 고음 (트위터)이 고장난 상태로 사용되는 경우가 있습니다. 트위터를 제외한 저음부분만 출력되어도 음색을 자세히 살펴서 듣지 않는 이상 고장을 알아차리기 쉽지 않기 때문에 주기적으로 스피커 고음부의 확인이 필요합니다. 또한 오래 사용할수록 내부 스펀지가 마모되기 때문에 별도로 방염이 되는 유사한 소재로 교체해주시면 좋습니다. 모니터 스피커의 경우 스피커 커넥터나 스피커 몸체를 과도하게 당기다가 커넥터 내부에서 케이블이 빠지는 경우가 있으니 유의해야 합니다.

공구세트 및 측정장비

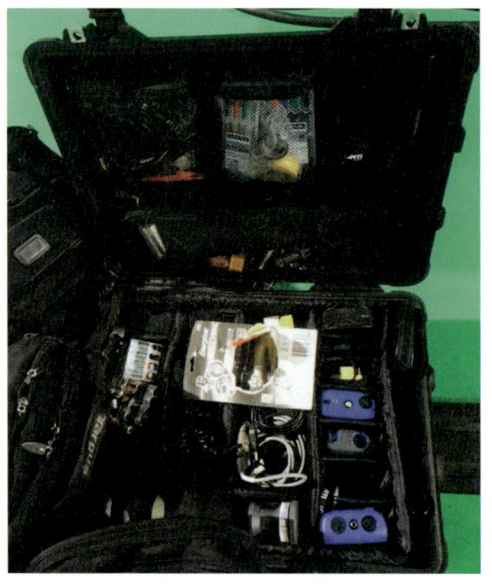 

　방송실에서는 기본적인 작업이나 측정을 할 때 사용할 수 있는 공구 세트가 있어야 합니다. 우선 마이크 커넥터 작업과 같은 납땜이 필요한 공구들과 각종 드라이버 및 전동 공구, 측정용 기기들(멀티미터, 줄자 등)이 주로 필요합니다. 공구를 사용하는 방법을 정확히 숙지하고, 사용 후에는 반드시 제자리에 놓는 것을 원칙으로 합니다. 공구의 관리는 지정된 공구서랍이나 이동용 공구함을 사용하며 각각의 공구에도 별도로 라벨링을 하여 사용하는 것이 좋습니다.

교회음향을 위한
음향시스템 입문

CHAPTER 02

INTRODUCTION TO SOUNDSYSTEM FOR CHURCH

소리

소리의 현상 및 전달
소리의 성질
소리의 강도
다이나믹레인지

그대 섬김은 아름다운 찬송
그대 헌신은 향기로운 기도
그대가 밟는 땅 어디에서라도
주님의 이름 높아질거예요

'축복의 사람' ⓒSonmat

Sound
소리

　소리는 어떠한 물리적인 진동에 의하여 발생한 에너지가 매질(공기)을 통해 귀로 전달되는 것을 말합니다.

　예배에서 소리는 성도들에게 말씀과 찬양이 잘 전달 되어야 하기 때문에 매우 중요한 요소입니다. 이 과정에서 소리는 사람의 마음에 감동을 줄 수도 있지만 사람의 마음을 불편하게 할 수도 있습니다. 그래서 교회 음향 엔지니어는 좋은 소리를 만들기 위해 꾸준히 노력하고, 소리에 대한 이해와 공부가 필요합니다.

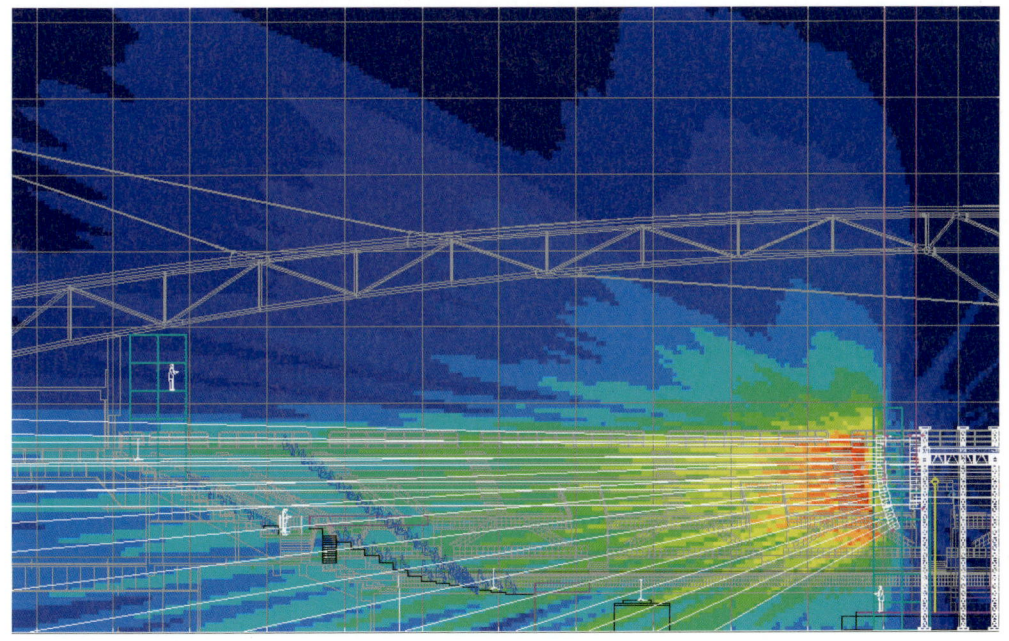

소리의 현상 및 전달

소리의 현상

우리가 소리를 듣기 위해서는 어떠한 움직임, 즉 공기의 진동이 발생하여야 합니다. 음원이 될 수 있는 자연 소리, 악기, 사람의 성대와 같이 진동을 일으킬 수 있는 진동체가 주변의 공기의 압력을 변화시켜 연쇄적인 압축, 팽창을 반복하게 되는데, 이 전달 과정을 파동이라고 합니다.

그림 2-1 진동에 의한 물결

소리의 파동은 예를 들어 마치 잔잔한 연못에 돌을 던지면 물결이 생겨 퍼져나가는 것과 같습니다. 소리의 파동의 모양을 시간상 그림으로 나타낸 것을 파형(waveform)이라고 하며, 이렇게 전달되는 물리적인 에너지의 파동을 음파(sound wave)라고 합니다.

소리의 전달

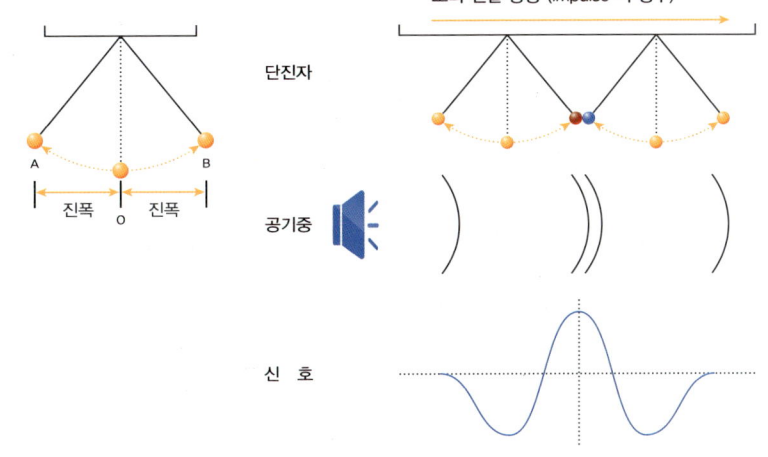

그림 2-2 단진자 운동과 소리의 전달 방향

소리의 전달에 대한 이해를 돕기 위해 물리적 현상인 '단진자 운동'으로 예를 들어보겠습니다. 추에 실을 묶어 A점에 이동시킨 후 손을 놓으면 추는 복원력으로 다시 0으로 돌아갑니다. 그 후 관성에 의해 B점까지 이동을 하고 이렇게 반복된 운동을 하는 것을 '단진자 운동'이라고 합니다.

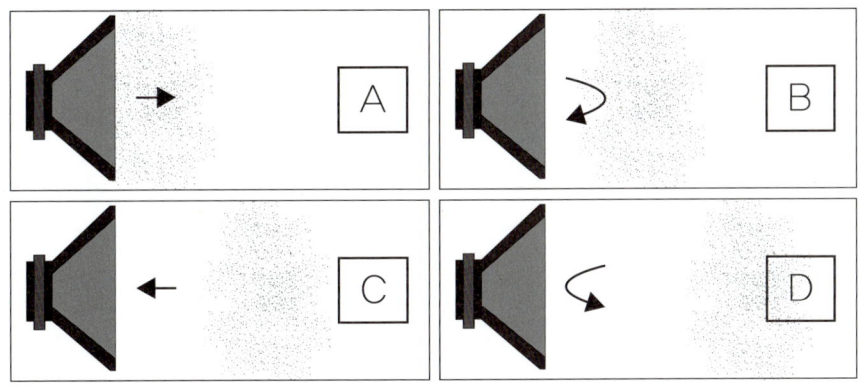

그림 2-3 소리의 전달

그림 2-3과 같이 소리의 전달과정도 이와 비슷합니다. 공기 중에 수많은 입자가 진동 에너지에 의해 공기를 밀, 소, 밀, 소…를 반복하는 형태로 전달이 됩니다.

소리 57

주파수(Frequency)와 파장(wavelength)

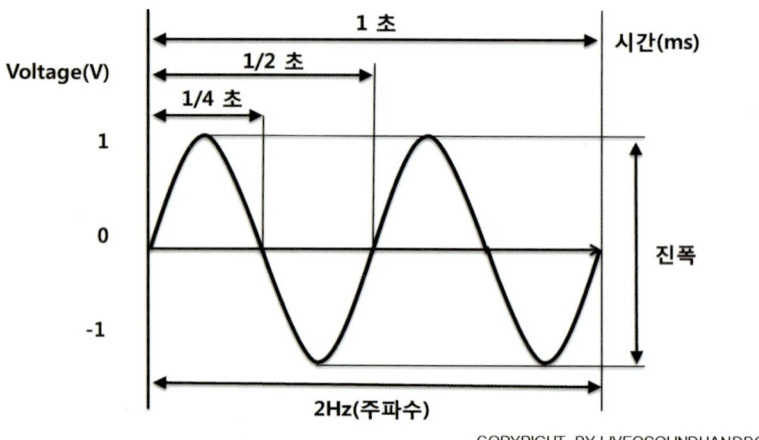

그림 2-4 사인파

주파수는 1초 동안 발생되는 진동의 횟수를 말합니다. Frequency의 머리 글자를 따서 "f"라고 하며 단위는 독일의 물리학자 하인리히 루돌프(Heinrich Rudolf Hertz)의 이름을 딴 "Hz"(헤르츠)를 사용합니다. 즉, 1초 동안 10회의 진동을 하면 10Hz, 1,000회의 진동을 하면 1000Hz(=1kHz)가 됩니다.

파형이 시작되어 다시 반복되기 전까지의 시간을 주기(period)라 하며, 한 주기가 이동한 거리를 파장(wavelength)이라고 합니다. 파장의 단위는 길이의 단위인 미터(m)를 사용하며, 수식에 사용할 때에는 그리스 문자의 λ(람다: lambda)로 표현합니다.

$$\text{파 장 } \lambda = \frac{c}{f} \qquad \text{주파수 } f = \frac{c}{\lambda} (Hz)$$

c : 음속   f : 주파수

위의 공식으로 주파수별 파장의 길이를 알 수 있습니다. 여기서 f는 주파수를 말하며, c는 음속을 나타내는데, 섭씨 15℃ 에서 340m/s의 속도를 갖습니다.

예를 들어 그림 2-4와 같이 2Hz의 진동수를 가진 사인파의 파장의 값은

$$340(c)/2(f) = 170(m)$$

위의 계산에 의해 2Hz 의 파장은 170m임을 알 수 있습니다.

그림 2-5는 각 주파수별 파장의 길이를 나타내고 있습니다. 예를 들어 10kHz의 파장은 3.4cm로 주파수가 높아질수록 파장은 상대적으로 짧아지는 것을 확인할 수 있습니다. **이는 고음이 될수록 파장길이가 짧아지고 저음이 될수록 파장길이가 길어짐을 의미합니다.** 파장은 공간음향과 소리 확성의 분석에 있어서 기본이 되는 매우 중요한 요소가 됩니다.

주파수	파장의 길이	주파수	파장의 길이
31Hz	11m	1kHz	34cm
63Hz	5.4m	2kHz	17cm
125Hz	2.75m	4kHz	8.5cm
250Hz	1.37m	8kHz	4.25cm
500Hz	68cm	16kHz	2.1cm

표 2-1 주파수별 파장

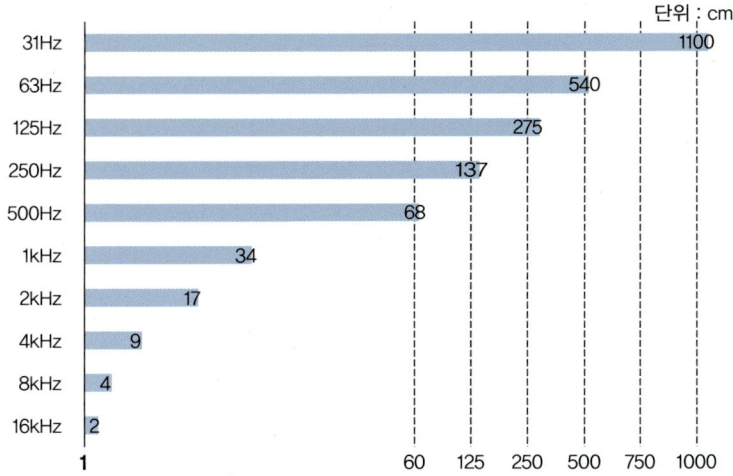

그림 2-5 주파수별 파장

너희도 그들 중에서
예수그리스도의 것으로
부르심을 받은 자니라

로마서 1장 6절
©Sonmat

소리의 성질

소리는 음의 세기(intensity), 높낮이(pitch), 진폭(amplitude), 지향성(directivity) 등에 따라서 다양한 성질을 가지고 있습니다. 이는 공기 온도나 습도, 기압, 바람 등에 대한 요소뿐만 아니라 소리 에너지가 부딪히는 면의 모양, 재질, 강도 등에 따라서도 소리 에너지의 양과 성질은 변하게 됩니다.

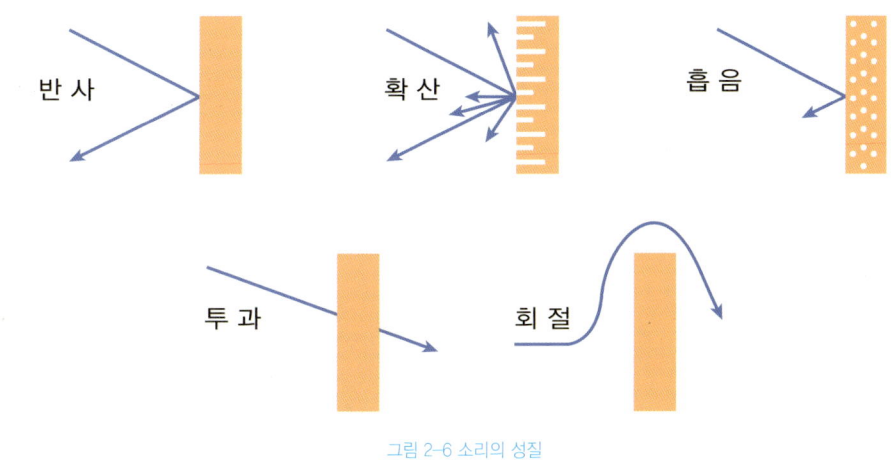

그림 2-6 소리의 성질

반사(reflection)

소리 에너지의 직접 음은 물체와 부딪히게 되면 반사되는 성질이 있습니다. 직접음이 물체로 들어오는 방향에서 생기는 각을 입사각이라 하고 직접음이 반사되어 나가는 각을 반사각이라고 합니다. 평탄한 면에서 이루어지는 반사를 정반사, 고르지 못한 면에서의 반사를 난반사라고 합니다.

실내에서 소리가 발생하면 직접음과 여러 반사음들이 존재합니다. 직접음과 초기반사음(Early Reflection)외에도 시간의 경과에 따라 1, 2, 3..차의 여러 반사음들이 생기면서 잔향(Reverbration)이 발생합니다. 이는 실내 공간에서의 소리의 품질과 성능에 매우 큰 영향을 줍니다.

소리의성질 (참조 : Handbook for Sound Engineers Third Edition, Ballon, Focal press (2002) 76페이지)

회절(diffraction)

소리는 장애물을 만나면 우회하여 돌아가는 성질이 있는데 이를 소리의 회절이라고 합니다. 이해를 돕기 위해 예배당 안의 상황을 예로 들어보겠습니다. 예배당 안에 기둥이 있는 경우 기둥 뒤쪽에는 파장의 길이가 짧아지는 고음일수록 반사되고 파장의 길이가 긴 저음일수록 회절 현상이 나타나게 됩니다.

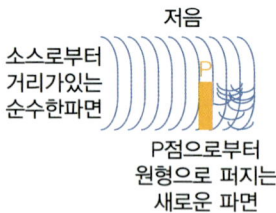

그림 2-7 저음의 회절

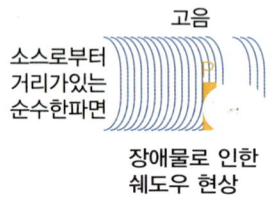

그림 2-8 고음의 회절

굴절(refraction)

소리는 공기를 매질로 이용하기 때문에 공기의 흐름에 따라 방향의 변화가 일어나게 됩니다. 예를 들어 소리는 밤보다 낮에 작게 들립니다. 그 이유는 소리는 사방으로 확산되어 퍼져나가는데, 낮에는 지면의 복사열의 더운 공기 때문에 소리의 방향이 공중을 향하여 굴절되므로 음원에서 멀리 있으면 소리가 훨씬 작게 들립니다. 실내 공간에서도 사람이 있는 경우와 없는 경우에도 온도가 달라서 소리의 굴절이 발생합니다.

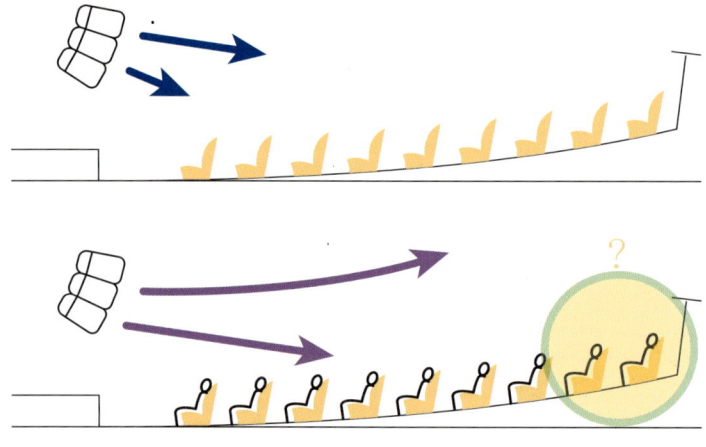

그림 2-9 온도에 따른 실내 소리변화

소리의 지연

예를 들어 그림 2-10과 같이 예배당에서의 메인스피커와 서브스피커를 나타내고 있습니다. 서브스피커의 앞부분에 앉은 성도는 서브스피커의 소리가 먼저 들리고 잠시 뒤에 메인스피커의 소리가 겹쳐서 들리게 됩니다. 이런 현상은 메인스피커와 서브스피커의 거리 차이가 클수록 더욱 크게 발생하게 되어 설교를 진행할 때 목사님의 소리가 두 번 들리게 되면서 음성의 명료도가 떨어지게 됩니다. 그래서 서브스피커에 딜레이(Delay)라는 소리를 지연시키는 장비를 사용하여 메인스피커에서 출발한 신호와 서브스피커 신호가 동일하게 출력될 수 있도록 조정합니다.

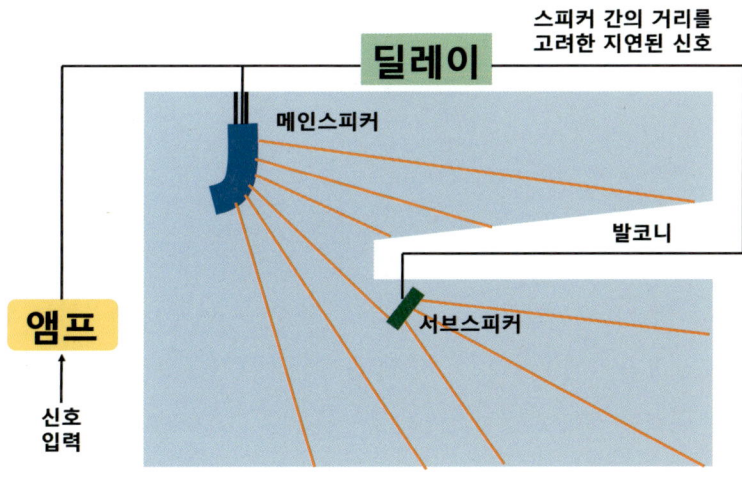

그림 2-10 딜레이 스피커 설치

*딜레이 계산공식

$$\text{Delay (ms)} = 1000 \times (\text{거리(m)}/334\text{m/s})$$

지연되는 시간은 메인스피커와 서브스피커간의 거리를 측정하여 딜레이 계산공식을 통해 지연시간을 확인할 수 있습니다.

딜레이 이미지)참조: Guide to Sound Systems for Worship, EICHE, YAMAHA (1990) 81페이지)

엔벨로프 (envelope)

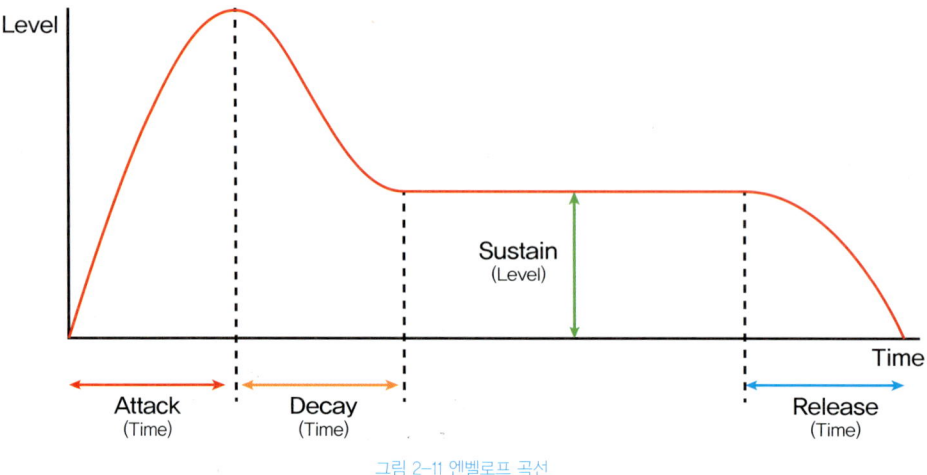

그림 2-11 엔벨로프 곡선

그림2-11과 같이 엔벨로프 곡선은 소리의 생성부터 소멸까지의 과정을 그래프로 나타낸 것을 말합니다. 엔벨로프 곡선의 단계를 보면, 소리의 생성부터 가장 높은 에너지까지 도달하는 구간을 어택(Attack)이라고 합니다. 그 후 소리에너지가 하강하는 부분을 디케이(Decay)라고 하며 소리에너지가 일정하게 유지되는 구간은 서스테인(Sustain)이라고 합니다. 이후 소리가 완전히 소멸되기까지의 구간을 릴리즈(Release)라고 합니다. 예를 들어 악기의 소리는 각기 다른 음색이 있어 타악기로 북을 칠 때나 바이올린의 현을 켤 때 소리의 엔벨로프 곡선은 매우 다릅니다. 이렇게 소리의 생성과 소멸의 차이를 이해하는 것은 악기와 음향 장비를 사용하는데 있어서 기본이 되는 부분입니다.

소리의 속도

소리는 예를 들어 상온 15℃ 에서 340m/s 의 속도로 이동합니다. 소리의 속도를 구하는 공식은

$$C = 331.5 + 0.6 \times t \text{ [m/s]} \quad (C : 소리의 속도 \quad t : 온도)$$

온도가 1℃ 상승할 때마다 소리의 속도는 약 0.6m/s씩 빨라지므로 온도와 소리의 속도는 밀접한 관계가 있습니다.

역제곱 법칙 (inverse square law)

역제곱 법칙이란 자유 음장(Free Field)에서 음원이 방사될 때 음원으로부터 거리가 2배씩 멀어질수록 음압이 거리의 제곱에 반비례하여 감소되는 것을 말합니다. 이 법칙이 적용되려면 점음원(point source)과 자유음장(free field)에서 소리가 발생한다는 조건이 성립되어야 하는데, 자유음장이란 음의 진행을 방해하는 조건과 반사음이 없는 환경을 말합니다.

이 법칙에 의해 스피커에서 출발한 소리의 음압은 거리가 멀어질수록 감소됩니다. 즉, 거리가 5배가 되면 소리의 음압은 1/25배가 됩니다. 벽이나 장애물이 없는 야외공간에

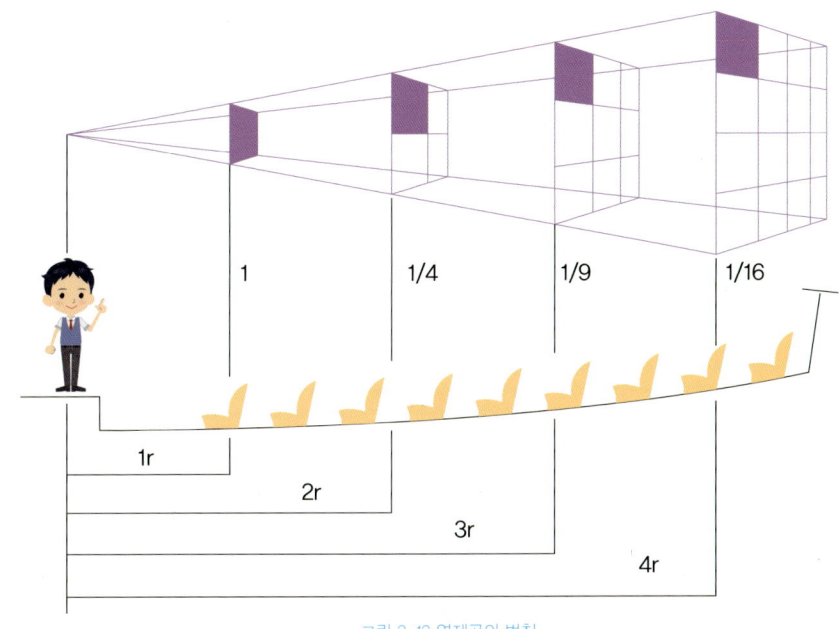

그림 2-12 역제곱의 법칙

서 소리가 발생하면 소리가 사방으로 멀리 퍼지지만 거리가 멀어질수록 소리가 감소하는 것을 말합니다.

교회는 실내구조이기 때문에 건물의 구조나 벽체의 마감상태 등에 따라 변수가 있습니다. 그러므로 음원에서 성도석까지 전달되는 소리의 감소차이가 있습니다.

간섭(interference)

만약 2개의 소리가 동시에 같은 위상을 가지고 시작한다면 동상(in phase)을 가지게 되고 보강 간섭(Constructive Interference)이 일어나서 소리가 더 커지는 현상이 일어나게 됩니다. 또한 2개의 소리가 180도가 뒤진 위상을 가지고 시작한다면 역상(out of phase)을 가지게 되고 상쇄 간섭(Destructive Interference)이 일어나서 소리가 약해지거나 소멸되는 현상이 나타나게 됩니다. 그래서 스피커를 한 개를 설치해서 사용할 때와 두 개의 스피커를 연결하여 사용했을 때의 소리의 크기는 2개의 스피커가 출력 면에서는 더 클 수 있으나 소리의 간섭 현상이 발생하기 때문에 잘 조절해야 합니다. 한 예로 스피커를 벽에 부착하여 사용할 경우 한쪽벽면이나 천장에 소리가 반사하여 중첩되는 경우도 이에 해당합니다.

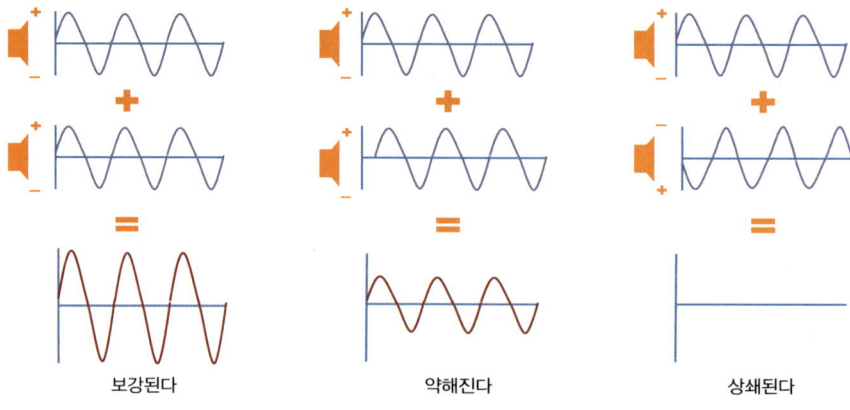

그림 2-13 음의 보강 간섭과 상쇄 간섭

생활 속의 예를 들어본다면 공장의 공조기를 사용할 때 팬에서 휘파람 소리 같은 주파수가 들리게 되는데 이 때 그 주파수의 역상신호를 스피커로 내장해서 발생시키면 상쇄 간섭이 일어나 소음이 줄어드는 효과를 얻을 수 있습니다. 대형 빔프로젝터의 경우도 같은 방법으로 소리를 제어하고 있습니다.

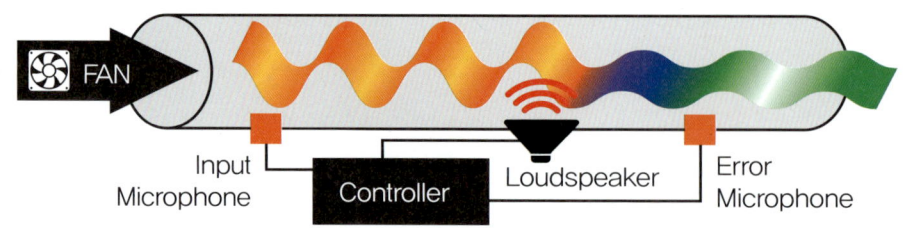

그림 2-14 역상을 이용한 소음감소

*정재파(standing wave)
정상파는 서로 반대방향의 진행파가 만나서 중첩에 의한 간섭 현상으로 보강과 상쇄 현상을 일으키는 고유의 진동음을 말합니다.

소리의 강도(세기)

데시벨(dB: decibel)

소리의 단위는 데시벨(Decibel : dB로 표기)로 나타냅니다. dB의 deci는 1/10을 의미하고, bel은 알렉산더 그래엄 벨(Alexander Graham Bell)의 이름을 딴 것으로, 음향에서 출력에 관련되는 두 값 사이의 비율을 말합니다.

데시벨(dB)을 사용하여 소리의 단위를 표현하는 이유는 물리적으로 큰 숫자를 작게 표현하고자 하는 이유도 있겠지만, 사람의 청각이 소리의 크기를 로그에 가깝게 반응하기 때문이기도 합니다. 사람의 청각이나 시각은 실제 물리량(소리, 빛)이 10배, 100배가 되어도 감각적으로는 몇 배에서 몇 십배 정도의 변화로밖에 느끼지 못하는 인지 능력을 가지고 있습니다.

이와 같이 자극 변화에 대한 감각적 반응이 일정하지 않기 때문에 발생하는 현상을 '자극에 대한 비선형(非線形)적 반응'이라고 합니다.

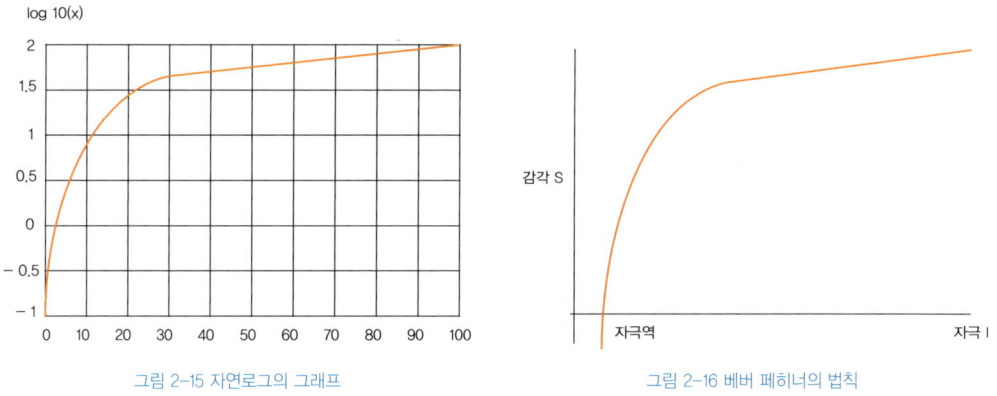

그림 2-15 자연로그의 그래프   그림 2-16 베버 페히너의 법칙

그림 2-15와 같이 소리에 대한 사람의 감각은 로그 함수에 적합한 형태를 보이고 있으며, 베버 페히너의 그래프를 보면 log 그래프와 유사한 것을 볼 수 있습니다.

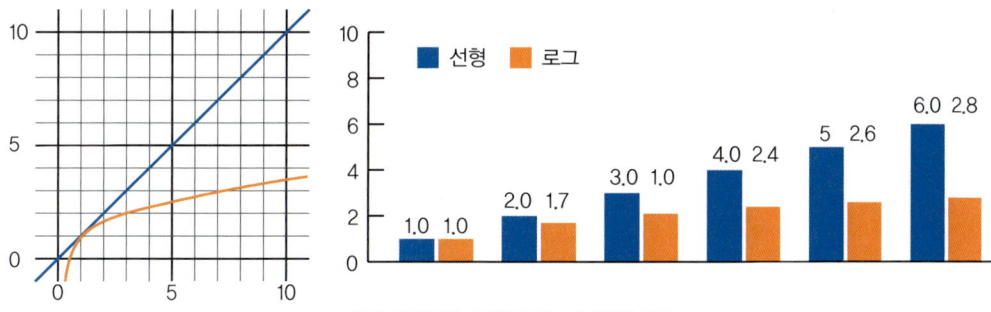

그림 2-17 리니어 스케일과 로그 스케일의 비교

음압 레벨(dB SPL: Sound Pressure Level)

소리의 상대적인 세기의 비율을 나타내는 dB의 단위는 사람이 인식하는 소리의 크기를 절대적으로 나타내기에는 부적절하기 때문에 사람의 청력의 절대적인 기준 값을 갖는 SPL (Sound Pressure Level) 을 사용합니다.

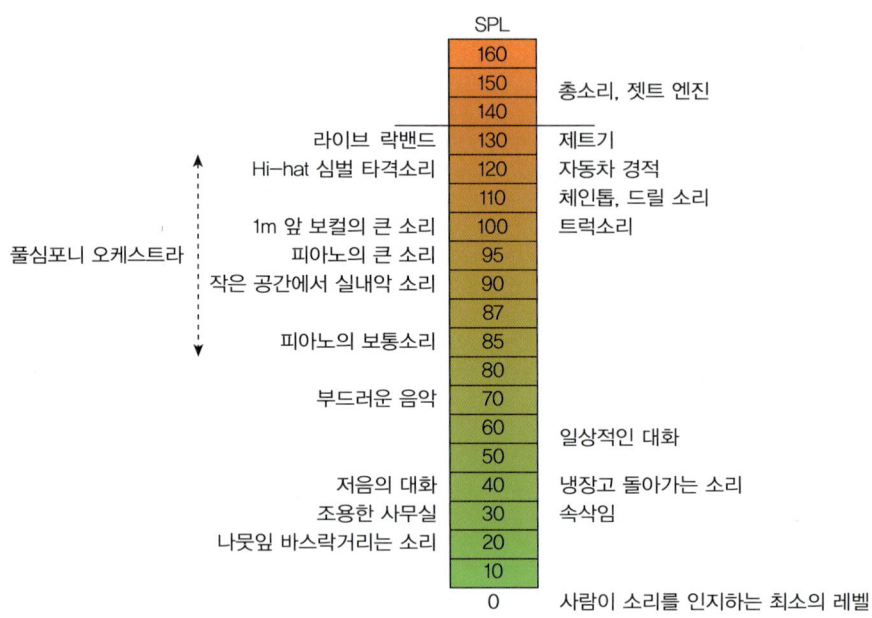

그림 2-18 소리로 비교한 데시벨 범위

그림 2-18과 같이 음압 레벨에서 순음 1kHz 주파수를 기준으로 최소의 청력 값은 0dB 입니다. 일상 생활에서 조용한 사무실의 속삭이는 소리의 크기가 약 20dB 정도이고, 보통 대화하는 소리의 크기는 약 60 ~ 70dB 정도입니다. 혼잡한 거리의 소리의 크기는 약 80dB 정도입니다.

음향 엔지니어는 교회에서 드리는 예배에 따라서 평균 음압을 정하고 좌석 위치마다 적합한 음압을 유지하고 음압의 편차를 줄이려는 노력을 해야 합니다.

다이나믹 레인지

오디오 신호에서의 다이나믹 레인지는 가장 작은 허용 최소 값에서부터 가장 큰 허용 최대 값의 범위를 말합니다. 음향 장비 또는 사운드 시스템에서의 다이나믹 레인지는 잔여 전자 잡음이나 들을 수 없는 최저 레벨의 노이즈 플로어에서 클리핑 포인트의 피크레벨까지의 범위 및 차이로 규정합니다. 쉽게말해 음향기기가 얼마나 작은 신호부터 큰 신호까지 문제없이 처리할 수 있는가를 말하기도 합니다. 예를 들어 예배 중의 피크레벨(Peak Level: 소리가 최대)이 120dBSPL, 운용레벨(Operating Level : 소리가 최소)이 40dBSPL 라고 했을 때 다이나믹레인지는 [피크레벨 – 운용레벨]이므로 [120 dBSPL – 40 dBSPL = 80 dB]이고 다이나믹레인지는 80dB 입니다. 여기서 다이나믹레인지의 값은 음압레벨의 단위와는 관계가 없으므로 SPL이 아니고 비율 dB의 값으로 표기합니다.

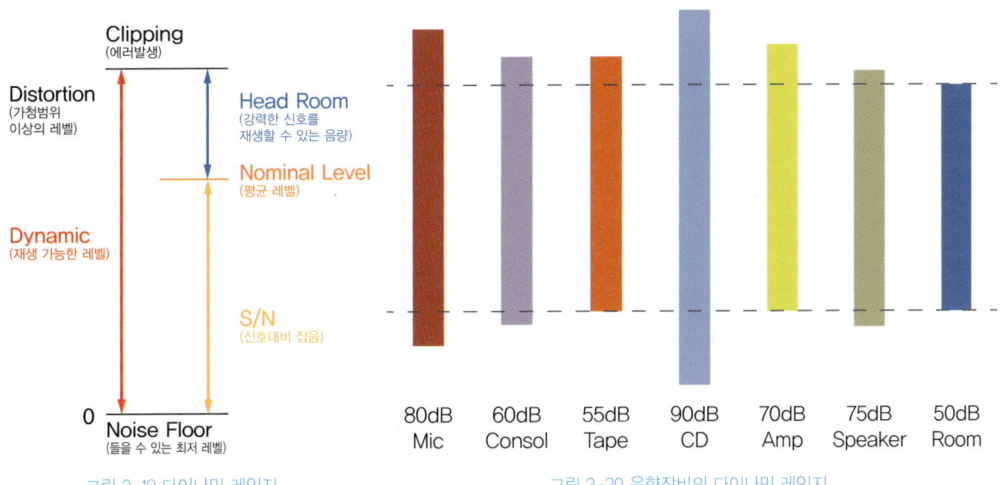

그림 2-19 다이나믹 레인지   그림 2-20 음향장비의 다이나믹 레인지

그림 2-20과 같이 음향장비들은 각각 다른 다이나믹 레인지를 가지고 있습니다. 이러한 다이나믹레인지 개념에서 헤드룸(Headroom)과 신호 대 잡음비(Signal to Noise Ratio)이라는 용어를 이해할 수 있는데 헤드룸은 사운드 시스템의 라인레벨(+4dBu) 즉, 표준운용 또는 평균레벨(Nominal Level)에서 피크레벨까지의 범위를 말하며, 신호 대 잡음비는 라인레벨에서 노이즈 플로어 까지의 범위를 말합니다. 헤드룸의 표기도 마찬가지로 오직 비율만을 나타내는 것이므로 dB로 표기합니다.

교회음향을 위한
음향시스템 입문

CHAPTER 03

INTRODUCTION TO
SOUNDSYSTEM
FOR CHURCH

전기음향

기초전기
전기의 흐름
접지
전기 노이즈

©Sonmat
잠언 4장 23절

모든 지킬만한 것 중에
더욱 네 마음을 지키라
생명의 근원이 이에서 남이니라

3 Electro Acoustic
전기음향

기초전기

전기의 흐름

음향에서 전기의 품질은 매우 중요합니다. 전기는 음향 장비의 동력원이며 제대로 공급이 되지 않을 경우에는 적절한 음향 출력이 발생하지 않습니다.

직류와 교류

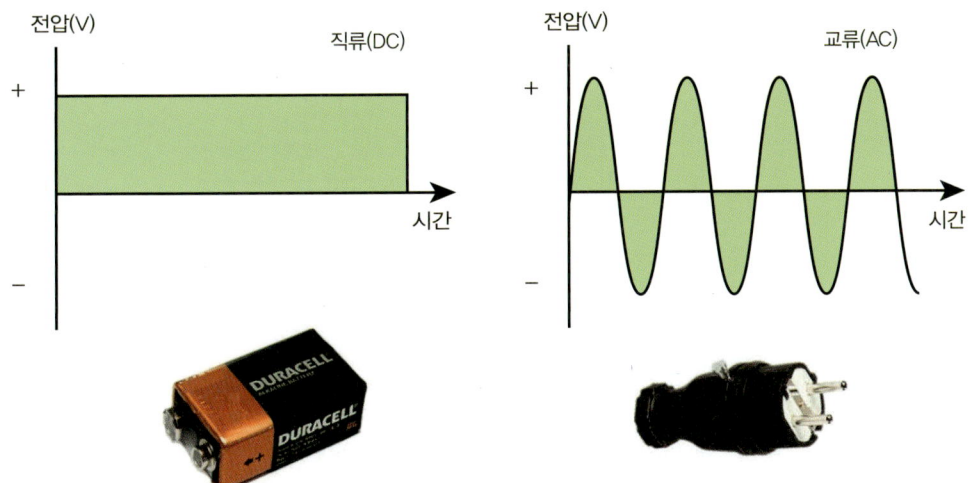

그림 3-1 직류와 교류

전기는 직류(DC, Direct Current)와 교류(AC, Alternating Current)가 있습니다. 직류(DC)는 (+)와 (-)의 극성이 정해져 있는 전기로, 시간적으로 변화하지 않고 일정한 방향으로 흐르는 전류를 말합니다. 건전지나 팬텀 파워가 직류에 해당합니다. 교류(AC)는 (+)와 (-)의 극성이 시간에 흐름에 따라 변화하는 전류를 말합니다. 일반 가정에서 사용하는 전기가 대부분 교류에 해당하며, 발전소에서 생산되는 교류는 1초에 60번씩 변화합니다. 바꿔 말하면 60Hz의 주파수 특징을 갖고 있는 전기를 생산하고 있습니다.

직류는 전류의 변동에 큰 영향을 받지 않기 때문에 정밀성과 안정성을 필요로 하는 전자제품 내부에서 많이 쓰이고, 교류는 전력 손실이 적기 때문에 장거리 전류 송전이 가능하고 전압의 변동이 쉬워서 변압기만 갖추고 있으면 전기를 얻을 수 있다는 장점이 있습니다. 우리가 사용하는 대부분의 음향장비는 교류를 직류로 변환하여 사용합니다.

전기의 공급

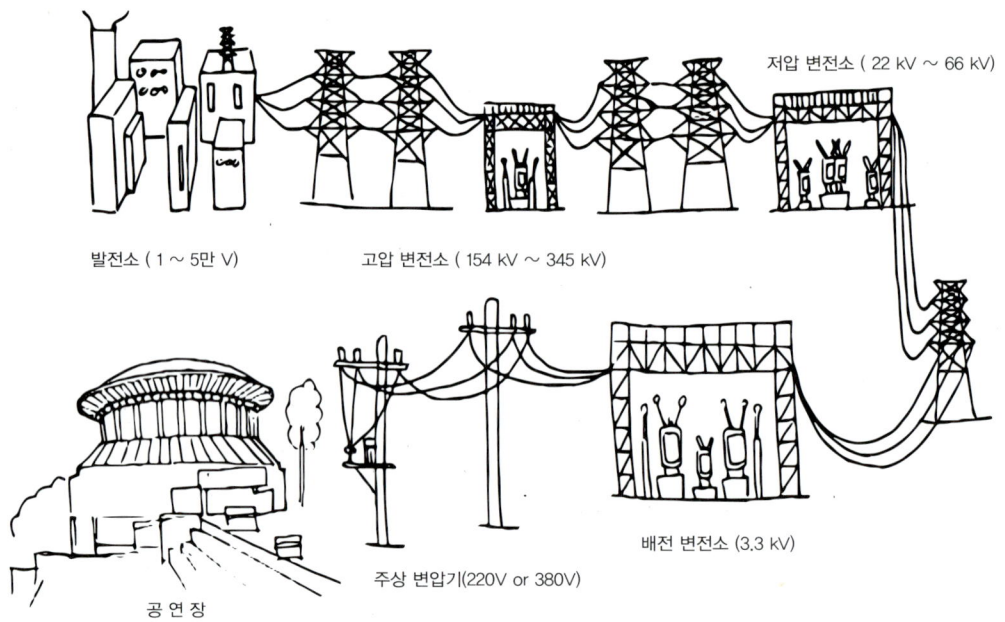

그림 3-2 발전소 전력 공급과정

발전소에서 생산된 전기는 고압으로 송전 및 변전과정을 거쳐 원거리에 위치한 사용자에게 송전되며 건물 내 변압기 또는 주상변압기를 통해 3상 4선식 380V의 전원 혹은 단상 220V 전원이 각 사용지역으로 공급됩니다. 380V는 일반적으로 건물의 1차 분전함으로 공급되는 전압입니다.

교회에도 그림3-3과 같은 분전함이 전기시설이나 방송실 혹은 교회 내 지정된 별도의 공간에 위치되어 있습니다.

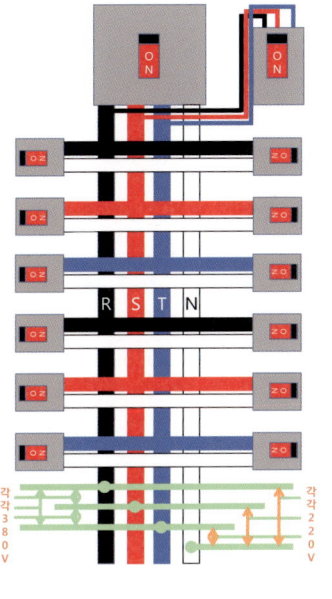

그림 3-3 분전함의 모습

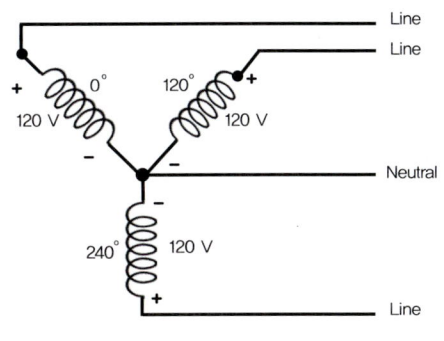

그림 3-4 3상 전기 회로도

분전함의 전원은 각각 R, S, T(R1, R2, R3)3개의 상으로 구성되어 있으며 N상(중성)과 결합하여 각기 120도의 위상이 다른 220V의 전원을 사용하게 됩니다. 380V를 220V로 사용하기 위해서는 N상과 R상(220V), N상과 S상(220V), N상과 T상(220V)을 연결해서 사용합니다.

전압 Voltage (V)

전류 Current (I)

저항 Resistance (R)

전력 Power (P)

임피던스 Impedance

인덕턴스 Inductance

커패시턴스 Capacitance

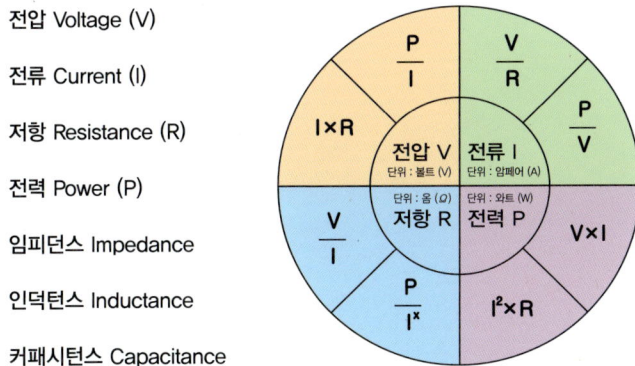

그림 3-5 전기 기본공식

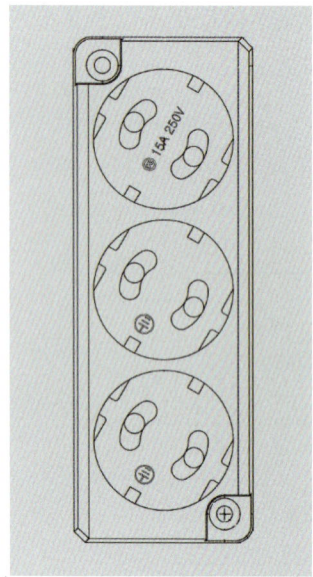

그림 3-6 콘센트

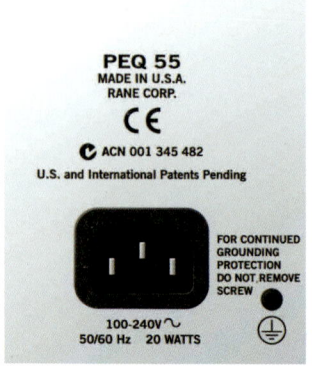

그림 3-7 이퀄라이저 전원부

일반적으로 220V 콘센트에 보면 250V에 15A 라고 표기되어 있는데 이는 250V × 15A = 3,750W의 전력까지 연결하여 사용할 수 있다는 의미하며 220V를 기준으로 3,300W까지 가능합니다. 소켓이 3개이니 1개당 평균 1,100W를 사용 가능합니다.

A (암페어) 단위가 전류를 말하고 소비전력은 W (와트)로 전력을 말하기 때문에 개념을 확인하고 있어야 합니다.

예를 들어, 220V로 1,100W의 전기기구를 사용할 경우의 필요한 전류는 얼마일까요?

$$1,100W / 220V = 5A$$

답 : 5A입니다.

예를 들어 전력 20W를 소모하는 이퀄라이저를 250V 전압과 15A 전류를 지원할 수 있는 콘센트에 연결할 경우 최대한 몇 대까지 연결하여 사용할 수 있을까요?

$$(250V × 15A) / 20 = 187.5$$

답 :187개입니다.

접지

접지의 목적

접지란 전기를 사용하는 기기의 표면이나 회로의 일부를 대지와 도선으로 연결해 기기의 전위를 대지와 같은 0으로 유지하는 것을 뜻하며, 주로 잔류 전기 및 낙뢰, 과전류를 대지로 통하게 하여 사람과 장비를 보호(안정용 접지)하기 위해 사용합니다.

그림 3-8 접지

최근에는 과전류, 과전압유입, 전기적 잡음으로부터 전원 통신제어시스템과 같은 복잡한 전기, 전자적 시스템을 안정적으로 동작하게 하는 것(기능용 접지)으로 넓혀지고 있습니다. 접지를 방식으로 분류해보면 독립 접지, 공통 접지 두 가지로 분류할 수 있습니다.

십자가의 **능력**
십자가의 **소망**
내안에 주만 사시는것

공통 접지

공통 접지는 실내 공연이나 건물 내에서 장비들의 전기를 공급받는 분전함의 접지를 이용하는 방법입니다. 분전함의 왼쪽 하단에 보면 접지 부분이 보이는데 연두색 케이블로 접지가 되어있는 것을 볼 수 있습니다.

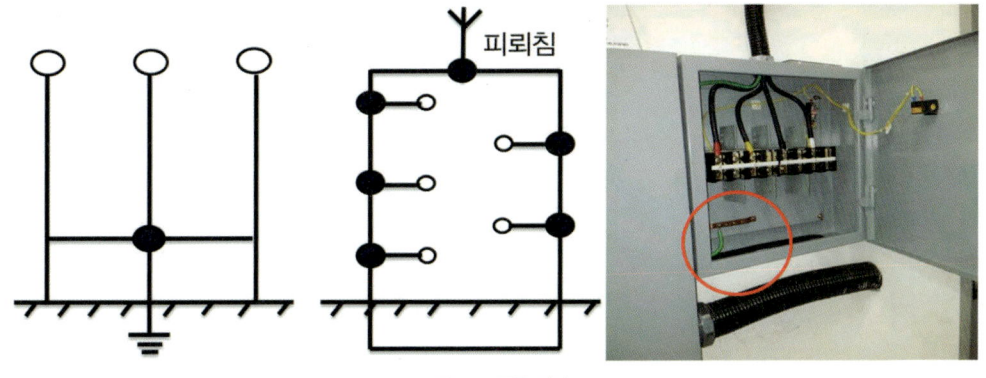

그림 3-10 공통 접지

장비간의 전위차 발생을 방지하고, 건물 내의 여러 시스템을 하나의 접지를 사용하여 접지 중 하나가 불능이 되어도 다른 극으로 보완이 가능해 안전하며, 서지 전류나 낙뢰 전류가 발생할 때 안전하게 땅에 방전시키지만, 접지 시스템의 한계를 초과할 경우에는 연결된 모든 시스템에 손상을 발생 시킬 수 있습니다.

독립 접지

독립 접지는 별도의 접지봉을 사용하는 형태를 말합니다. 독립 접지는 다른 접지로부터 영향을 받지 않아 전기적 충격이 발생할 경우 개별적으로 안전하고, 기준 분기점의 구분이 쉽습니다. 다만 여러 개의 독립 접지를 잡을 경우 접지봉 간의 거리를 최대한 떨어뜨려 설치해야 서로간의 간섭이 생기지 않고 전기적 잡음의 발생 확률이 적어집니다.

전기 노이즈

일반적으로 정보를 전하고 싶은 주 신호에 대해서 불필요하게 부가된 것을 노이즈(Noise)라고 합니다.

Hum & Buzz

교류 전원은 + 전원과 - 전원이 일정한 간격을 두고 왕복합니다. 이것을 정격 주파수라고 하며 교류 전압의 주파수를 지정하여 사용합니다.

우리나라와 미국 등은 직류전압을 만들기위해 60Hz의 교류전원을 사용하는데, 문제는 이 60Hz의 주파수가 특정 상황이나 환경에 따라 음향 시스템으로 유입되어 60Hz의 저음역에서 잡음으로 나타나게 됩니다. 그렇다고 전원을 직류 건전지를 사용할 수도 없어 접지를 통하여 유입을 막아야 합니다. 60Hz의 잡음은 '우-웅'하는 소리로 들리는데 미국인의 귀에는 '험 Hum' 으로 들리기 때문에 의성표현인 험(Hum)으로 표현합니다. 마찬가지로 고음역의 노이즈는 벌이 윙-하는 소리 같다 해서 버즈(Buzz) 라고도 부릅니다.

Switching Noise

음향시스템이 켜 있을 경우에 마이크를 연결했을 때 '딱'하는 소리를 들은 경험이 있을 것입니다. 또는 방송실 전원을 켤 때, 파워 앰프를 먼저 켜고 믹싱 콘솔을 다음에 켰을 때 스피커에서 '펑'하고 나는 소리도 마찬가지입니다. 전자 회로 내부에 전류와 전압이 급속하게 변할 때 음향 시스템에는 큰 충격이 가게 됩니다. 이는 기기의 수명을 단축시킴은 물론 큰 소음이 되어 예배를 방해하게 됩니다.

그래서 **방송실의 전원은 켤 때는 "믹서-〉아웃보드-〉앰프" 끌 때는 "앰프-〉아웃보드-〉믹서" 순으로 순서를 지켜야 합니다.** 가능한 경우 순차전원공급기를 활용하는 것도 좋은 방법입니다. 스위칭 노이즈가 발생하지 않도록 마이크를 연결할 때는 믹서에서 채널의 뮤트를 누르고 연결합니다. 또한 콘덴서마이크의 경우 마이크를 연결하고 팬텀을 인가하고 사용이 끝났으면 팬텀을 해제하고 뮤트를 누르고 연결을 해제합니다.

그림 3-10 순차전원기

Noise 대책

접지는 급격한 전위차가 발생할 때(서지전압, 뇌전압 등) 중요한 역할을 합니다. 접지가 잘 되어있어도 자기적인 과도현상과 서지현상이 일어날 수 있는데 이로 인해 민감한 전기, 전자장비(DSP, 마이크로프로세서 기반기기)들이 손상될 수 있습니다.

서지 프로텍터

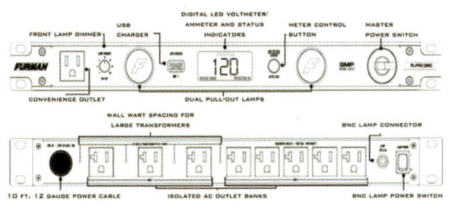

PL-PRO DMC (Furman)   SEQ(Surge X)

그림 3-11 서지 프로텍터

그림 3-11에서 볼 수 있는 서지* 프로텍터(Surge Protector)는 사운드 품질, 디지털 성능의 저하를 일으킬 수 있는 전기적인 과도현상으로부터 기기를 보호해 줍니다. 정격 전압(혹은 COVUS)이상/이하를 차단하고 노이즈 필터링, 그라운드 루프를 제거하는 기능을 포함하고 있습니다.

---

*서지[surge]
전선 또는 전기 회로를 따라서 전달되며, 짧은 시간 급속히 증가하고 서서히 감소하는 특성을 지닌 전기적 전류, 전압 또는 전력의 과도 파형. 번개 치는 날 전기가 끊어지고 전화가 불통되거나 예민한 반도체가 파괴되는 주요 원인이다. 전력선에서의 급격한 과전압 특히 서지가 강하거나 길면 절연 파괴나 전자 기기에 장애를 줄 수 있으므로 서지 보호기나 서지 억제 장치를 전원 단자와 컴퓨터 단자 사이에 설치해서 전류 변화를 억제하거나 최소화한다.
출처 IT용어사전, 한국정보통신기술협회

자동전압조정기

서지전압과는 반대로 입력 전압이 적거나 갑작스러운 전압 변동으로 인해 장비가 효율적으로 운영되지 않는 경우도 있습니다. 이런 경우에는 자동전압조정기(혹은 AVR: Automatic Voltage Regulator), 무정전 전원장치(혹은 UPS: Uninterruptible Power Supply)와 같은 장비를 사용합니다.

그림 3-12 자동전압조정기

자동전압조정기는 입력전압이 변해도 자동적으로 출력 전압을 일정하게 유지하여 부하에 안정된 전원을 공급하는 장비입니다. 감도가 좋고, 응답속도가 빠르고, 동작이 안정하며 장시간 사용에 견디는 튼튼한 구조를 가지고 있습니다.

무정전 전원장치 (UPS : Uninterruptible Power Supply)

무정전 전원장치(UPS)는 갑작스러운 정전이나 전압변동, 주파수 변동, 과도전압 등으로부터 시스템을 보호하기 위해 사용됩니다. 내장되어 있는 배터리를 이용하여 전원을 유지해주며 배터리 용량에 따라 지속시간이 다릅니다. 일반적으로 라이브 환경에서 디지털 콘솔이나 멀티트랙 녹음을 할 때 사용됩니다. 만일의 아주 중요한 상황을 대비해서 2개의 U.P.S를 연동하여 사용하면 안정적으로 사용하기에 좋습니다.

자동 또는 수동 전환이 가능하여 배전반 내에서 원방조작이 가능하며 3상 일괄조작방식으로 옥내/외에 설치 가능합니다.

그림 3-13 무정전 전원장치

정리하면 아래와 같습니다.

1) 독립된 전기 시스템을 구축합니다.

    그렇지 못한 상황이라면 독립된 위상을 갖는 전원을 갖춥니다.

    (조명이나 공조시설, 엘리베이터 등 과전압이 사용되는 전기위상과 분리 사용)

2) 서지프로텍터, AVR, UPS, 절체기 등을 사용하면 좋습니다.
3) 독립된 전원 차단기에서 출력된 전원을 사용합니다
4) 기기의 접지선을 땅에 직접 연결합니다.
5) 시스템 내의 평형(쉴드라인), (DI-BOX)접속을 합니다.
6) 조명 전원 케이블과 교차하는 경우 90°교차를 원칙으로 합니다.

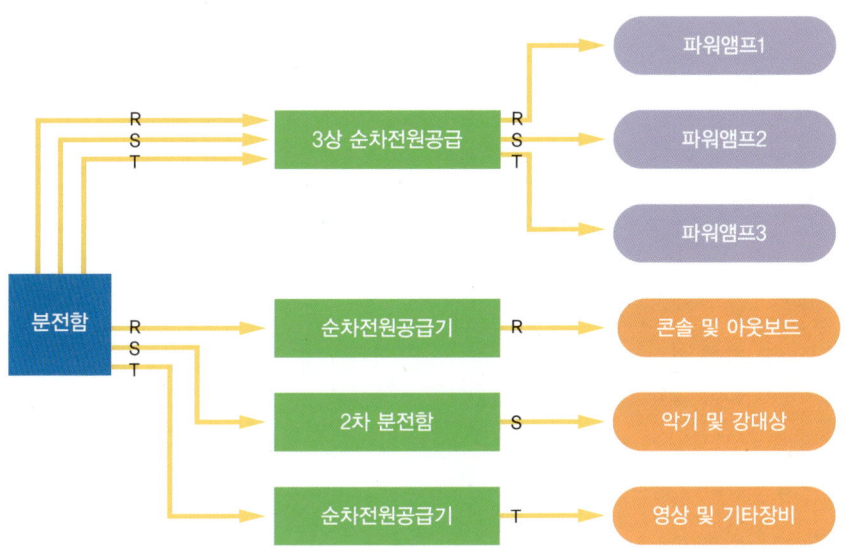

그림 3-14 음향장비 전원 연결도

또한 교회내부에서 사용 되고 있는 전기사용도면을 확보하여 전기가 어떻게 들어와서 분기가 되었는지 3가지의 상 별로 어떻게 나뉘었는지를 알면 좋습니다. 특히 무대 위에 사용 되는 전기의 도면은 반드시 숙지하여 콘솔의 전기와 같은 상을 사용하도록 구성합니다.

교회음향을 위한
음향시스템 입문

CHAPTER 04

전기음향기기

마이크
무선마이크
콘솔
아웃보드
파워앰프
스피커

아무도 예배하지 않는
그곳에서 주를 예배하리라
아무도 찬양하지 않는
그곳에서 나 주를 찬양하리라

'예배자' ⓒSonmat

4 Electro-acoustic devices
전기음향기기

마이크(Microphone)

마이크의 종류

다이나믹 마이크(Dynamic Microphone)

다이나믹 마이크는 내부에 고정된 영구자석에 작고 가벼운 코일이 부착되어 진동판(Diaphragm)의 진동으로 신호가 전달되는 구조로 되어 있습니다. 그 진동은 자석의 표면을 감은 음성 코일을 왕복운동 하게 하여 자석의 자기장 변화를 통해 코일에 전류를 만들어 내는 방식입니다. 진동판 방식을 사용한 다이나믹 마이크는 콘덴서 마이크에 비해 특히 고음역 감도가 떨어지지만 감도가 낮은 만큼 피드백의 발생 가능성이 적습니다.

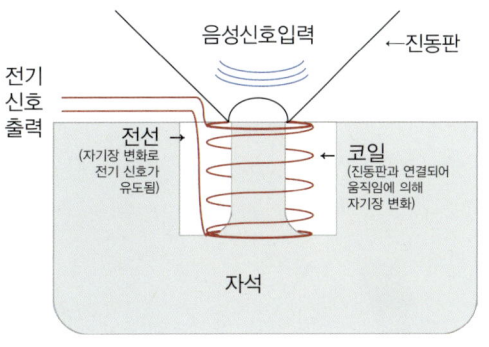

그림 4-1 다이나믹 마이크 구조

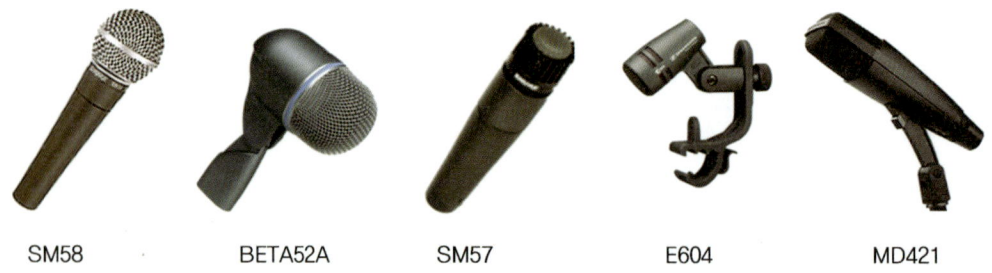

그림 4-2 다이나믹 마이크 종류

또한 강한 내구성과 넓은 다이나믹 레인지, 저렴한 가격이 장점입니다. 교회에서는 다이나믹 레인지가 넓은 보컬용이나 드럼의 킥이나 스네어 등과 같이 순간적으로 매우 높은 음압이 발생하는 악기에 주로 사용됩니다.

콘덴서 마이크(Condenser Microphone)

콘덴서 마이크는 내부에 전기를 저장할 수 있는 전기소자(콘덴서)가 있습니다. 콘덴서의 양극에 +, - 의 직류 전원을 인가하여 한쪽의 극을 고정하고, 또 한쪽의 극을 진동판에 연결하여 양극 간의 거리와 전압의 변화에 따라 신호를 출력합니다. 지향 패턴을 단일지향, 무지향, 초지향, 양지향성 등으로 바꿀 수 있는 가변지향성 콘덴서 마이크도 있고, 저역대를 필터링 할 수 있는 로우컷(Low-Cut) 스위치가 있는 모델들도 있습니다.

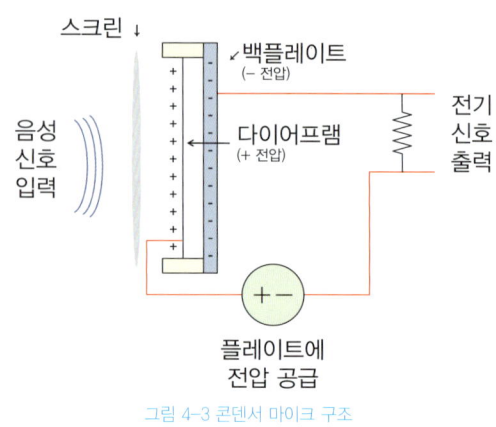

그림 4-3 콘덴서 마이크 구조

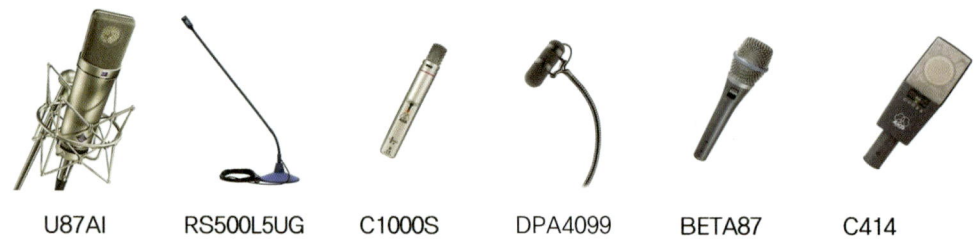

그림 4-4 콘덴서 마이크 구조 및 종류

콘덴서 마이크는 다이나믹 마이크에 비해 입력 감도가 좋아 원거리 수음에도 용이합니다. 고음 대역의 입력 감도가 좋은 특성을 가지고 있어서 어쿠스틱 악기나 심벌과 같이 날카로운 소리를 받아들일 때 유리하며 주파수 응답 특성이 좋아 전문 녹음 등에서도 많이 사용됩니다. 하지만 내구성이 약한 단점과 사용하려면 별도의 팬텀(Phantom) 전원이 필요합니다. 교회에서는 높은 감도와 작은 마이크 크기로 강대상용 구즈넥 마이크에 많이 사용되고 솔리스트, 성가대, 회중마이크 등에 사용됩니다. 콘덴서마이크의 특징은 다이나믹 마이크에 비해 어택이 빠른 악기음을 픽업하거나 고음악기의 수음에 유리합니다. 타악기보다는 섬세한 현악기의 섬세함을 수음하기에 좋습니다.

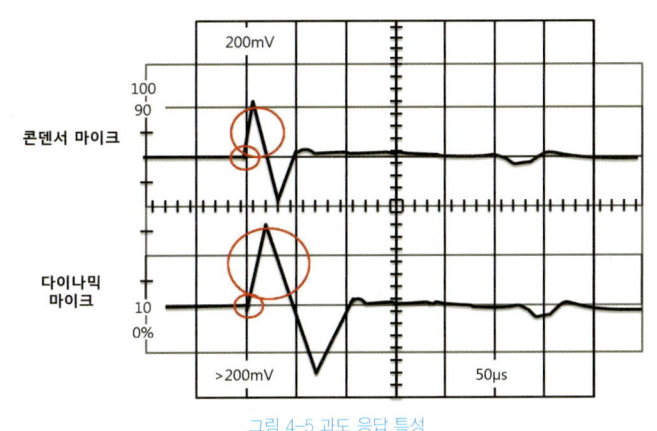

그림 4-5 과도 응답 특성

구즈넥(Goose Neck) 마이크

마이크를 고정하는 스탠드의 모양이 거위의 목 모양을 닮아서 거위목(Goose Neck) 이라고 불리는 마이크 입니다. 탁상용 또는 강대상용 마이크의 경우 이런 모양으로 제작된 것들을 많이 볼 수 있습니다. 대부분 콘덴서 방식의 마이크를 많이 사용하지만 다이나믹 마이크를 활용할 수 있도록 스탠드로 제작한 것들도 있습니다.

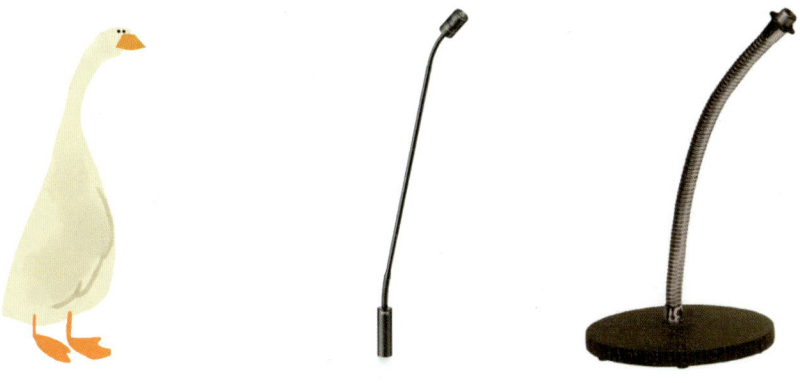

그림 4-6 거위(Goose)목과 구즈넥마이크

마이크의 지향성(Direction)

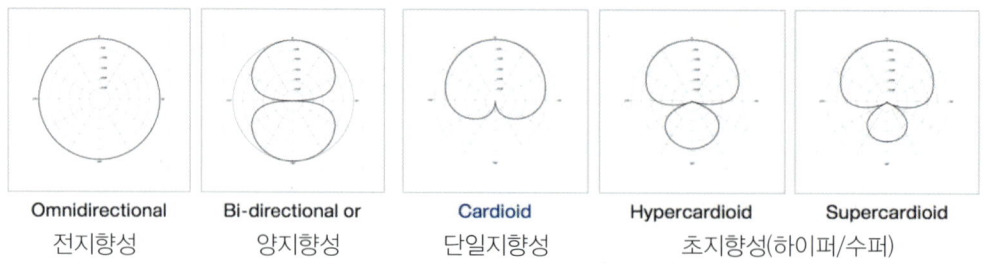

그림 4-7 마이크 지향성

마이크는 지향각에 따라 크게 전지향성, 단일지향성, 양지향성 3가지로 구분할 수 있습니다. 전(全)지향성 마이크는 전후 좌우 모든 방향에서 발생하는 신호를 받아들일 수 있고, 양지향성 마이크는 마이크를 기준으로 양방향의 소리를 받아들이게 됩니다. 단일지향성마이크는 일정한 범위내의 소리를 수음하도록 설계되어 있는데 수음하는 지향각에 따라 좁게 설계된 슈퍼, 하이퍼 카디오이드의 방식도 있습니다.

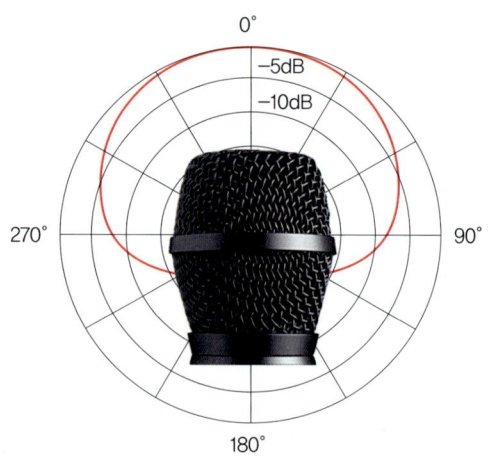

그림 4-8 마이크 지향성

지향성이란 마이크의 진동판의 정면을 0°로 하고 마이크를 중심으로 360°에 해당하는 각 방향에서의 마이크 감도 변화를 말합니다. 예를 들어 그림 4-8을 보면 마이크의 정면인 0°에서는 응답 특성이 좋은 반면, 후면의 180°에서는 응답 특성이 떨어지는 것을 확인할 수 있습니다.

전지향성(Omni-directional)

전지향성 마이크는 모든 방향에서 소리를 균등한 감도로 수음하는 패턴을 가지고 있습니다. 회중 마이크(Ambience)로도 사용되고, 음향 튜닝에 사용하는 측정용 마이크, 성가대, 클래식 등에 많이 사용됩니다.

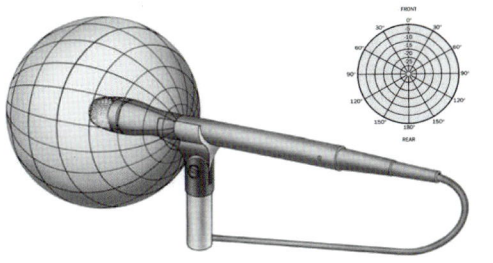

그림 4-9 전지향성

단일지향성(Cardioid)

단일지향성 마이크로폰은 가장 보편적으로 많이 사용되는 특성으로, 마이크 정면 (On-axis, 0°)의 수음이 가장 크고, 동일 축상에서 벗어난 후면(Off-axis, 180°)에서의 수음이 상대적으로 낮기 때문에 피드백에 의한 하울링 발생도 적으며. 주로 스피치, 보컬용이나 근접해서 수음하는 악기 등에 많이 사용

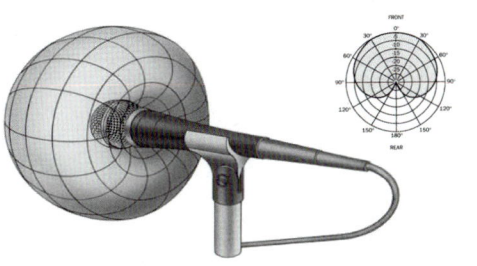

그림 4-10 단일지향성

됩니다. 카디오이드(Cardioid)는 극성 응답 차트가 심장 모양이라는 의미에서 유래된 단어이며, 지향 패턴에 따라 131°를 수음하는 카디오이드와 지향각이 더 좁은 115°의 슈퍼 카디오이드(Super Cardioid), 105°의 지향각을 갖는 하이퍼 카디오이드(Hyper Cardioid)도 있습니다.

양지향성(Bi-directional)

양지향성 마이크는 진동판이 두 개인 구조로, 두 방향(0°와 180°)에서 진동판의 압력차에 의해 위상이 반대되는 출력으로 지향성이 만들어집니다. 정면과 후면의 수음이 가장 크고, 하나의 마이크로 두 방향의 소리를 받아들일 수 있기 때문에 주로 듀엣이나 코러스를 수음하거나, 동일한 두 개의 악기 사이에서 동시에 수음할 때 많이 사용됩니다.

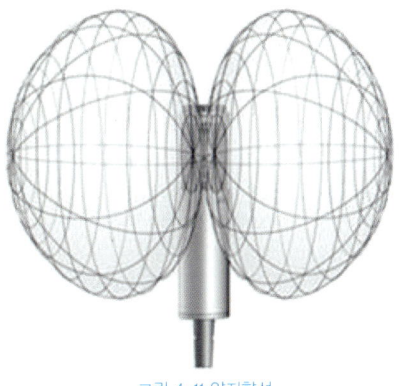

그림 4-11 양지향성

마이크의 특성

감도(Sensitivity)

마이크의 감도는 1kHz의 사인파를 1m 지점에서 1Pa(94dB)로 발생시켜서 마이크의 출력을 측정하였을 때 얻어지는 전압값으로 결정하며, 이때 1V가 출력되면 0dBV가 됩니다. 단위는 dBV(1V 기준)를 사용합니다.

주파수 응답특성(Frequency Response)

마이크는 종류에 따라 각각 가지고 있는 주파수 응답특성들이 다릅니다. 마이크의 주파수 응답 특성을 잘 파악하여 적합한 음원에 적용하는 것이 중요합니다.

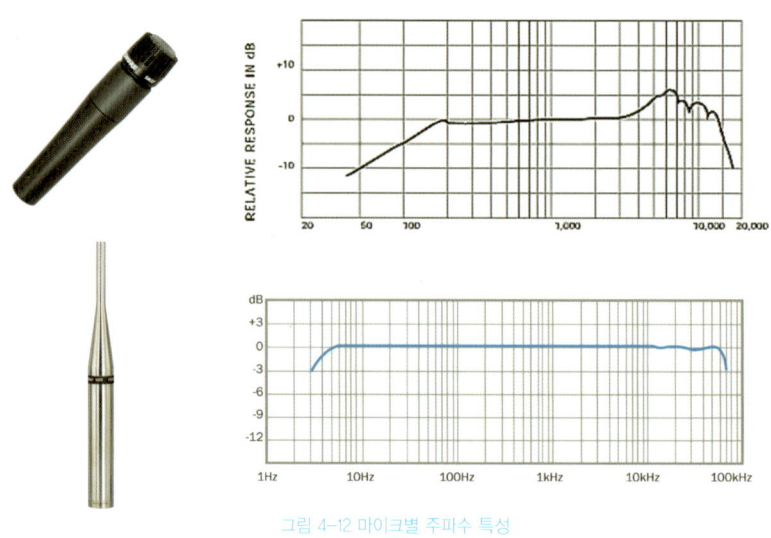

그림 4-12 마이크별 주파수 특성

예를 들어 그림 4-12과 같이 상단의 그래프는 스피치와 악기 음원 수음에 많이 사용되는 단일지향성인 SHURE사의 SM57의 주파수 응답 특성 그래프입니다. 주파수 특성을 보면 약 2kHz에서 증가하여 약 6kHz에서 높게 나타내고, 저음에서는 약 120Hz대역 이하부터는 감쇄되는 특징을 볼 수 있습니다. 반면에 하단의 전지향성인 Earthworks사의 M50마이크는 주파수 응답특성이 상대적으로 평탄(Flat)하여 주로 측정용 마이크로 사용됩니다. 예를 들어 드럼의 심벌 소리를 수음하기 위해서는 고음 주파수 응답특성이 좋은 마이크를 사용하면 좋고 보컬의 경우라면 사람의 목소리의 주파수 대역 반응이 충실한 마이크를 선정하는 것이 좋습니다.

근접효과(Proximity Effect)

마이크를 사용할 때 마이크의 헤드(Head) 부분을 입에 가까워 질수록 저음역이 증가되는 현상을 근접현상이라고 합니다. 이러한 현상을 최소화하기 위하여 콘솔이나 마이크의 하이 패스 필터(High Pass Filter) 기능을 사용하여 약 100Hz 이하 대역을 필터링 하여 근접효과를 예방하기도 합니다.

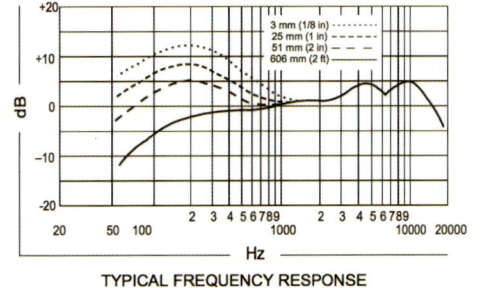

그림 4-13 근접효과 특성

그림 4-13과 같이 마이크의 거리가 600mm일 경우와 3mm 일 경우의 저음에서 생기는 근접효과의 차이를 알 수 있습니다.

팝핑(Poping) & 시빌란스(Sibilance)

팝핑은 발음 가운데 'ㅍ'이나 'ㅌ'등의 소리들이 다른 발음에 비해 바람 소리가 많이 발생하는 것을 말합니다. 이런 현상을 막기 위해 마이크 내부에 윈드 스크린이 내장된 마이크를 쓰거나 외부에 윈드 스크린을 설치하여 이 현상을 최소화 합니다. 발음 가

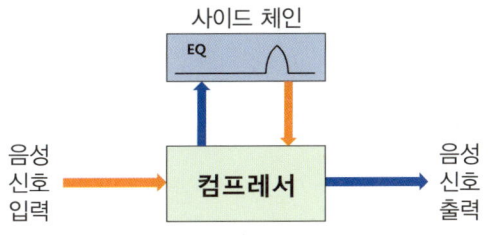

그림 4-14 디에서(De-esser)의 원리

운데 'ㅅ', 'ㅆ'과 같은 소리(약5kHz ~ 10kHz)를 치찰음(齒擦音)이라고 하며 시빌란스(Sibilance)라고도 부릅니다. 치찰음이 발생하는 주파수 대역을 찾아 이퀄라이저로 조정하면 음색이 손실될 수 있기 때문에 이 주파수대역을 압축하여 내보내는 디에서(De-esser)라는 기기를 활용하여 치찰음을 조절 또는 최소화 할 수 있습니다.

3 : 1 법칙 (3:1 rule)

마이크를 설치하고 효과적으로 소리를 수음하기 위해서는 마이크의 수량과 음원의 거리를 고려해야 합니다. 마이크의 수량이 많아질수록 그만큼 마이크 간의 간섭현상도 높아 질 수 있기 때문에 적절한 마이킹과 거리를 염두 하여야 합니다.

하나의 음원에 여러개의 마이크를 사용하게 되면 가장 가까이에 위치한 마이크와 원거리에 위치한 마이크 사이에 소리를 수음하는 시간차가 발생하게 됩니다. 시간적으로 불균형하게 들어온 소리들이 합쳐지면 결국 좋지 않은 왜곡된 소리를 만들게 됩니다. 이를 최소화 하기 위해서는 음원과 마이크의 거리를 1로 했을 때 마이크간의 간격들은 3 이상 거리를 두어 설치하는 방법을 3:1 법칙이라고 합니다.

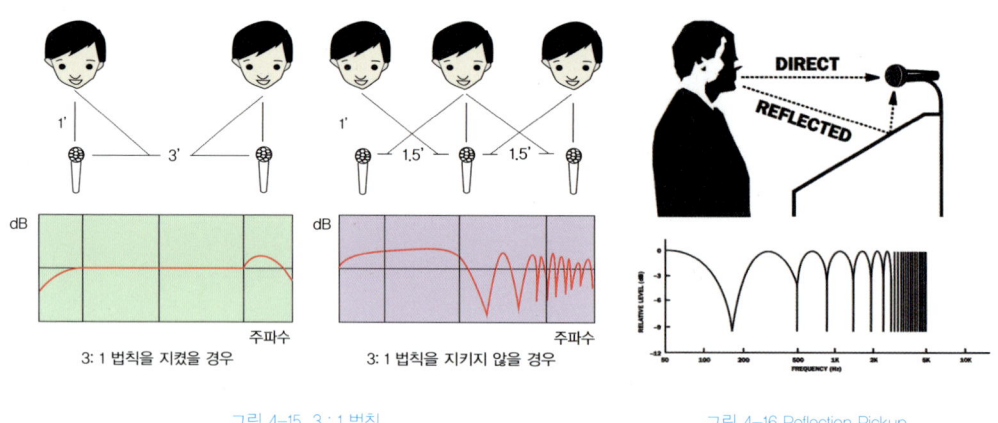

그림 4-15 3 : 1 법칙   그림 4-16 Reflection Pickup

그림4-15를 보면 3:1 법칙이 아닌 마이크 설치의 경우에는 컴필터링 현상으로 음원의 밸런스와 소리의 왜곡이 발생할 수 있습니다.

마이크가 음원을 수음할 때에 직접음 이외에 시간차를 두고 여러 반사음 들을 수음하게 되는데 비교적 시간차가 짧은 반사음들이 직접음과 중첩되어 위상 캔슬(Phase Cancellation)이 일어납니다. 이로 인해 특히 고음역을 감소, 상쇄시키게 되는데 이러한 현상을 컴필터링이라고 합니다.

강대상에서 마이크를 사용할 때도 목소리가 반사되어 들어가는 소리로 인해 반사음이 수음되기 때문에 주의해야 합니다.

하울링(Howling)

하울링은 마이크를 통해 확성된 소리가 다시 그 마이크로 입력 증폭되어 특정 주파수대역이 피드백(Feedback)되어 발생하는 현상을 하울링(Howling)이라고 합니다. 하울링이 발생하면 우선 어떤 마이크와 스피커에서 영향을 받았는지 파악하고 조치를 취하는 것이 중요 합니다. 교회음향에서 하울링을 최소화 할 수 있는 대비책은 다음과 같습니다.

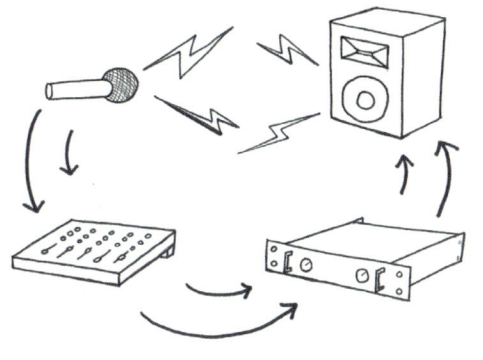

그림 4-17 피드백 되어 발생하는 하울링

a. 강단의 마이크와 스피커의 위치 변경 방법

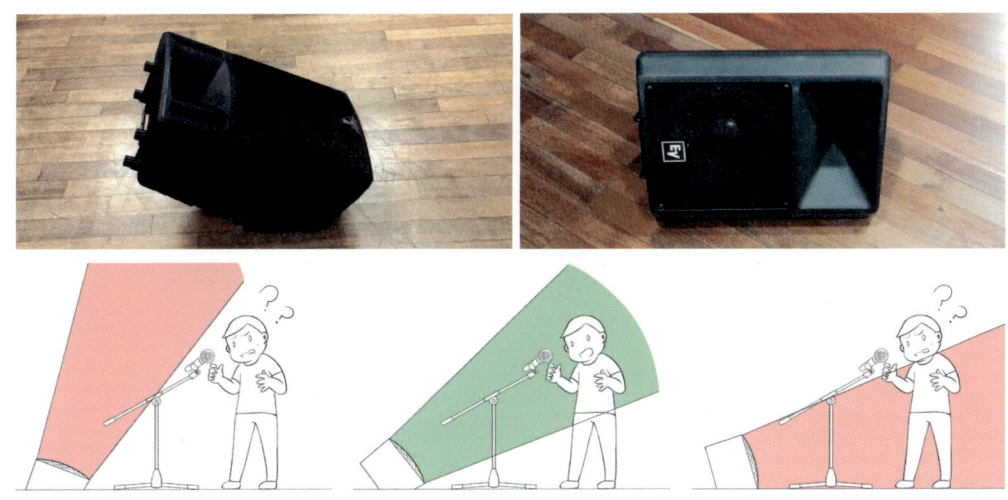

그림 4-18 모니터 스피커의 지향 각도

강단에 설치하는 강대상 마이크의 위치는 메인스피커의 영향을 받지 않는 위치 (메인스피커의 뒷편)에 설치되는 것이 좋습니다. 모니터 스피커의 경우 간혹 각도가 천장을 바라보거나 목사님과 스피커의 위치가 멀어서 스피커의 출력을 크게 하는 과정에서 하울링이 발생하는 경우도 있습니다. 모니터 스피커의 위치와 각도를 강대상 마이크에 수음을 최소화 할 수 있게 하고, 목사님의 귀 쪽 방향으로 최대한 근거리에 스피커를 설치하는 것이 좋습니다.

b. 이퀄라이저를 사용하는 방법

하울링이 발생하는 주파수대역을 찾아 문제가 되는 중심 주파수를 이퀄라이저를 통해 적절히 내리거나 별도의 피드백 감지 시스템을 사용하여 찾는 방법도 있습니다.

또는 일반적인 이퀄라이저보다 노치필터처럼 사용자가 조정하려는 주파수의 대역폭을 좁게 설정하여 주파수 간의 간섭을 최소화하고 정교한 조정을 할 수 있는 방법이 있습니다.

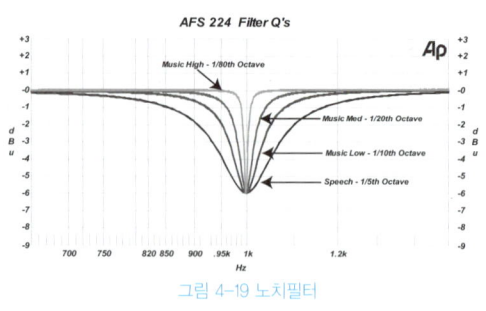

그림 4-19 노치필터

c. 강대상 후면의 구조를 변경하는 방법

예를 들어 모니터 스피커에서 나온 소리가 강대상 후면으로 전해질 때 후면의 벽이 그림 4-20과 같이 오목한 구조라면 소리는 오목한 곡면에 반사되어 한 곳으로 집중되는 현상이 나타나게 됩니다. 이 현상이 마이크로 집중된다면 하울링이 발생할 수도 있기 때문에 강대상 후면의 마감재를 흡음이나 분산 소재를 사용하는 것도 방법입니다.

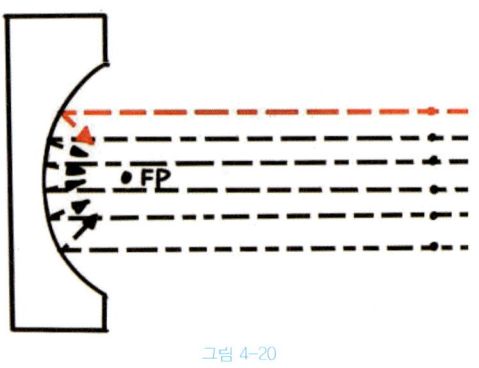

그림 4-20

d. 마이크와 입과의 거리를 최대한 가까이 위치하는 방법

강단 마이크의 경우 강대상 마이크를 목사님의 입과 거리를 최대한 가깝게 조정하는 것이 좋습니다.

마이킹 key point

마이킹을 할 때에 참고하고 고려해야 할 부분 중 10가지 항목 입니다.

a. 음원의 특징을 이해하고 가장 좋은 소리가 나는 지점(Sweet spot)과 가장 큰 소리가 나는 지점을 고려하여 마이크 포인트를 찾는다. 마이킹 거리에 따른 소리변화는 크기, 음색의 변화에도 영향을 줄 수 있다. 음원을 중심으로 좌우 앞뒤 위아래 순으로 음원의 소리를 들어본다. 또한 각 악기가 가지고 있는 주파수 특성을 참고하고, 저음악기와 고음악기의 여러 특징을 연구한다.

b. 악기의 연주 특성을 고려한다.
움직이며 연주하는 악기들의 마이킹을 어떻게 할지 생각한다. (무선마이크, 긴 케이블, 마이크 고정방식 등)

c. 마이크와 음원의 거리, 각도를 고려하여 마이크 스탠드의 위치를 조정해가며 마이킹을 한다. 목소리가 작은 보컬의 경우 마이크와 입의 거리가 1cm라도 가까워지면 기대 이상의 효과를 볼 수 있다. 또한 꾸준한 청음훈련은 음향엔지니어의 가장 중요한 부분이라고 할 수 있다. 각 악기마다의 원음 소리와 마이킹 된 소리를 듣고 비교해보는 훈련을 한다.

d. 어떤 종류의 마이크를 사용할지 생각한다. 콘덴서 마이크는 다이나믹 마이크보다 과도 응답(Transient Response) 특성이 좋으므로, 어택이 빠른 악기음을 픽업하거나 고음악기의 수음에 다소 유리하다. 반면 다이나믹 마이크는 별도의 전원이 필요 없기 때문에 비교적 사용하기에 편리하고 음압이 큰 악기들의 수음에 비교적 유리하다. 가장 중요한 요소는 어떠한 마이크도 좋지 않은 마이크는 없다. 단지 상황과 용도에 따라 구분하여 적절하게 사용하는 것이 중요하다.

e. 마이크의 특징을 고려하여 선택한다.

마이크는 제조사에 따라 음색이나 특성이 다르다. 같은 제조사의 제품이라도 시리즈에 따라 다른 특징을 가지고 있기 때문에 종류에 따라 특징을 잘 고려하여 마이크를 선택한다. 음향엔지니어는 마치 축구감독이 선수들의 특징과 재능을 잘 파악하여 상황에 맞게 선수를 교체 하는 것처럼, 마이크의 정보와 특징을 잘 분석하고 사용한다.

f. 마이크 사용 수량 선택

많은 수량의 마이크를 사용 할 수록 마이크간의 간섭현상은 증가한다. 때에 따라 필요한 마이크만을 최소한으로 사용하는 것이 더 좋은 소리를 찾는 방법일 수도 있다.

g. 사용 목적에 맞는 마이크 다이어프레임을 결정한다.

예를들어 락 공연일 경우 셋트 드럼의 베이스드럼사이즈가 22"를 주로 사용하고 재즈 공연일 경우 이보다 작은 사이즈의 20", 18"등의 베이스드럼을 사용한다. 마이크를 선택하는 경우에도 베이스드럼이라고 해서 슈어beta 52처럼 큰 구경 마이크만 선호하는 것이 아니라 곡에 따라 공연장르에 따라 젠하이져의 md421같은 조금 작지만 특성이 있는 마이크를 선택할 수 도 있다. 자신이 원하는 마이크만을 고집하는 것이 아닌 사용목적에 맞춰 마이크를 다르게 사용하는 것도 좋은 경험을 할 수 있을 것이다.

h. 학습을 통해 마이킹을 따라해보자.

음향관련 서적이나 음향잡지 또는 여러 관련 사이트 등을 통해 마이킹을 했던 이미지 와 자료 등을 쉽게 찾을 수 있다. 악기별 마이킹의 방법과 환경에 따른 차이들을 보고 따라해보는 것이 좋은 스승이 될 것이다.

i. 조심해서 주변을 살피며 마이킹 하자.

무대 위에서는 좋은 마이킹을 했다 하더라도 주변에 악기들이나, 모니터 스피커의 소리들이 다시 마이크로 들어오는 현상이 생길 수 있다. 이는 소리의 명료도를 떨어트리며 피드백 발생의 주요 원인이 될 수 있다. 간섭되는 소리들을 최소화하는 방법을 찾아본다.

j. 마이크스탠드를 확실히 고정시킨다.

마지막 팁은 사소하면서도 중요한 부분이다. 가끔 스탠드를 제대로 고정하지 않아서 의도치 않게 마이킹의 각도가 달라지거나 스탠드가 한쪽으로 쏠려서 쓰러지는 상황도 발생한다. 작은 충격에도 스탠드가 넘어지기 쉬운 상황일 때에는 테이핑 또는 무거운 물건을 이용하여 스탠드의 아랫부분을 고정시켜 주어야 한다.

마이크의 설치

강대상 마이크 설치

강대상 마이크의 설치는 목사님의 목소리가 잘 전달되는 것이 목적입니다. 또한 마이크는 시각적 노출을 최소화하는 것이 좋습니다. 성도들이 담임목사님의 얼굴을 빔프로젝터나 LED 전광판을 통하여 영상으로 볼 때 목사님의 얼굴을 최소한으로 가리기 위해 주로 구즈넥 마이크를 사용하는 경우가 많습니다. 마이크 위치는 목사님의 입과 마이크의 거리가 가까울수록 좋고, 목사님의 키와 강대상의 높이에 따라 구즈넥 마이크의 길이도 고려해야 합니다. 강대상의 상판 부분은 소리가 반사되어 마이크에 수음되는 경우 소리가 왜곡되기 때문에 가능한 한 반사가 적은 소재로 마감하는 것이 좋습니다. 또한 목사님의 목소리 특징을 잘 파악하는 것이 매우 중요합니다. 상황에 따라 달라지는 목소리의 크기와 음색, 높낮이, 컨디션 등의 차이를 파악한 후 적합한 마이크를 선정하고 조정해야 합니다.

마이크를 1개 사용하는 경우

강대상 마이크를 1개 사용할 경우에는 소리의 간섭 현상이 2개일 때 보다 상대적으로 적고 목사님이 주로 정자세로 말씀을 전하실 경우에 적합합니다. 마이크의 수음 위치가 정면 범위에 있기 때문에 고개를 좌우로 돌려서 말씀하실 경우에는 소리의 크기가 줄어들 수 있는 단점이 있습니다.

그림 4-21 구즈넥 마이크 1개 사용

마이크를 2개 사용하는 경우

강대상 마이크를 2개를 사용할 경우에는 1개를 사용한 것보다는 간섭현상이 생길 우려가 높은 단점이 있습니다. 하지만 2개의 마이크 수음 범위가 1개 보다는 넓기 때문에 목사님이 말씀하실 때 고개의 움직임이 더 자유롭고 소리 크기변화도 적다는 장점이 있습니다.

그림 4-22 구즈넥 마이크 2개 사용

라발리어(Lavalier) 마이크 또는 이어셋(Ear-Set) 마이크

그림 4-23 라발리어 마이크, 이어셋 마이크

목사님과 성도들의 호흡이나 자연스러운 표현 등을 위해 라발리어, 이어셋 마이크를 사용하는 경우가 많아지고 있습니다. 이런 종류의 마이크는 시각적으로도 장점이 있으며 자유롭게 움직일 수 있기 때문에 설교 시간 외에도 성찬식이나 세례식 등에서 많이 사용되고 편리하다는 장점이 있습니다. 이어셋 마이크는 라발리어 마이크 보다 착용 위치가 입과의 거리가 가깝기 때문에 수음에 용이하지만 보통 얼굴에 부착해야 하는 번거로움이 있기 때문에 목사님의 성향을 명확하게 잘 파악하여 마이크를 선택하는 것이 중요하겠습니다.

찬양단 마이킹

찬양단은 인도자와 보컬, 악기 연주 팀 등으로 구성되어 있습니다. 찬양단 마이킹은 보통 한정된 작은 공간일수록 여러 소리들이 중첩될 수 있고 마이크간에 수음되는 소리들도 간섭 될 수 있기 때문에 최대한 근접해서 마이킹을 하는 것이 좋고, 꼭 확성이 필요한 음원에만 마이킹을 시도하는 것도 좋은 방법일 수 있습니다.

인도자나 보컬은 마이크를 사용할 때에 마이크의 앞 헤드 부분을 감싸서 잡으면 소리가 왜곡 되기 때문에 마이크의 중간부분을 잡는 것이 좋습니다. 입과 마이크는 45°각도로 가까이 사용하는 것이 좋고, 무선 마이크일 경우 보통 송신 안테나 역할을 하는 부분이 마이크의 끝부분이기 때문에 감싸서 잡지 않도록 합니다. 마이크를 사용하지 않고 팔을 내릴 때에는 마이크의 헤드 방향이 모니터 스피커 쪽으로 숙이지 않고 수직으로 세워서 내리는 것이 피드백 현상을 예방할 수 있습니다.

피아노 마이킹

피아노는 다이나믹레인지의 변화가 큰 악기로 마이킹의 위치에 따른 소리의 변화가 많은 악기입니다. 피아노는 형태와 방식에 따라 여러 종류가 있지만 크게 두 가지로 분류해 보면 그랜드 피아노와 업라이트 피아노입니다. 그랜드 피아노는 현이 바닥과 평행하여 넓은 형태의 피아노를 말하고, 업라이트 피아노는 현이 바닥과 수직으로 짧고 높은 형태의 피아노를 말합니다. 피아노의 종류에 따라 소리의 크기와 특징이 다 다르기 때문에, 마이킹의 방법도 다양하고 달라지게 됩니다.

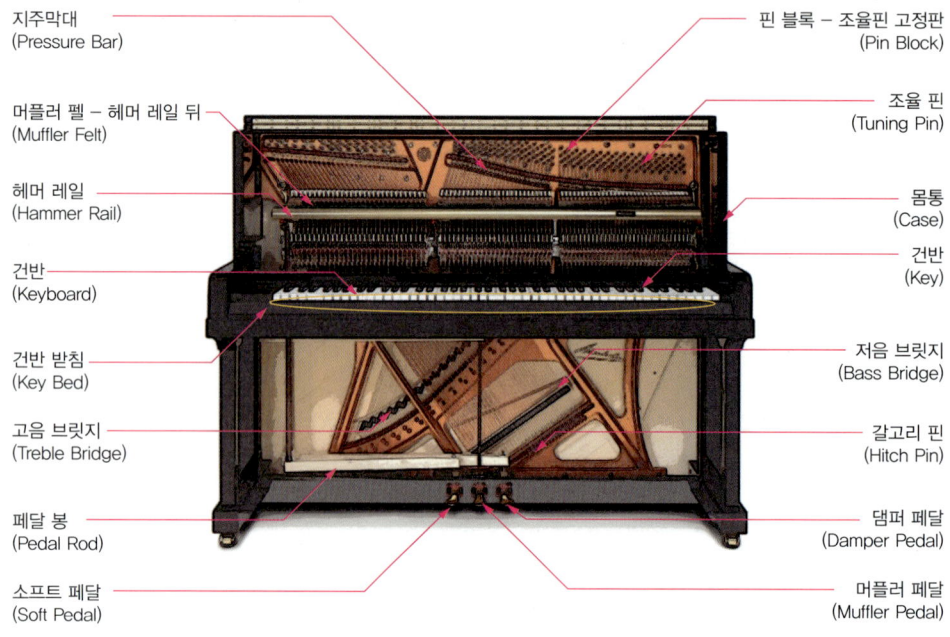

그림 4-24 피아노 명칭

피아노는 전 대역을 재생하는 악기이기 때문에 마이킹을 할 때에는 가급적 주파수 특성이 평탄하고 감도가 좋은 콘덴서 마이크를 선택하는 것이 좋습니다. 일반적으로 스테레오 마이킹을 많이 사용하고, 업라이트 피아노의 마이킹 위치는 피아노의 뒷부분이나, 덮개를 열어서 안쪽에 설치하는 방법이 있고, 아래 덮개를 제거하여 추가적으로 마이킹을 하는 방법도 있습니다.

그랜드 피아노의 경우에는 덮개를 열고 가능하면 고음, 저음역 수음 포인트를 나누어 스테레오 방식으로 마이킹을 하는 것이 좋습니다. 피아노의 C4의 현 위치를 기준으로 해 머, 사운드 홀 또는 현의 위쪽으로 최소 약 10cm~15cm 이상의 높이를 두고 스테레오 마이킹을 추천 합니다. 마이킹의 높이와 거리는 정해진 정답은 없기 때문에 기본적인 스테레오 마이킹 테크닉을 이용하여 여러 포인트에서 시도 한 후 가장 좋은 소리를 수음할 수 있는 마이킹 포인트를 찾는 것이 중요합니다.

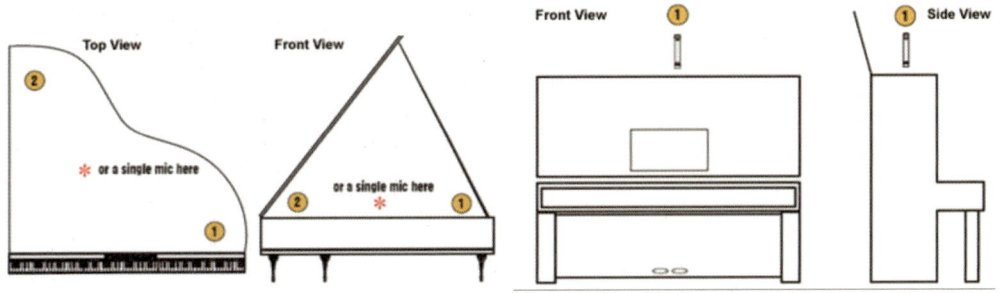

그림 4-25 피아노 마이크 설치의 예

바이올린, 비올라 마이킹

대표적인 현악기인 바이올린과 비올라의 주요 주파수는 약 200Hz~1.3kHz, 비올라는 약 130Hz~1kHz를 가지고 있습니다. 보통 마이크가 바이올린의 사운드 홀을 바라보는 각도로 마이킹을 합니다. 현악기의 음 방사패턴을 잘 듣고 고려하여 악기와 마이크의 거리를 결정합니다. 또한 클립형(Clip-on) 타입의 마이킹을 사용하는 경우에는 음원과 가까운 점과 연주가의 작은 움직임에도 균일한 음원을 얻을 수 있는 장점이 있습니다.

그림 4-26 바이올린 마이크 설치

어쿠스틱 기타 마이킹

어쿠스틱 기타의 주요 주파수는 약82Hz~1.04kHz입니다. 보통 마이킹을 할 때에는 마이크가 사운드 홀이나 브릿지를 바라보고 비스듬하게 마이킹을 합니다. 기타의 연주 방식(아르페지오, 스트로크)이나 환경 조건에 따라 마이킹의 포인트가 바뀌기도 하며 기타의 라인아웃 단자를 통해서 출력하기도 합니다.

그림 4-27 기타 각 명칭

그림 4-28 어쿠스틱 기타 마이크 설치의 예

베이스 기타 마이킹

베이스 기타는 저음을 담당하는 악기로 주요 주파수는 약41Hz~350Hz 정도 입니다. 보통 베이스 기타는 전용 앰프에 연결하여 앰프로 연주자는 모니터링을 하게 되고 외부 출력은 마이킹을 하거나 앰프의 라인 아웃을 다이렉트 박스를 통해 콘솔의 라인 인풋으로 연결 합니다. 크기가 작은 예배당의 경우에는 외부출력 연결을 하지 않고 베이스 앰프 출력만으로 사용하는 것도 좋은 방법일 수 있습니다. 베이스기타는 기타의 픽업이나 종류에 따라 소리특성이 다르며 앰프의 종류에 따라서도 다른 특색을 가지고 있습니다.

그림 4-29 베이스기타 각 명칭

일렉 기타 마이킹

　일렉 기타의 주요 주파수는 약 82Hz~ 1.2kHz이지만 다양한 이팩터를 활용할 경우 이보다 더 높은 주파수까지 확장되기도 합니다. 일레기타 앰프의 라인 아웃을 다이렉트 박스를 통하여 외부 출력을 하기도 하지만 악기의 음색이 최종적으로 앰프의 특성과 영향을 많이 받기 때문에 마이킹을 하는 것이 일반적 입니다. 보통 다이나믹 마이크를 많이 사용하지만 음악의 장르와 사용목적에 따라 콘덴서 마이크를 사용기도 합니다. 작은 사이즈의 악기전용 스탠드를 사용하고 우퍼의 유닛 정면 축에 마이킹을 하면 중고음역의 거친 소리가 수음 될 수 있기 때문에, 더스트 커버를 피해 서라운드 사이에 마이킹을 하는 방법이 있습니다.

그림 4-30 일렉기타 각 명칭

그림 4-31 기타앰프마이킹

드럼 마이킹

드럼은 기본적인 리듬을 담당하는 매우 중요한 악기입니다. 마이킹을 잘 하는 것도 중요하지만 드럼의 모델 종류와 상태에 따라서 소리가 다르게 느껴지며 드러머의 연주 강도에 따라서도 차이를 보여주는 섬세한 악기 입니다.

그림 4-32 드럼 마이킹 예

킥 드럼

킥 드럼은 저음을 담당하며 보통 22"의 드럼을 사용하나 장르에 따라서 18~24"까지 다양하게 사용 됩니다. 주요 주파수는 약 50Hz~500Hz이고 킥 드럼 전용 마이크를 비교해 보고 사용하는 것이 좋습니다. 큰 압력의 저음을 수음하기 위하여 큰 다이어프렘이 내장된 다이나믹 마이크 타입을 사용합니다. 킥 드럼에 마이킹은 보통 킥 드럼 전면 헤드에 구멍을 뚫어서 겉이나 속으로 설치하고 마이크와 킥드럼의 비터(beater) 와의 거리 및 각도는 주로 플로어 탐 방향으로 설치하거나 최종적으로는 여러 위치에서 들어보고 포인트를 결정합니다.

그림 4-33 킥드럼 마이킹

스네어 드럼

스네어 드럼은 보통 14"사이즈의 드럼 헤드와 바텀(bottom)에 스네어 와이어(snare wire) 또는 스네피(snappy)가 부착되어 강한 음을 만들어내는 악기 입니다. 주요 주파수는 약 100Hz~500Hz 이고 배음과 스네피의 울림을 포함하면 약 10kHz 까지 주파수 범위를 가지고 있습니다. 주로 다이나믹 마이크를 사용하고 마이킹을 할 때에는 드럼의 림 위쪽으로 45°정도 기울여 설치합니다. 마이킹의 위치가 연주시 방해가 되지 않게 주의 해야하며, 스네어 아랫면의 스네피 소리를 수음하기 위해서 바텀에 마이킹을 하기도 합니다. 이때 바텀 마이크에서 위상캔슬이 생기는지 엔지니어는 듣고 확인하여 콘솔에서 위상변환 스위치의 사용여부를 판단하여야 합니다.

그림 4-34 스네어 마이킹

탐 마이크

스네어 드럼에서 스네피를 제거하면 탐과 비슷한 소리를 들을 수 있습니다. 탐은 보통 스네어 드럼과 비슷한 마이킹을 하게 되는데 금속 엣지 부근에 마이크 헤드가 향하게 하고 주먹 하나 들어가는 정도의 거리를 둡니다.

그림 4-35 드럼 탐마이킹 예

하이햇

하이햇 마이킹시 주의점 중에 하이햇은 높이가 변하는 악기이기 때문에 심벌에 너무 근접해서 마이킹을 하게 되면 심벌 상단에 마이크가 부딪힐 수 있으므로 하이햇 open 높이를 연주자에게 확인 후 마이크의 높이를 설정 합니다. 마이킹의 위치는 보통 마이크의 수음 헤드가 테두리 부근을 바라보게 위치한 후 타격 후 미세한 고음의 울림소리까지 수음할 수 있는 포인트에 설치합니다.

그림 4-36 드럼 마이킹 예

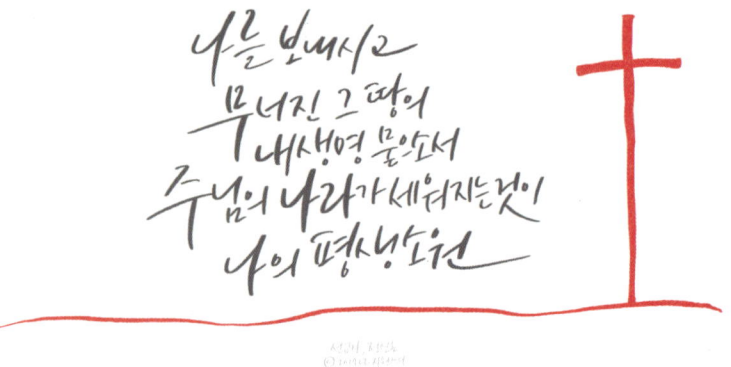

마이크의 관리

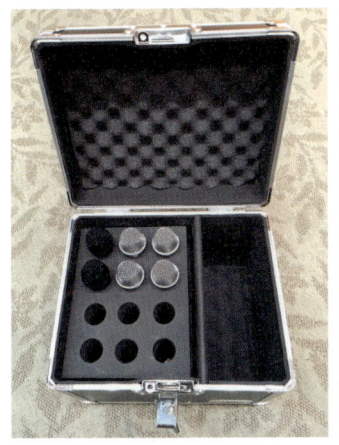 

그림 4-37 마이크 관리법

보관하기

마이크를 오랜 기간 동안 잘 사용하려면 세심한 관리가 필요합니다. 정기적으로 내부의 윈드 스크린을 중성세제로 세척 후 그늘에서 말리며, 마이크 보관 시 너무 높은 온도나 낮은 온도에 주의하며 높은 습도에 유의하며, 정해진 위치에 잘 보관하여 유지해야 합니다.

마이크 세척

그릴과 그릴 내부에 내장된 윈드 스크린은 사람의 침이나 립스틱이 묻는 경우가 많습니다. 보통 핸드 헬드(Hand Held)형의 마이크는 그릴 안에 폼(Foam) 타입의 윈드 스크린을 내장하고 있기 때문에, 타액과 입김이 스며들면 재질의 특성에 따라 상당히 비위생적일 뿐만 아니라, 악취 등을 유발할 수 있습니다.

마이크의 그릴 분리

대부분의 핸드 헬드형 마이크는 그릴을 돌려서 분리가 되도록 만들어집니다. 만일 그릴이 잘 빠지지 않는다면, 조심스럽게 당기면서 분리하시면 됩니다. 갑작스럽게 당기거나 과도하게 힘을 주면 마이크의 가장 예민한 부분의 카트리지를 손상시킬 수 있으니 주의해야 합니다.

중성 세제를 사용한 세척

자극이 적은 세제를 물과 적절하게 섞어 세척해주면 살균의 역할을 하며, 윈드 스크린에 스며든 악취를 제거할 수 있습니다. 그릴에 묻은 립스틱을 비롯한 이물질을 제거하려면, 칫솔 등을 이용하여 부드럽게 솔질하여 줍니다.

세척 후 건조

세척한 그릴과 윈드 스크린은 완전히 건조한 후 결합하여야 합니다. 다이나믹 마이크는 콘덴서 마이크에 비해 상대적으로 습도에 의한 문제발생이 적지만 어떠한 마이크도 습도가 높은 곳에서의 보관은 좋지 않습니다. 그릴과 윈드 스크린은 상온에서 일반 건조하는 것이 가장 좋은 방법이며, 헤어 드라이어를 저온으로 사용하여 말리는 방법도 있습니다. 그릴을 뜨거운 열로 건조하게 되면, 내장된 윈드 스크린이 녹아 내릴 수 있으므로 주의해야 합니다.

그림 4-38 윈드 스크린의 건조

콘덴서 마이크

콘덴서 마이크의 경우 구조 특성상 물을 비롯한 습기를 피해야 합니다. 콘덴서 마이크는 내부에 물이 닿게 되거나 습기가 높은 곳에서 오랜 시간 보관 및 사용을 하게 되면 성능 작동에 이상을 줄 수 있으므로 세척 관리 시 주의가 필요합니다.

마이크 테스팅

마이크 테스팅은 마이크가 나오는지 확인을 하는 목적도 있지만 실제로 적절한 볼륨과 음색을 조정하기 위해서 하게 됩니다. 마이크 앞에서 실제 사용할 위치와 성량으로 하나, 둘, 셋 하며 확인하고, "하나"할 때는 자신의 목소리의 중음역을 확인하고, "두울" 할 때 자신의 목소리에 대한 저음을 확인하고, "셋" 하면서 고음을 확인하여 음량은 물론 음색까지 함께 체크를 합니다.

그림 4-39 마이크 테스팅

외국의 경우 원, 투우, 첵 이렇게 합니다.

"원" 할때는 자신의 목소리의 저음을 확인하고, "투우" 할때는 자신의 목소리의 중음을 확인하고, "첵크" 할때는 자신의 목소리의 고음을 확인합니다.

보컬의 경우 노래를 하면서 테스트를 하는 것도 좋은 방법입니다.

마이크에 입으로 후~ 불거나, 손으로 두드리게되면 마이크의 유닛에 충격을 주게 되므로 주의 해야 합니다. 마이크의 각도는 입의 정면으로 하게되면 입에서 직접음 "파", "프"등 파열음이 발생되어 팝핑현상이 일어납니다. 약간 아래 방향에서 비스듬하게 올려 사용하는것이 팝핑을 최소화 할 수 있습니다. 마이크의 거리는 입에서 가깝게 사용하도록 하고 고음으로 발성을 할때는 조금 마이크의 거리를 떨어 트려서 노래하면 좋습니다.

마이크를 잡을 때는 마이크의 헤드를 반드시 피해서 잡으시고 가능하면 헤드 아래 부분을 잡으시면 좋습니다. 찬양의 전주와 간주시에는 마이크를 세워서 배꼽 아래쪽으로 대기하는 것이 좋습니다. 만약 마이크의 방향을 모니터 스피커쪽으로 숙이게 되면 하울링의 위험이 생기게 됩니다.

주의 교육

아동 부서 및 야외에서 사용되는 장비들은 분실 및 파손의 경우가 많기 때문에 관리 담당자를 정해 사용 방법 및 관리 교육을 실시하는 것이 좋습니다.

마이크케이블 & 마이크스탠드의 관리

마이크케이블 관리

마이크케이블을 감아서 정리할 때에는 보통 8자감기로 정리하는 것이 좋습니다. 8자감기와 같이 처음에는 정방향으로 감고 두 번째는 팔을 안쪽으로 넣어 8자 모양으로 당겨서 감는 방법입니다.

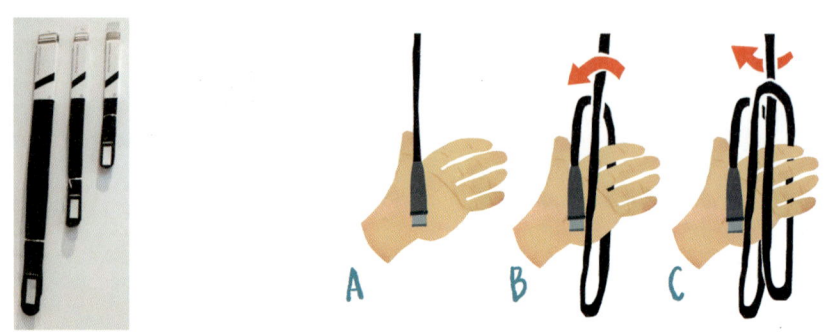

그림 4-40 케이블 정리용 벨크로와 케이블 8자감기 (Guide To Sound Systems For Worship p.161)

감아진 케이블은 라벨링과 벨크로 등을 통해 길이나 규격 등을 표기하여 보관하면 사용에 편리합니다.

마이크 스탠드 사용법

마이크 스탠드의 종류에는 보통 I자 형태와 T자 형태의 스탠드로 구분합니다. T자 형태의 스탠드 중에는 악기를 다루며 노래를 하거나 드럼의 오버헤드 마이크처럼 높은 위치에서 사용할 때 용이하고, 기타앰프 등의 작은 높이에 사용 할 때는 작은 T자형 스탠드도 있습니다. 스탠드를 고정 해주는 아래 받침 다리 부분은 이동과 보관이 편리한 접이식 종류가 있고, 스탠드 바닥의 부피를 적게 사용할 수 있는 원판형 방식의 종류도 있습니다.

접이식 마이크 스탠드도 종류가 다양하지만 사용방법은 보통 비슷합니다.

그림 4-41과 같이 바닥의 삼발이를 펼치고 사용할 높이만큼 올린 후 가운데 레버를 통해 각도와 길이를 조정해서 사용합니다.

마이크 스탠드는 여러 가지 소모성 부품들로 조립되어 있습니다. 사용에 이상이 생길 경우 여러 부품들을 잘 활용하여 다시 수리하여 사용할 수 있도록 하고, 곳곳의 나사 풀림이 없도록 주기적인 점검 관리가 필요합니다.

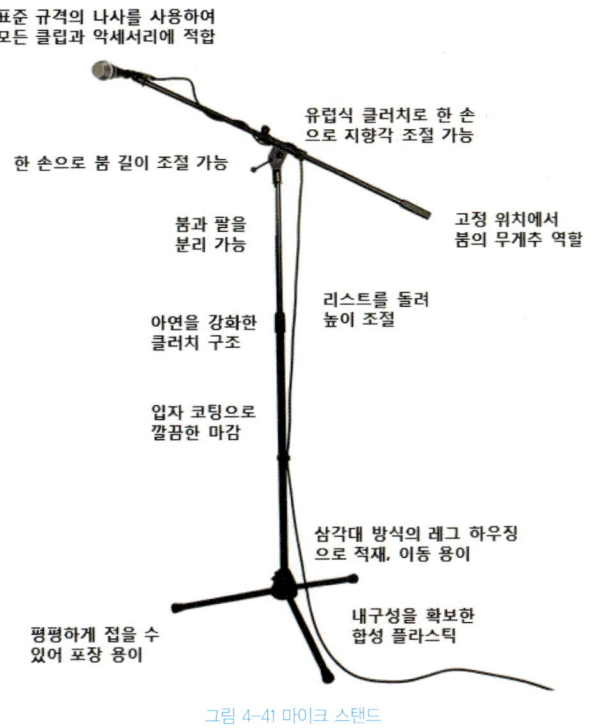

그림 4-41 마이크 스탠드

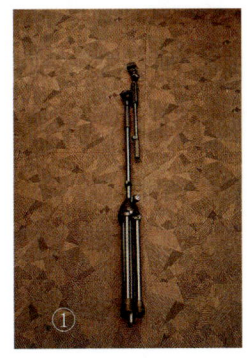   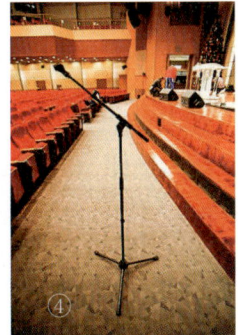

그림 4-42 마이크 스탠드 사용 순서

라인입력과 다이렉트 박스

라인입력

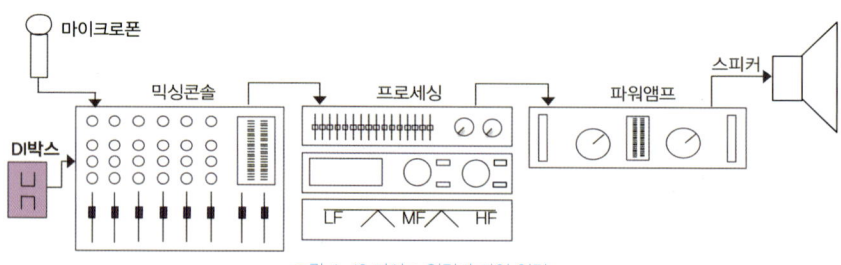

그림 4-43 마이크 입력과 라인 입력

　라인 입력이란 마이크 신호보다 큰 레벨의 입력신호를 이야기 합니다. 마이크를 통해 들어온 신호는 아주 낮은 신호지만 라인 입력단자를 통해 들어오는 신호는 CD-P나, 악기의 출력단이 되기 때문에 바로 사용이 가능하도록 출력이 되어 있습니다. 과거에는 이렇게 다른 입력신호를 선택하기 위해서 입력신호를 조정하는 단자도 만들었지만 최근에는 콘솔기기내부에 -20dB를 줄여주는 기능을 내장하여 사용하고 있습니다.

　마이크 입력단자는 XLR단자로 신호를 받아 사용되고 라인 입력단자는 1/4"폰플러그 T.S나 T.R.S커넥터를 사용하여 입력됩니다.

다이렉트 박스

　마이크는 밸런스 형으로 연결이 되고 라인입력은 언밸런스 형으로 입력이 됩니다. 예를들어 강단에서 방송실 콘솔까지 연결을 하게 될 경우 케이블 길이가 길어지게 되면 언밸런스의 신호는 노이즈의 영향을 받게 되므로 이를 보완하기 위해 다이렉트 박스 (Direct Injection Box)를 사용합니다. 다

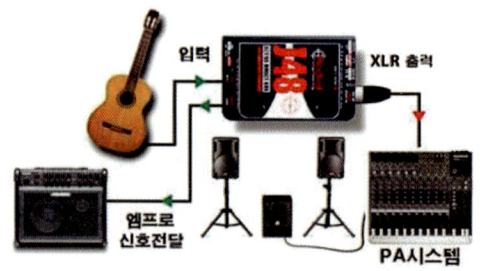

그림 4-44 다이렉트 박스의 사용

이렉트 박스는 직접 입력한다는 의미로 사용되고 흔히 "DI-BOX"라고 불립니다.

　다이렉트 박스 사용의 가장 큰 목적 중 하나는 매칭 트랜스 입니다. 일반적으로 악기의 출력은 언밸런스(Unbalanced) 출력(dBV)이기 때문에 신호레벨이 크고 높은 임피던

스를 가지고 있습니다. 다이렉트 박스를 통해서 언밸런스의 입력을 밸런스(Balanced) 출력으로 바꾸어주고 라인입력의 높은 임피던스를 마이크 임피던스로 낮추어 주는 매칭 트랜스 역할을 합니다. 또한 디스토션이 없이 시그널을 전달하는 목적이 있기도 하고, 트랜스 매칭 과정에서 생길 수 있는 전기 간섭이나 잔여 전류에 의한 노이즈(Hum/Buzz)를 제거하는 기능도 합니다.

그림 4-45 매칭 트랜스

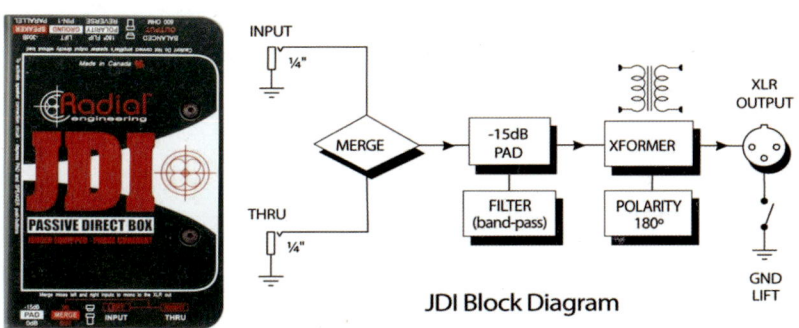

그림 4-46 패시브 DI

패시브형 DI Box는 트랜스만을 내장한 것으로 내부 증폭단이 없으며, 전원이 없어도 사용할 수 있습니다. 하지만 악기에서 발생하는 작은 전류로만 부품을 구동시켜 출력신호를 만들어 내야 하기 때문에 음색이나 서스테인 등에 영향을 미칠 수 있습니다.

액티브형 DI Box는 신호 흐름의 완충역할을 하는 내부 증폭단이 내장되어 있어 음색과 서스테인의 영향을 끼치지 않고 출력신호를 변환시킬 수 있습니다. 하지만 패시브 형태에 비해 가격이 비싸며, 내부 증폭단을 구동하기 위해 건전지나 팬텀파워를 공급해줘야 합니다.

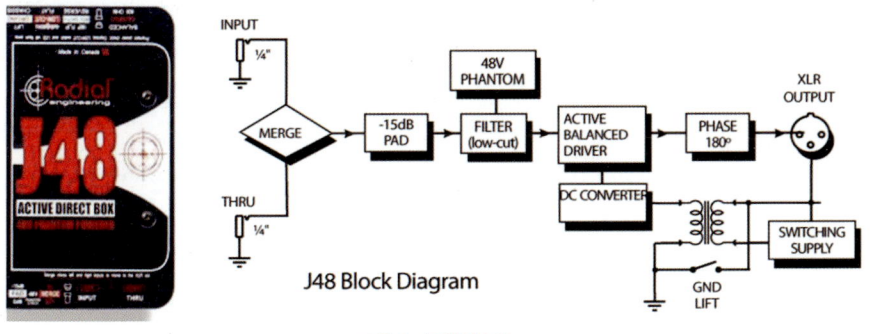

그림 4-47 액티브 DI

전기음향기기 **115**

무선 마이크 (Wireless Microphone)

무선마이크는 무선주파수를 이용하여 케이블 없이도 신호를 전송하는 방식의 마이크입니다. 전송 방식은 마이크 부분에 송출기능(transmitter)을 추가하여 신호를 보내고 이 신호를 받을 수 있도록 외부수신기(receiver)를 설치하여 전파를 주고받는 구조입니다.

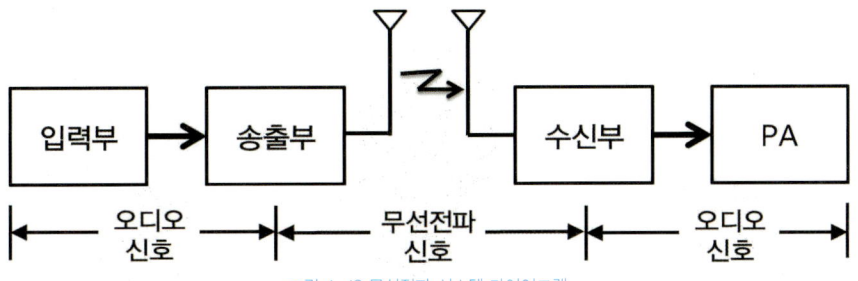

그림 4-48 무선전파 시스템 다이어그램

그림 4-48은 무선 마이크 시스템의 신호 흐름을 나타내었습니다. 무선 마이크 시스템은 크게 입력부, 송출부, 수신부로 구분할 수 있습니다.

무선 마이크의 구성

입력부

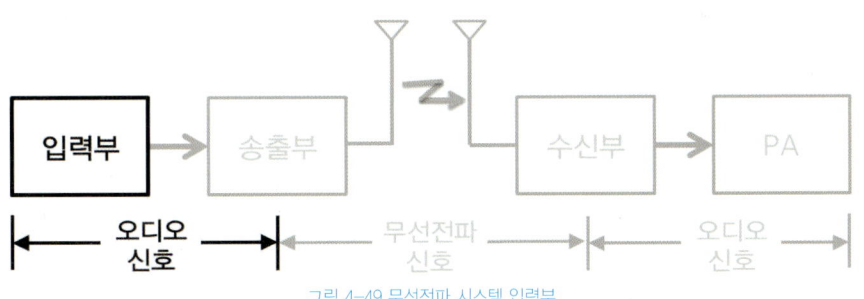

그림 4-49 무선전파 시스템 입력부

오디오 신호의 입력은 크게 마이크 입력과 라인 입력이 있습니다. 마이크 입력은 핸드 헬드형 타입의 마이크 유닛과 소형 마이크 유닛(라발리어, 헤드셋)을 통해 받습니다. 라인 입력은 악기류에 T.S 플러그를 통해 받을 수 있어 연주자용으로 사용됩니다.

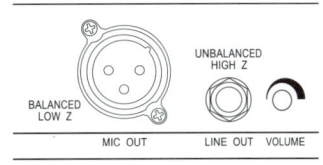

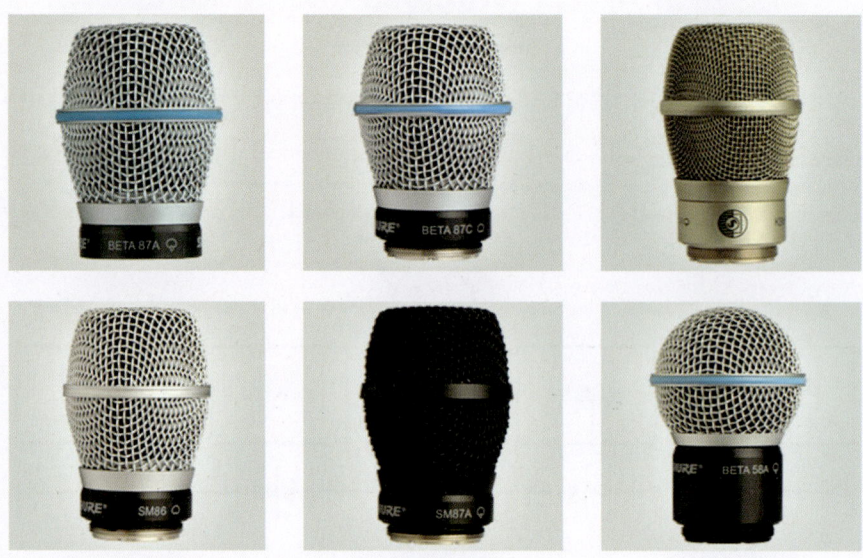

그림 4-50 핸드 핼드형 마이크로폰

핸드 핼드 마이크는 일반적으로 가장 많이 사용하는 방식으로 헤드의 형태에 따라 지향성과 주파수 특성이 달라지기 때문에 음악, 음성(찬양용, 말씀용)의 용도로 나눠서 사용할 수 있습니다.

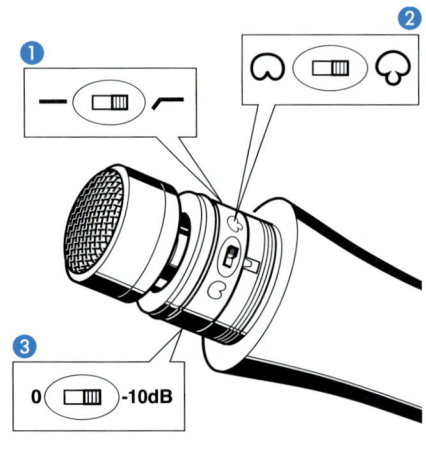

그림 4-51 핸드 핼드형 무선마이크 구조

실제 사용되는 무선 마이크를 예를 들어 살펴보겠습니다.

핸드핼드(Handheld)형 무선 마이크 안에 있는 유닛에는 그림 4-51와 같이 상황에 따라 다양한 기능을 가지는 모델이 있습니다. 좀 더 자세히 살펴보면 ①하이패스필터 스위치는 저음감쇠 여부를 결정할 수 있습니다. ②패턴스위치는 마이크의 지향각을 선택할 수 있게 해줍니다. ③감쇠 스위치는 음압의 입력량을 조정하는 기능을 합니다.

유선 마이크에서 헤드의 종류에 따라 지향성 및 음색이 변하는 것 같이 무선 마이크에서도 적합한 헤드의 선택이 중요합니다.

소형 핀 마이크에 클립을 끼워 옷깃이나 넥타이 등에 설치하여 사용되는 라발리어(Lavaliere)마이크와 마이크를 좀더 가까이 사용하기 위해 귀에 거는 이어셋(Ear-set) 타입과 헤드셋(Head-set) 타입의 마이크가 있습니다. 마이크의 용도에 따라 단일지향성 마이크와 전지향성 마이크로 나뉘어 사용합니다.

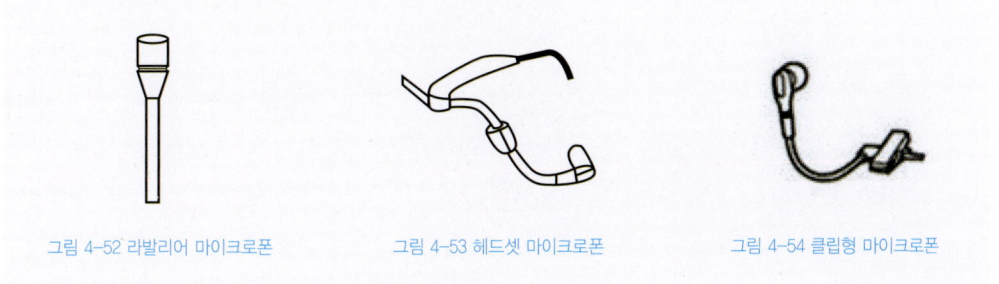

그림 4-52 라발리어 마이크로폰   그림 4-53 헤드셋 마이크로폰   그림 4-54 클립형 마이크로폰

색소폰이나 바이올린 악기의 경우 연주자가 움직임을 편하게 하기 위해서 보통 클립온(Clip-on) 타입을 사용합니다.

기타와 같이 라인 입력이 가능한 악기에는 마이킹 대신 T.S 플러그를 연결함으로서 기타연주자들이 자유롭게 연주와 퍼포먼스를 하는데 도움을 줄 수 있습니다.

그림 4-55 라인 입력

송출부

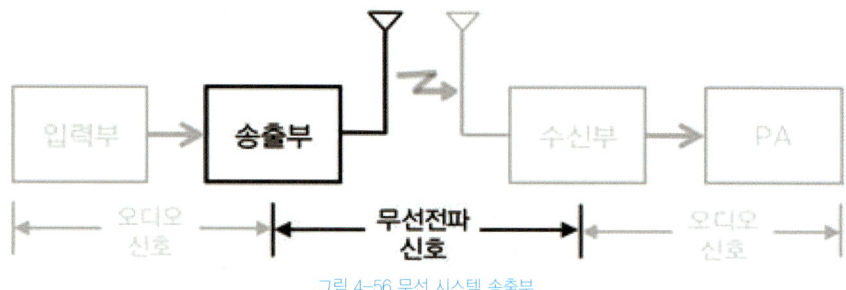

그림 4-56 무선 시스템 송출부

송출부는 입력된 신호를 무선 신호로 변환하여 전송하는 역할을 합니다. 좀 더 자세히 살펴보면 오디오 입력 신호를 송신기(Transmitter)로 전송하여 압축(Compressing)하고 무선 신호로 변형한 전파를 외부로 전송합니다.

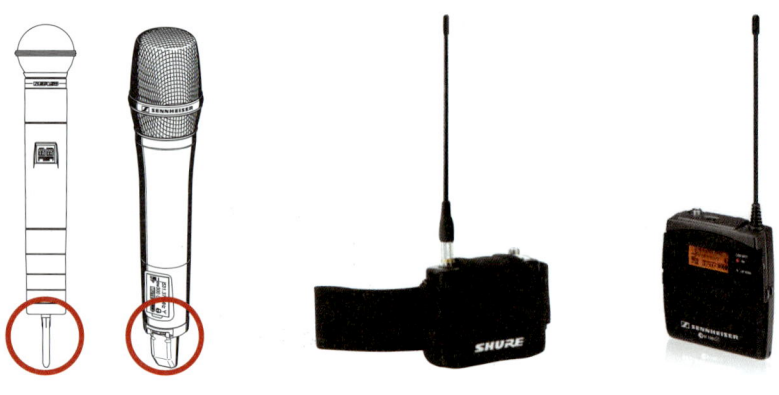

그림 4-57 무선 시스템 송출부   그림 4-58 Bodypack형 송신기

핸드 핼드 형태의 송신기는 안테나가 마이크 하단에 위치합니다.

바디팩(Bodypack) 형태의 무선 마이크는 주로 벨트나 주머니, 클립 등을 통해 몸에 착용을 하고 입력 부분에는 소형 마이크를 연결합니다. 주로 강연이나 뮤지컬 등과 같이 양손을 자유롭게 사용하면서 활동영역이 많은 경우에 사용됩니다.

핸드 핼드 마이크는 그림 4-59와 같이 마이크를 잡을 때 신호가 전송되는 안테나 부분을 잡지 말고 무선마이크의 헤드 아래 부분을 잡고 사용하는 것이 좋습니다. 또한 마이크 헤드부분을 잡으면 마이크의 특성이 전지향성으로 바뀌어 소리의 왜곡이 일어나고 피드백이 쉽게 발생하게 됩니다.

그림 4-59 무선마이크 사용시 주의사항

전파에는 전기장과 자기장의 영역이 있습니다. 전자파(Radio Waves)는 공간에서의 연속적인 전자기장의 변화이며 근원지로부터 상당한 거리로 전달할 수 있습니다. 전파신호는 정보를 전달하기 위해 변조된 전자파 입니다. 크기나 주파수, 위상에 따라 변조가 가능합니다.

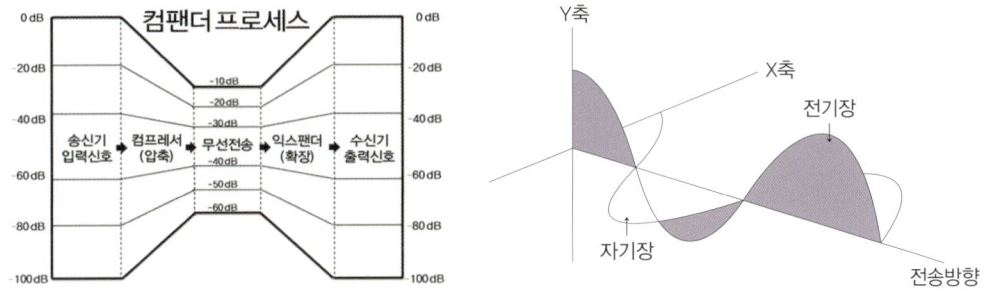

그림 4-60 전파의 전송방식

오디오신호를 전달하기 위해 변조과정이 이루어지고 전자파 공간에서의 연속적인 전자기장의 변화를 이용해 전송하게 됩니다. 무선마이크의 안테나를 설치할 때 안테나를 세워서 설치하는 것은 전기장의 방향을 맞추기 위해서 입니다.

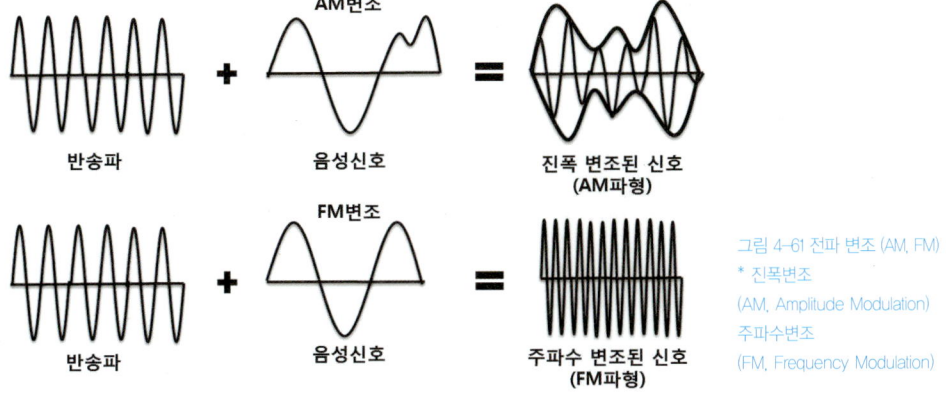

그림 4-61 전파 변조 (AM, FM)
* 진폭변조
(AM, Amplitude Modulation)
주파수변조
(FM, Frequency Modulation)

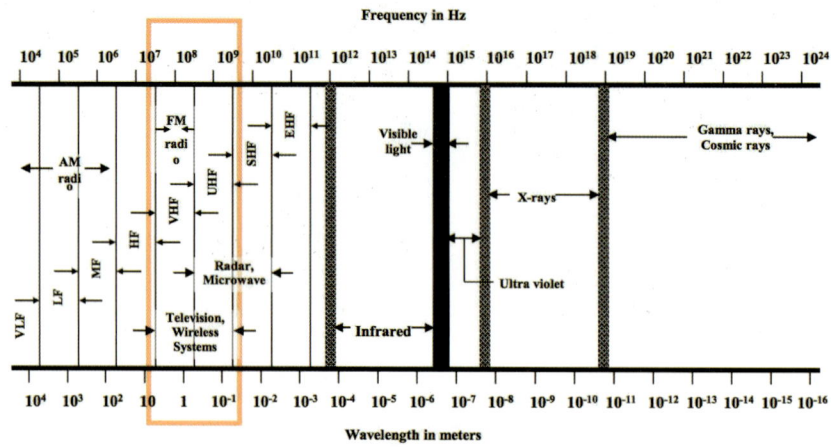

그림 4-62 주파수의 구분

그림 4-62는 주파수를 대역별로 구분하여 사용되는 부분에 대한 이해를 돕는 도표입니다. 중심에서 왼쪽으로 이동 할수록 파장의 길이가 길어서 넓은 범위의 전송이 용이하지만 채널 분배가 적은 단점이 있고, 반대로 오른쪽으로 이동 할수록 파장의 길이가 짧아서 장애물의 간섭을 받을 수 있지만 채널 분배를 많이 할 수 있는 장점이 있습니다. 우리가 사용하는 무선 마이크 주파수는 과거에 VHF(Very High Frequency 초단파)대역을 사용하였으며, 파장이 10m ~ 1m사이인 30 ~ 300MHz 주파수의 전파를 말합니다. UHF(Ultra High Frequency 극초단파)대역보다 파장이 길기 때문에 장애물의 영향을 덜 받고 동일한 출력의 전파일 경우, 전달범위가 넓어지는 장점이 있습니다.

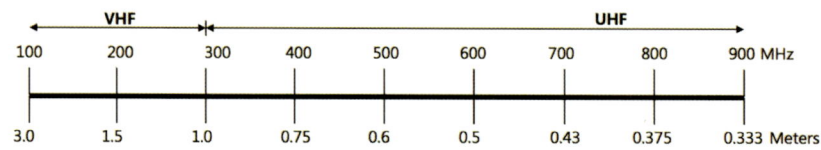

그림 4-63 VHS, UHF 주파수 영역

UHF는 파장이 1m ~ 1cm인 300MHz ~ 3GHz 대역의 전파를 말하며 전송할 때 다이내믹레인지가 크고 주파수 범위가 넓은 고품질의 다채널 전송에 유리합니다. 또한 상대적으로 VHF대역에 비해 원하지 않는 전파신호가 적어 송수신의 품질을 높일 수 있습니다. 최근에는 GHz대역을 사용하는 경우도 있습니다.

송신기에서는 사용 환경에 맞춰 출력을 조정을 할 수 있는 기능이 있습니다. 보통 1 mW, 10 mW, 30 mW, 100 mW 등으로 사용이 되는데 출력이 높을수록 송수신이 원활하지만, 배터리 소모가 빠르다는 단점이 있습니다.

RF Power
Reference the following table for setting RF Power:

RF Power Setting	System Range	Application
1 mW	33 m (100 ft.)	For Increased channel reuse at close distances
10 mW	100 m (330 ft.)	Typical setups
20 mW	100 m (330 ft.)	For hostile RF environments or long-distance applications

AA Alkaline Battery Runtime Chart (h:mm)

| Battery Indicator | RF Power Setting | |
	1/10 mW	20 mW
▮▮▮▮	11:00 to 9:35	5:30 to 4:55
▮▮▮	9:35 to 7:15	4:55 to 4:00
▮▮	7:15 to 4:45	4:00 to 2:30
▮	4:45 to 2:25	2:30 to 1:45
▯	2:25 to 00:45	1:45 to 00:25
▯	00:45 to 00:20	00:25 to 00:10

그림 4-64 출력별 배터리 수명

수신부

송출부를 통해 변조된 무선신호를 다시 확장(Expanding)하여 원래의 신호 레벨로 최대한 복원하여 넘겨주는 역할을 하는 것이 수신기(Receiver)입니다.

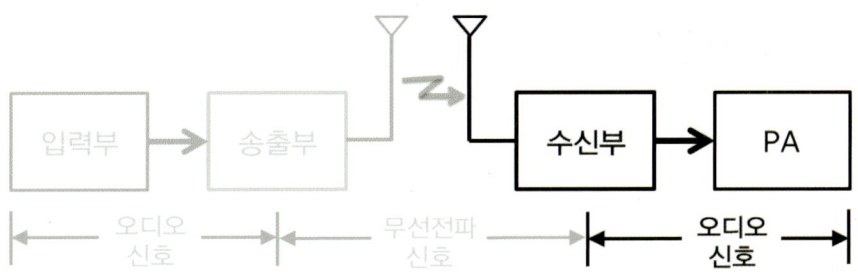

그림 4-65 무선시스템 수신부

안테나(Antenna)는 수신기에서 전기적인 전파를 신호로 바꾸어 주는 기능을 수행하는 장치로서 지향성, 이득, 임피던스의 3특성으로 구분해 볼 수 있습니다.

그림 4-66 무선수신기

그림 4-67 무선마이크 수신부 표시창

　수신기 표시창에는 주파수의 세기를 표시해는 RF 레벨미터가 A, B 두 부분으로 표시하여 A안테나와 B 안테나의 수신상태를 확인시켜 줍니다. %DEV는 오디오 신호의 세기를 보여주며 일반적으로 AF 레벨미터라고 부릅니다. 마이크의 입력상태를 눈으로 보여주는 기능입니다. 만약 RF 레벨미터가 모두 떠있는데 마이크에 신호가 들어오지 않는다면 마이크에 뮤트가 되어 있거나, 마이크 유닛의 문제 일 수 있습니다. 무선마이크에 가운데 부분의 숫자는 현재 사용중인 주파수를 보는데 일반적으로 선정 가능한 주파수가 결정되어 있는 그룹과 채널의 형식으로 표시될 수 있습니다. 건전지 모양의 표시창은 현재 송신부 건전지의 상태를 표시해 주어 배터리 소모로 발생할 수 있는 위험을 사전에 방지해 줍니다.

그림 4-68 일반 건전지

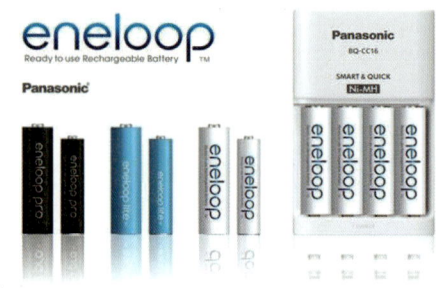
그림 4-69 충전식 건전지

　배터리는 안정적인 알칼라인 방식의 건전지를 사용하시거나 사용빈도가 낮고 중요도가 낮은 경우에는 충전방식의 건전지를 사용하는 것도 좋은 방법입니다.

　무선 마이크를 사용한 이후에는 반드시 전원을 끄는 습관을 가지며 장기로 사용이 없을 경우 배터리를 빼놓는 것을 원칙으로 합니다. 그리고 직류전원을 사용하기 때문에 반드시 +, − 극을 확인하여 사용합니다. 사용이 끝난 전지는 분리 수거하여 폐기합니다.

무선 안테나의 특성
지향성

안테나가 특정한 방향으로 전파를 더 많이 보내는 성질을 지향성(Direction)이라고 합니다. 수평면의 지향성과 수직면의 지향성으로 구분할 수 있는데 안테나의 용도에 따라 지향성이 있는 안테나를 사용하거나 지향성이 없는 안테나를 사용하기도 합니다. 지향성 안테나는 목적하는 방향으로 전파를 더 많이 보내기 위해 방향을 바꾸어줄 수 있습니다.

전지향성 안테나

전지향성 안테나는 가까운 거리에 편차 없이 골고루 수신하기에 좋은 방식입니다. 다이폴(Dipole) 형태이며 수직편파를 사용합니다. 안테나 축과 수직인 평면기준으로 균일한 감도를 가지고 2.14dB의 이득을 가지게 됩니다. 전 방위로 신호를 출력하면서 범위가 넓어지는 만큼 허용 범위가 짧아지고 주변 환경에 의한 잡음이 생길 확률이 높아집니다. 통신가능거리를 개선하기 위해 좁은 대역폭을 사용해 투과력이 지향성보다 좋지만 범위가 좁아 사용하는데 유의해야 하며 파장이 짧아질수록 장애물 투과력이 낮아져 큰 공연장에서는 되도록 긴 파장의 안테나를 사용해야 합니다.

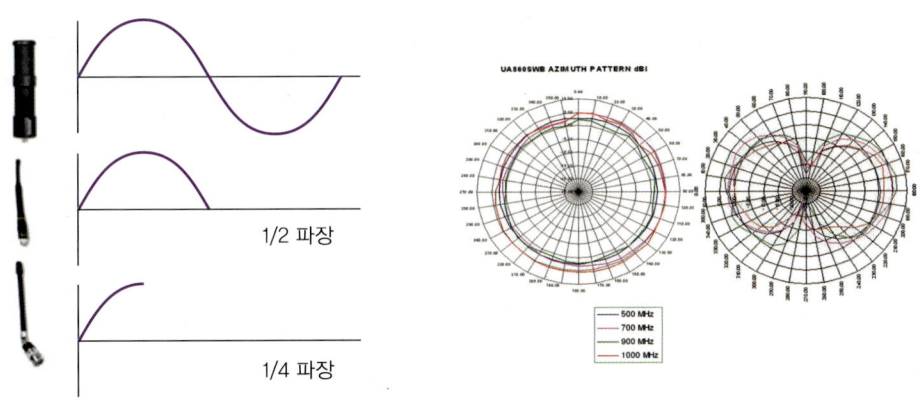

그림 4-70 전지향성 안테나 파형

무선 마이크를 구매하면 기본적으로 주어지는 1/4, 1/2안테나도 사용상에 무리는 없지만 렉케이스 안에 설치하면 간섭을 받아 수신율이 나빠지게 됩니다. 별도로 케이블을 연장하여 안테나가 철재 렉케이스 안에 간섭을 피하게 해야합니다.

수평 방향을 바꾸어주는 장치를 로테이터(Rotator), 수직 방향을 바꾸어주는 장치를 엘리베이터(Elevator)라고 합니다.

지향성 안테나

　지향성 안테나는 주로 방송실에서 강단까지를 향하여 먼 거리에 사용하게 됩니다. 대수주기, 헬리컬 형태이며 수직이나 원형편파를 사용합니다. 축방향(On-axis)으로 향상된 감도를 갖지만 비축방향(Off-axis)으로는 감소된 감도를 가지게 됩니다. 5~7dB 전방향 이득으로 신호가 강한 만큼 대역폭이 크지만 투과력이 떨어져 장애물이 없는 곳이나 야외에서 사용하기 적합합니다. 초지향성인 헬리컬안테나는 60°의 지향각을 가지고 있으며 최대 11dB의 이득을 가집니다. 1/2파장에 비해 최대 9dB의 높은 이득을 얻게 되지만 마찬가지로 장애물이 있을 때 투과력이 떨어지는 단점이 있습니다.

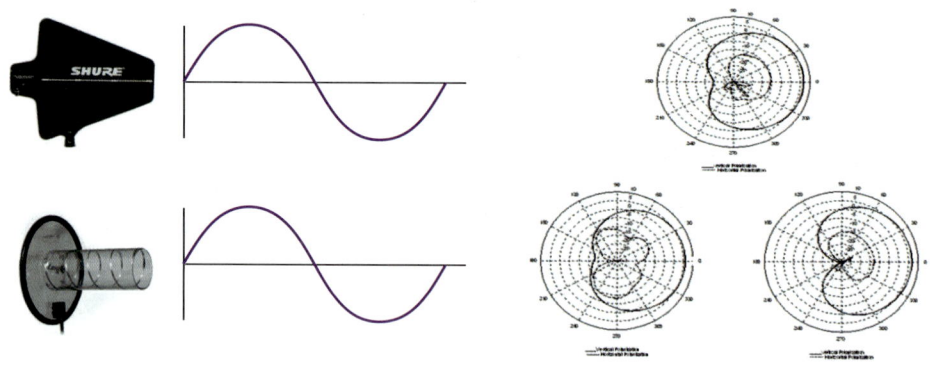

그림 4-71 지향성 안테나

　안테나를 낮은 위치에 설치하면 성도들이 전파를 차단하는 역할이 만들어져서 예배전에 리허설때는 문제가 없다가 예배중에 무선 마이크의 끊김 현상이 나타날 수 있습니다.

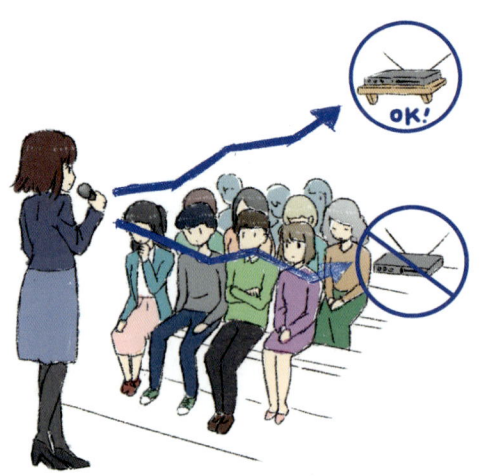

그림 4-72 수신기 설치 위치

이득

안테나에 일정한 출력이 보내져도 안테나의 성능에 따라 더 높은 출력의 전파를 보낸 것과 같은 효과가 발생하게 됩니다. 이러한 효과를 나타내는 것을 이득(Gain)이라고 하며 단위는 dB입니다. 이득이 높은 안테나를 사용하면 작은 출력으로도 효과적인 교신을 할 수 있습니다.

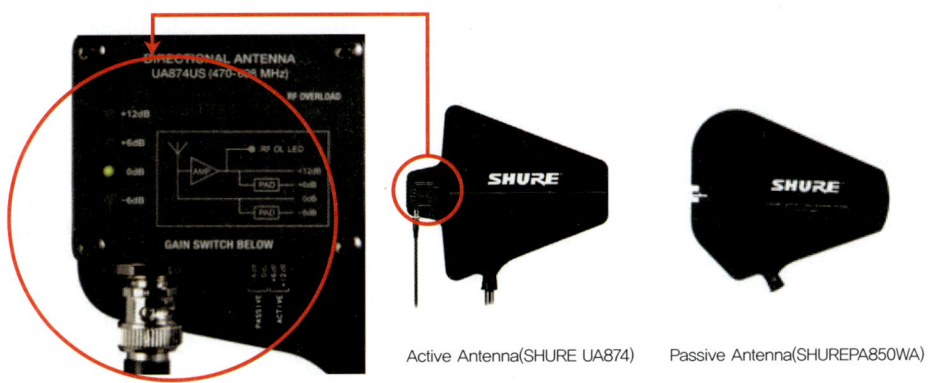

Active Antenna(SHURE UA874)   Passive Antenna(SHUREPA850WA)

그림 4-73 SHURE사의 액티브 안테나와 패시브 안테나

액티브(Active) 안테나와 패시브(Passive) 안테나의 차이는 LNA(Low Noise Amplifier)의 유무 차이입니다. LNA(보통 Gain=30dB)는 안테나로 들어온 신호를 처음으로 증폭시키는 장치입니다. 특징은 SNR(Signal-to-Noise Ratio)을 유지하면서 노이즈를 최소화하고 큰 신호를 왜곡 없이 받게 하는 것입니다. 액티브 안테나는 LNA를 포함하고 있어서 전원을 공급해줘야 합니다. 전파전달시 급전손실이 증가할수록 안테나의 이득이 감소하는데, LNA를 통하여 급전부의 손실을 막아 안테나의 효율을 증가시키는 장점이 있습니다. 반면에 패시브 안테나는 급전손실을 그대로 포함하게 되어 SNR이 감소하게 됩니다. 효율성으로 봤을 경우 액티브 안테나가 좋지만, 가격이 비싸다는 단점이 있습니다.

※ 기준 안테나가 무엇인가에 따라 절대이득 단위 및 상대이득 단위로 구분
  ○ dBi (절대이득)
    - 등방성안테나에 대한 특정 안테나의 방사 패턴의 상대적 크기 (절대이득)
      . dBi에서 i는 Isotropic Antenna(등방성 안테나, 상하좌우 사방으로 전력이 똑같이
        나오는 안테나)의 약자
    - 이득단위 : [dBi] 보통은 그냥 [dB] 라고도 표기
  ○ dBd (상대이득)
    - 다이폴안테나에 대한 특정 안테나의 방사 패턴의 상대적 크기(상대이득)
      . dBd에서 d는 Dipole Antenna(다이폴 안테나, 단일 수평면 상에서 똑같은 전력이
        나오는 안테나)의 약자
    - 이득단위 : [dBd]

그림 4-74 케이블 증폭기

-6dB, 0dB, +6dB, +12dB 이렇게 선택을 하여 사용할 수 있습니다. 증폭을 할수록 수신율이 좋아 지지만 교회의 경우 본당주변의 다른시설과 서로간에 간섭이 될 수 있습니다. 그래서 교회 상황에 따라서 안테나 감도를 선택하여 사용하는게 좋습니다.

무선 안테나의 신호를 증폭시키기 위해서는 케이블 증폭기도 사용됩니다. 케이블 증폭기는 안테나를 사용하기 위해서 케이블의 사용거리가 길어질때 안테나에서 리시버의 손실을 보상해주는 역할을 합니다. 케이블이 길어질 경우 사용하면 좋습니다.

케이블의 손실율에 따라 증폭기를 사용하는데 손실이 3dB 이상 발생하는 길이의 케이블을 사용할 때 손실율이 0.1dB/m 라면 30m마다 증폭기를 사용하여야 합니다. 유의할 점은 각 회사마다 증폭률이 달라서 최대 길이를 계산하여 사용하여야 하고, 케이블 길이를 그 이상 사용할 경우 라인앰프를 사용하여야 합니다. 분배를 담당하는 스플리터는 증폭역할을 할 수 없지만 내부회로의 손실을 보강해주기 위해 0~3dB정도를 증폭하는 기능이 있습니다.

무선 마이크의 운영

무선 마이크 기초 셋팅

무선 마이크의 리시버는 가능한 강단이 잘 보이는 장소에 설치합니다. 그 이후에 전기를 연결하고 안테나를 45도 각도에 위치하고 리시버의 출력단자에서 콘솔의 입력단자로 케이블을 연결 합니다.

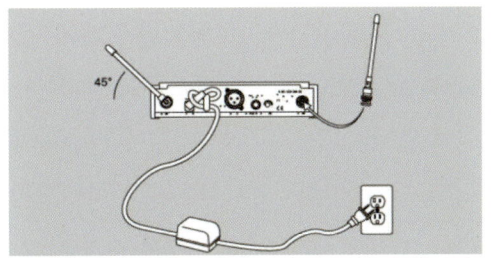

그 다음 트랜스미터인 핸드헬드 마이크에 배터리를 장착합니다. 리시버와 마이크 모두 전원을 켜고 리시버에 자동채널기능을 켜서 주변에 간섭을 가장 덜 받는 채널을 자동적으로 리시버가 선택하게 합니다. 트랜스미터의 적외선 부분을 리시버에 sync버튼을 눌러 적외선으로 동기화를 시켜줍니다. 리시버에 ready 표시등에 녹색 불이 들어오는 것을 알 수 있습니다.

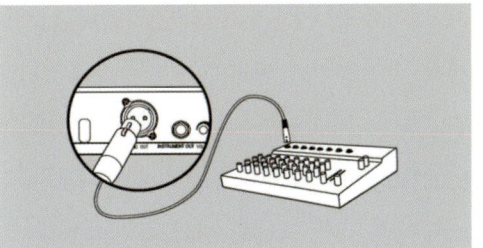

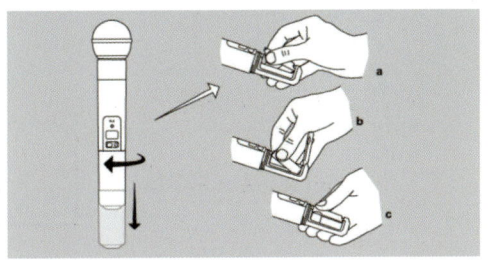

이로서 무선 마이크를 사용하게 되며 무선 마이크가 큰 음압을 수음 해야 할 경우 마이크의 기능 중 감쇄스위치를 선택하여 입력 시 적합한 음량의 소리를 수음할 수 있습니다.

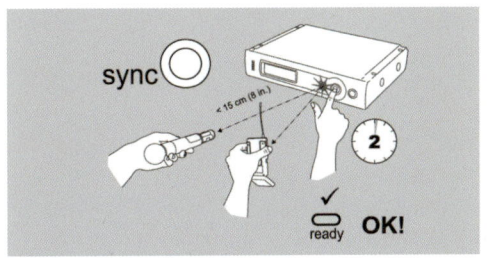

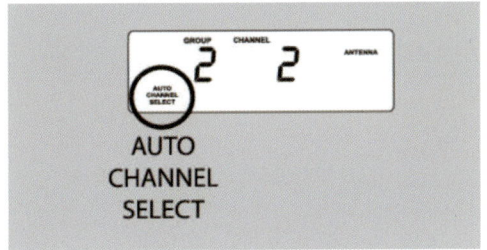

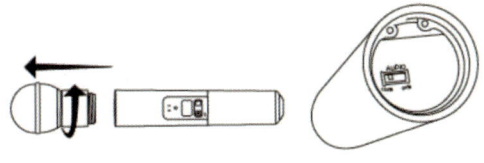

그림 4-75 수음감도 조절

그림 4-76 무선 마이크의 기초셋팅 및 수신기와 마이크 동기화

안테나를 설치할 때 임피던스 매칭

Rig(무선장비)와 동축 케이블, 그리고 안테나 모두 각각의 임피던스(Impedance)값을 가지고 있습니다. 이 세 임피던스 값이 일치할 때에 가장 효과적으로 전파가 전해지게 됩니다. 보통 Rig와 동축 케이블의 임피던스는 50Ω으로 고정되어서 생산되지만 안테나의 임피던스는 50Ω이 아닌 경우가 많습니다.

무선 시스템의 케이블은 고주파에서 임피던스가 신호 부하에 아주 중요한 역할을 합니다. 임피던스가 연결 단에서 매칭(Matching)이 안되면 신호의 반사가 발생하기 때문에 케이블과 수신기, 안테나의 임피던스는 일치돼야 합니다. 음향시스템에서 사용하는 동축 케이블의 임피던스는 대부분 50Ω이나 75Ω을 사용합니다.

그중 무선에 사용되는 케이블은 50Ω 케이블을 안테나와 수신기의 연결을 위해 사용됩니다. 75Ω 케이블은 신호파형의 왜곡과 감쇠율이 적어 주로 디지털 콘솔의 입출력을 스테이지 랙에 보내는 용도로 사용됩니다.

또한 케이블의 두께 또한 두꺼울수록 좋은 성능을 가지게 됩니다.

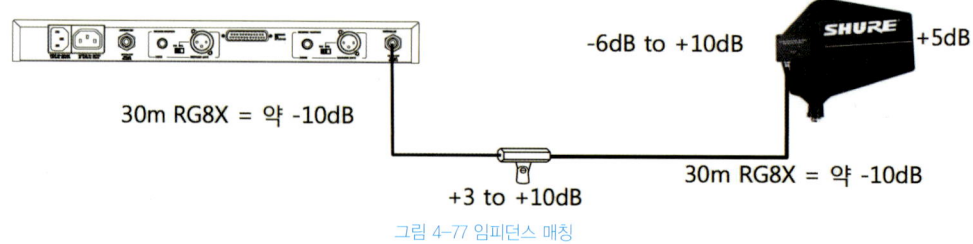

그림 4-77 임피던스 매칭

다채널을 사용할 경우 안테나 스플리터

두 개의 안테나 신호를 하나로 만들어 주는 패시브형 안테나 스플리터와 안테나 신호를 받아 여러 대의 수신기로 보내주는 액티브형 안테나 스플리터가 있는데 다채널 운용시 안정적인 채널운용을 위해서 필요합니다. 패시브형 안테나 스플리터의 경우 -2dB의 이득감소가 생깁니다.

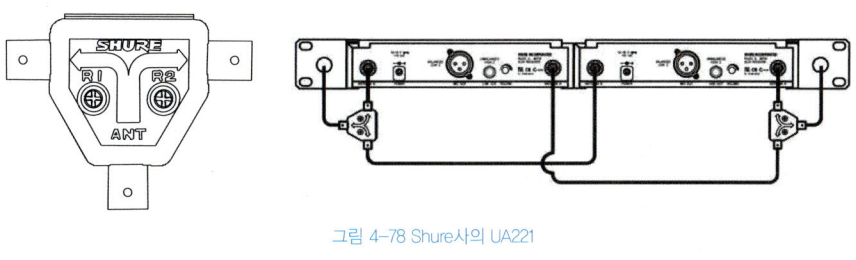

그림 4-78 Shure사의 UA221

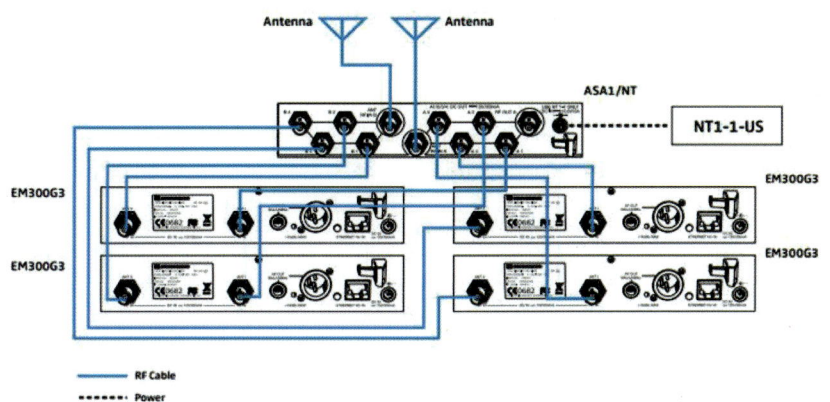

그림 4-79 Shure사의 액티브 스플리터

제조사 전용 액티브형 안테나 스플리터의 경우 전원공급기능도 있어 편리하게 사용됩니다.

다채널을 사용 할 경우 주파수설정

여러 대의 무선 마이크를 한꺼번에 사용하기 위해서 직접적인 주파수의 겹침 외에도 3차 혼변조 왜곡에 의한 주파수 간섭을 피해야 합니다. 혼변조 주파수의 계산은 매우 복잡하므로 제조사가 미리 설정한 다채널 주파수 묶음을 제공하고 이런 혼변조 주파수 간섭을 피하는 주파수들의 묶음을 그룹이라 하며 각 그룹에 속한 개별 주파수는 채널이라고 부릅니다. 무선 마이크별 채널 설정 시 **동일 그룹 내에서 채널을 설정**하는 것이 혼변조 간섭을 피하기 위해 효과적입니다. 예를 들어 무선 마이크를 8대 운용할 3번 그룹을 지정한다면 3번 그룹 열 1~8ch 주파수를 사용하여 설정하는 것이 효과적입니다.

채널	1 Group	2 Group	3 Group	4 Group
1ch	925.18	925.88	925.25	925.5
2ch	926.2	926.9	925.83	926.08
3ch	927.63	928.33	926.73	926.98
4ch	929.4	930.1	928.55	928.8
5ch	931.63	932.33	930.78	931.03
6ch	933.2	933.9	932.45	932.7
7ch	935.28	935.95	933.65	933.9
8ch	936.55	937.25	936.05	936.3
9ch	−	−	936.8	937.05
10ch	−	−	937.1	937.35

그림 4-80 무선 마이크의 다채널 운용의 예

무선 안테나 설치 시 주의사항

1. 무선 안테나 설치위치는 마이크 사용 위치로부터 되도록 장애물이 없는 장소여야 합니다.
2. 2대의 안테나의 상호거리를 20m 이하로 해야 하며 안테나로부터 수신기까지 케이블은 가능한 짧고 동일한 길이로 해야 합니다.
(길이가 다른 경우 감쇠량이 달라 다이버시티 효과가 떨어집니다.)
3. 송신기와의 거리를 좁혀야 하지만 너무 가까우면 안테나에 과대 입력을 주게 되어 왜곡이 발생하여 노이즈의 원인이 되기 때문에 마이크에서 2~3m 이상 거리가 되도록 설치합니다.
4. 안테나는 문쪽이나 오목한 벽에 설치하지 않습니다.
5. 철근 등 금속물질을 포함한 콘크리트 벽과는 1m이상 이격 하여 설치합니다.
6. 현장을 돌아보면서 신호가 약한 곳을 표시하여 안테나의 위치를 조정하여 최적화시킵니다.
7. 로드(Load) 안테나를 사용할 경우 서로간의 간섭현상을 막기 위하여 수평을 기점으로 좌우로 120°씩 기울어져야 합니다.

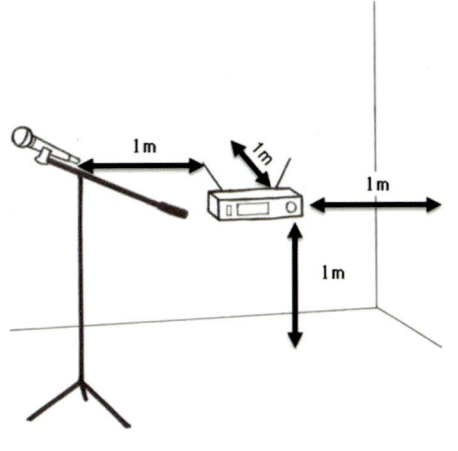

그림 4-81 무선 안테나의 설치

무선 마이크 수신기 안테나는 수직일 경우 가장 효율적이고 안정적이지만 송신기의 안테나 방향성 변화에 맞추어 45도 각도로 설치하는 것이 수신에 도움이 됩니다.

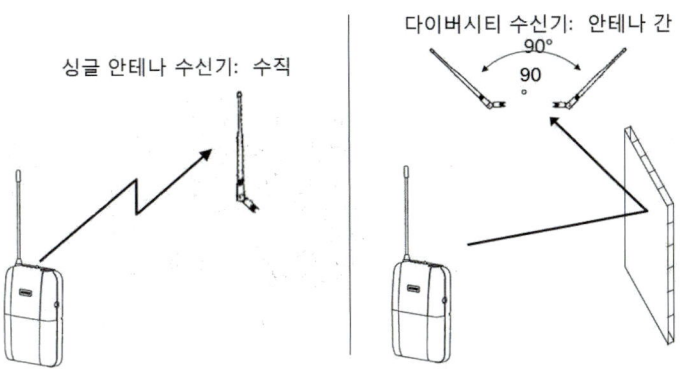

그림 4-82 효율적인 안테나 설치

무선 마이크의 설치사례

무선 마이크의 실제 사용에 대해 그림을 통해 이해를 돕겠습니다.

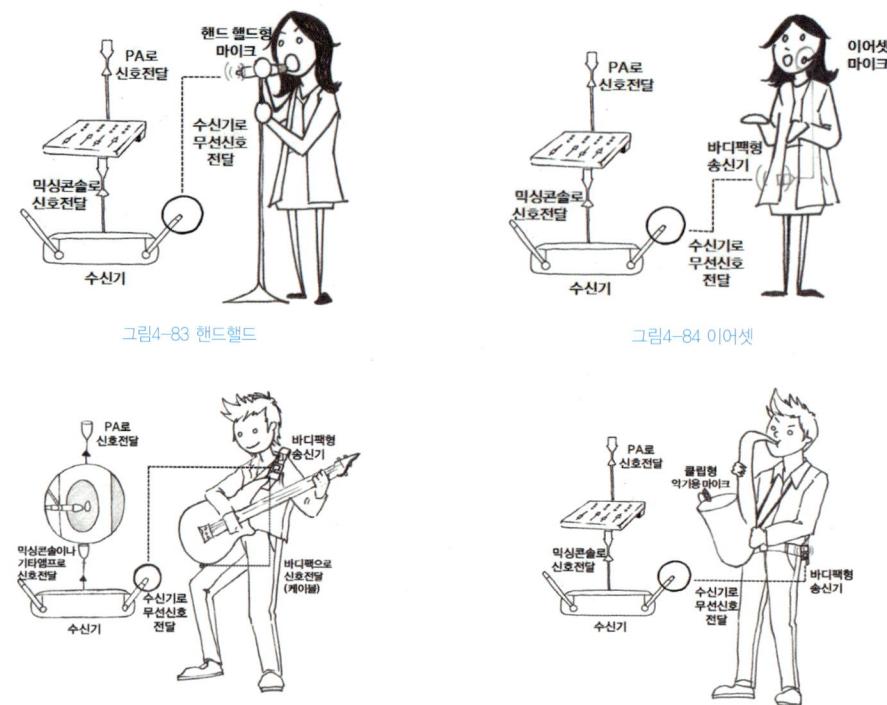

그림4-83 핸드핸드   그림4-84 이어셋

그림 4-85 바디팩   그림 4-86 클립형

바디팩을 착용하는 방법으로 바디팩 파우치를 통해 사용하거나 댄스가 들어가있는 큰 동작에 사용할 때는 전문적으로 바디팩을 착용할 수 있도록 바디팩 파우치가 있습니다. 만약 갑옷과 같이 몸에 철재를 사용한 의상이 있다면 수신율을 위해 발목에 장착하는 경우도 있으나 주로 등뒤나 허리에 장착하는 경우가 일반적입니다.

그림 4-87 바디팩의 다양한 연결방법

핀(Pin) 마이크는 전지향성 마이크와 지향성 마이크가 있는데 용도, 장소에 따라 사용하는 것이 다릅니다. 전지향성 마이크는 마이크 위치에 따른 감도의 차이가 없는 마이크가 필요할 경우와 주변의 소리가 들어와도 크게 문제가 되지 않는 경우, 피드백이 문제가 되지 않는 경우에 사용됩니다. 지향성 마이크는 주변음의 잡음(특히 저역대 주변음의 잡음)을 최소화하기 원하는 경우와 피드백에 의한 문제가 있는 경우에 사용됩니다.

디지털 무선시스템

무선 시스템의 디지털화가 주목 받고 있습니다. 디지털 무선 시스템은 2.4GHz의 주파수를 사용하여 전파의 간섭에 강해졌고 설치와 설정이 용이해 졌습니다.

ULX-Dseries(SHURE)　　　　Digital 9000(Sennheiser)

그림 4-88 디지털 무선시스템

디지털 무선시스템의 특징

디지털 무선시스템은 주파수 재생력이 넓어 고음의 해상도가 아날로그에 비해 좋고 다이내믹 레인지가 넓으며 주파수 분할을 세분화 할 수 있어 다채널 운용에 유리하며 보안 기능 등의 장점이 있습니다. Dante 및 디지털 기반으로 사용됨으로 디지털 전송상의 손실을 줄이고 소프트웨어와의 연동에 있어 유리하지만 변환과정에서 시간이 지연되는 레이턴시(Latency)가 발생하는 단점이 있습니다.

주요사양	ULX-P Wireless	ULX-D Wireless
"주파수 밴드폭 (허가 대역)"	36MHz(최대)	64MHz
"동시사용 최대 채널 수 (허가 대역) "	41channel	134channel
다이나믹레인지	>100dB, A-weighted	>120dB, A-weighted

그림 4-89 디지털 무선시스템

무선제어 시스템

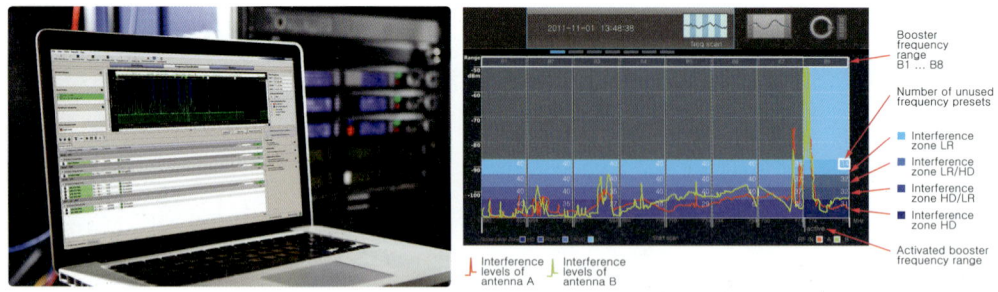

그림 4-90 무선 제어 시스템 SHURE   그림 4-91 무선 제어 시스템 SENNHEISER

WWB6(Wireless Work Bench6)는 SHURE사의 무선 제어 시스템으로 네트워크에 연결된 하드웨어를 통해 원격조종을 할 수 있습니다. 주파수할당, 게인(Gain), RF 스펙트럼 플로팅, 무선 시스템의 각 채널별 볼륨 제어 기능까지도 즉각적인 변경과 편한 모니터링을 할 수 있으며 공연 시 RF미터와 건전지 수명도 실시간으로 확인 가능하여 용도에 맞게 시스템의 사용 및 제어를 할 수 있습니다. Sennheiser의 Digital9000은 리시버 디스플레이에 RF상황을 확인할 수 있습니다.

그리고 무선 시스템을 무선마이크, 인이어, 인터컴등 여려 제조사의 무선을 사용한다거나 뮤지컬등 중요한 행사에 무선을 사용 할 경우 별도로 무선측정에 관련한 장비를 사용하는 것도 좋습니다.

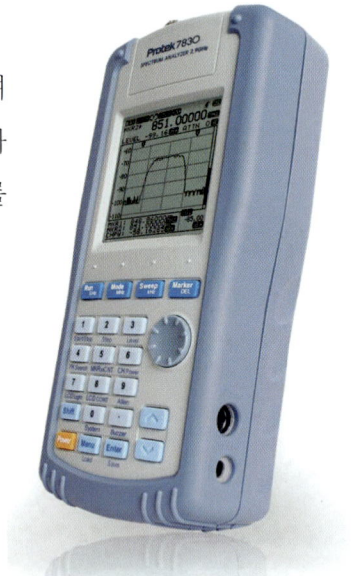

그림 4-92 무선 스펙트럼 아날라이져 Protek7830

콘솔(Mixing Console)

콘솔의 역할

 콘솔은 마이크 등으로 입력된 매우 낮은 레벨의 전기 신호를 증폭하는 프리 앰프(pre-amp) 기능과, 증폭한 신호를 적절하게 배분 및 출력을 하는 믹싱 기능으로 이루어져 있습니다.

 채널의 수량에 따라 소형 콘솔과 대형 콘솔로 구분하고, 방식에 따라 아날로그 타입과 디지털 타입으로 구분하며, 메인스피커 음향을 조절하기 위해 사용하는 하우스 콘솔(FOH, Front of House)과 연주자의 모니터 스피커 음향을 조절해주기 위해 사용하는 모니터 콘솔로 구분합니다. 대부분의 교회에서는 콘솔 한 대로 하우스 콘솔과 모니터 콘솔의 역할을 같이 합니다.

콘솔의 기능

 콘솔을 만드는 제조사는 여러회사가 있고 콘솔의 종류도 굉장히 많지만, 그 중 기본적인 기능을 잘 갖춘 한 콘솔을 정하여 알아보면 전반적으로 이해할 수 있습니다. 우선 소형 콘솔의 기본 원리만 잘 익힌다면 대형 콘솔과 디지털 타입의 콘솔에도 적용할 수 있을 것 입니다.

 여기서는 영국 사운드크래프트(soundcraft)사의 라이브 콘솔인 GB2를 통해 기능을 알아보겠습니다.

그림 4-93 Soundcraft GB2

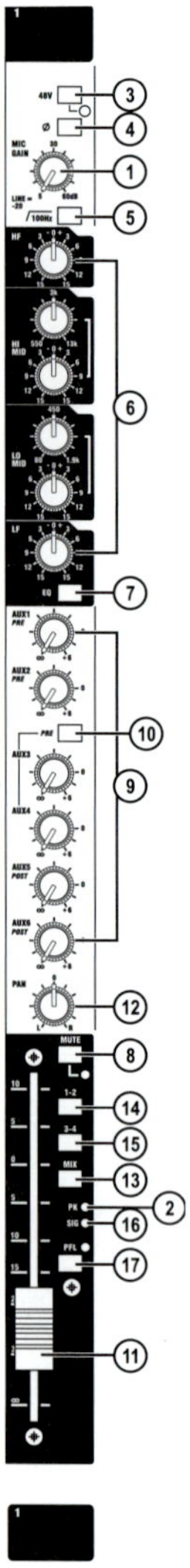

옆의 사진은 콘솔 채널 중 모노 채널을 도식화한 것입니다.

물이 흐르듯이 위에서부터 소리의 크기를 조절하고 음색을 조정한 후 출력할 곳으로 배분을 하는 과정을 거쳐 하나의 모노 채널이 완성됩니다.

이 채널은 목사님이 사용하시는 강단 마이크 채널이 될 수도 있고, 피아노나 오르간 등의 악기가 될 수 있습니다.

성가대나 보컬 등 각기 차별화된 음색과 볼륨 등의 요구 사항과 입력들이 들어오면, 엔지니어는 자신과 요청자가 원하는 소리를 만들어내기 위해 적절한 볼륨과 밸런스를 만들어내게 됩니다.

어떠한 콘솔이든 한 채널만 이해한다면 32채널든 48채널이든 동일하게 사용 가능합니다.

③의 48V 스위치는 팬텀 스위치(Phantom Switch)라고 합니다. 콘덴서 마이크 등의 직류 전원이 필요한 장비를 사용할 경우 48V의 직류 전원을 공급하는 스위치입니다. 팬텀 전원을 인가하면 아래 LED등에 불이 들어와 표시를 해줍니다.

팬텀 스위치는 편리한 기능이지만 주의 사항이 있습니다. **팬텀을 사용할 때는 반드시 콘덴서 마이크를 콘솔에 연결하고 팬텀 스위치를 켜고 페이더를 올립니다.** 반대로 사용을 마친 후에는 페이더를 내리고 팬텀 스위치를 끈 후에 마이크를 콘솔에서 분리합니다. 만약 임의의 순서로 마이크를 연결하고 분리한다면 스위칭 노이즈를 발생시키며 콘덴서 마이크 유닛 뿐만 아니라 다른 장비까지 파손시킬 수 있습니다.

그림 4-94
GB2 채널 스트립

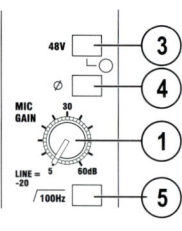

그림 4-95
게인 팬텀파워

콘솔에 따라서 이러한 기능이 없는 콘솔도 있고, 전체 채널에 스위치 하나로 팬텀 전원이 적용되도록 설계된 콘솔도 있습니다. 이런 경우에는 마이크와 콘솔 사이에 연결하여 사용하는 채널별 팬텀 파워 서플라이를 사용하시면 편리합니다.

④의 Ø는 위상 전환 스위치입니다.

세트 드럼 마이킹이나 그랜드 피아노를 마이킹할 때, 상단에 마이크를 설치하고 배음을 얻기 위해 동일한 위치의 하단에도 추가적으로 마이크를 설치하는 경우가 있습니다. 이럴 경우 상단의 마이크와 하단의 마이크의 위상이 반대가 되어 상쇄 현상이 일어나기도 합니다. 위상 전환 스위치는 상단 또는 하단 마이크의 음원의 주파수를 역상으로 변화시켜 상쇄가 발생했던 역상 주파수를 동상으로 변화시켜 문제를 해결해줍니다.

①의 콘솔의 프리 앰프 기능을 조절하는 노브를 게인 이라고 합니다. 제조사의 기술이 좋을수록 게인 스위치의 반응도와 증폭률이 좋고 주파수 왜곡이 적게 발생합니다.

그림 4-96에 표시된 눈금을 보면 마이크 레벨은 -40dB~-60dB인데 라인 레벨은 -20dB~+6dB에 위치해 있습니다. 마

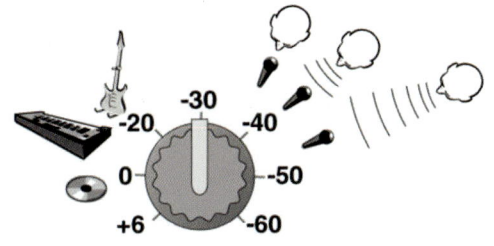

그림 4-96 게인 스트럭처

이크 레벨은 마이크를 통해서 입력된 신호를 말하는데, 마이크의 종류와 특성에 따라 다르지만 상당히 작은 전기 신호가 발생하기 때문에 콘솔 입력측인 프리 앰프에서 많은 증폭을 필요로 합니다. 여기에 반해 라인 레벨은 키보드나, CDP, 컴퓨터, MP3 플레이어, 베이스 DI 등 충분히 증폭된 전기 신호가 입력되기 때문에 마이크 레벨에 비해 낮은 증폭이 필요합니다. 경우에 따라서는 라인 레벨이 너무 강하게 입력되면 PAD 기능이 있는 경우 이 기능을 사용하여 추가적으로 -20dB의 레벨을 줄여야 하는 경우도 있습니다.

그림 4-97 노브, 페이더
노브 (knob) 는 모양이 둥글며 손으로 잡고 돌려서 볼륨을 조정하는데 사용하는 기기
페이더 (lader) 음향영상기기에서 사용하는 가변저항 조절기

전기음향기기 **139**

⑤의 하이 패스 필터(로우 컷 필터)는 100Hz 이하의 주파수를 차단합니다.

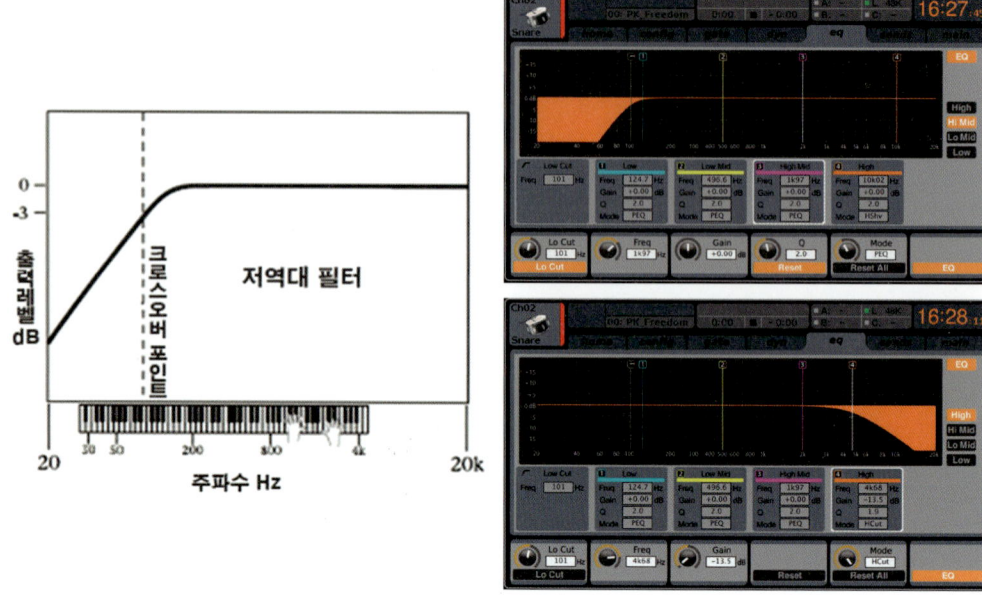

그림 4-98 디지털 창에서 하이패스필터, 로우패스필터

예를 들어 세트 드럼의 경우 킥드럼과 플로어탐 마이크는 저음의 수음이 매우 중요하지만 심벌즈나 하이햇 마이크의 경우엔 저음보다는 고음 수음이 더 중요합니다. 이럴 경우 마이크의 수음 범위에서 벗어난 저음을 차단하기 위해 하이패스 필터를 사용하여 일정 주파수 이하를 차단하기도 합니다.

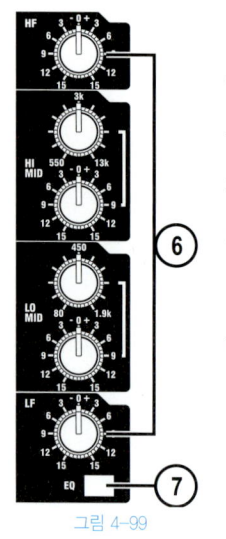

그림 4-99
채널 이퀄라이저

⑥은 채널 파라매트릭 이퀄라이저입니다.

각 채널에 필요한 음색을 조정하는 부분입니다.

파라매트릭 방식을 사용하는 이유는 각 채널 모두 20Hz에서 20kHz의 주파수 제어가 가능해야 하는데, 모든 채널에 31 밴드의 그래픽 이퀄라이저를 설치하기엔 기계적으로나 공간적으로나 무리가 있습니다. 채널에서 조정이 필요한 주파수는 일부 포인트만 조정해도 충분하기 때문에 파라매트릭 타입의 이퀄라이저를 사용 합니다.

파라매트릭 이퀄라이저는 쉘빙 타입과 피킹 타입으로 구분할 수 있습니다. 쉘빙(Shelving) 타입의 이퀄라이저는 기준이 되는 주파수 지점에서 그보다 바깥 주파수 대역으로 커지거나 작아지는 형태를 보입니다. 상단의 HF 노브와 LF 노브는 쉘빙 타입으로 −15dB에서 +15dB의 범위를 가지고, HF는 12kHz 이상의 고음 제어를 담당하고 LF는 80Hz 이하의 저음 제어를 담당합니다.

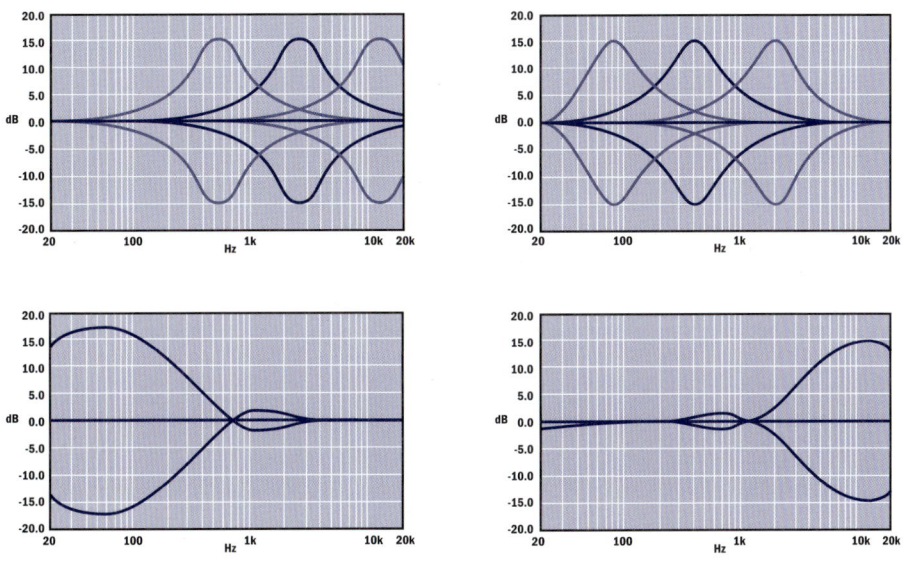

그림 4-100 이퀄라이저의 쉘빙, 피킹 타입

그림 4-99에서 HI-MID 부분은 550Hz에서 13kHz 사이 중 한 지점의 주파수를 선택하는 노브와 이 선택된 주파수의 볼륨을 올리거나 내리는 노브가 한 조로 이루어져 있고, LOW-MID 부분도 주파수가 80Hz에서 1.9kHz를 선택할 수 있게 하며 같은 방법으로 볼륨을 조정하게 합니다. 이런 방식의 주파수 제어를 피킹 타입이라고 합니다.

그림 4-99의 ⑦은 EQ In-Out 스위치로서 비교를 하는 버튼입니다. 만일 EQ를 사용한 소리가 오히려 더 좋지 않다면 다시 조정을 해야 합니다.

그림 4-101 디지털 쉘빙타입 EQ

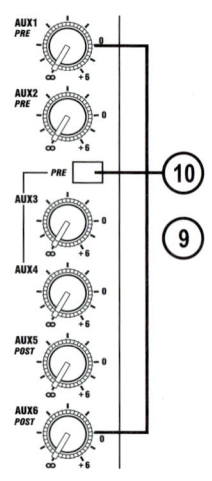

그림 4-102 채널 AUX

⑨는 AUX(auxiliary의 약자) 출력, 즉 예비(외부) 출력 단자입니다. AUX 부분은 신호의 출력 경로를 정하는 것으로 가장 큰 장점은 개별 신호마다 세세한 볼륨을 조정 가능하다는 것입니다. 모니터 스피커와 멀티 이펙터 출력에 자주 사용됩니다.

GB2 콘솔의 AUX는 모두 6개의 구성이 되어있고, 프리와 포스트로 구분되어 있습니다. 프리(Pre)는 ○○ 이전(以前)을 말하고 포스트는 ○○ 이후(以後)를 말합니다. 여기서 이전이란 콘솔의 페이더보다 앞 부분에서 출력된다는 뜻으로 AUX 1, 2번은 페이더의 볼륨 조절과 상관 없이 AUX의 볼륨만으로 제어됩니다. 반대로 5, 6번은 페이더의 소리를 줄일 경우 같이 줄어들고 높일 경우 같이 커집니다. AUX 3, 4번은 ⑩번 프리(pre) 스위치를 프리와 포스트로 가변 할 수 있습니다.

주의점은 매뉴얼 상에는 AUX 1, 2번은 페이더와 이퀄라이저가 프리로 설정 되어 있습니다. 만약 1, 2번 AUX의 신호를 모니터 스피커 인풋으로 사용했다면 모니터 스피커를 위한 페이더를 이용한 볼륨과 주파수 조절이 불가능하지만 게인 변화의 영향은 받습니다. 예배 중에 메인 출력의 소리가 작아서 채널의 페이더를 올리면 AUX 1, 2번 출력을 사용한 모니터 스피커 볼륨에는 변화가 없지만, 게인 볼륨을 조절하게 되면 모니터에도 영향을 주게 되어 연주자의 모니터에 변화를 주게 되고 하울링의 원인이 될 수도 있는 만큼 게인을 이용한 볼륨 조절은 항상 주의해야 합니다.

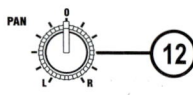

그림 4-103 PAN

⑫의 PAN(Panoramic Potentiometer)이란 채널 입력 신호의 출력 전달의 좌우를 정하는 기능을 하는 노브입니다.

2개의 귀는 왼쪽과 오른쪽의 방향감(Sound Localization)을 갖기 때문에 음향시스템도 L, R 양쪽의 스테레오 이미지 조정이 필요합니다.

모노 채널 2개를 이용하여 MP3를 출력으로 연결할 경우 2개의 채널 모두 PAN이 가운데 위치하게 된다면 스테레오 이미지를 느낄 수 없게 됩니다.

멀티 이펙터 스테레오 출력을 각 채널별로 입력 받는 경우에도 각 채널의 PAN을 L, R로 분리해서 설정해주어야 합니다.

참고로 RCA 단자의 흰색과 빨간색이 있다면 통상 흰색이 L(왼쪽), 빨간색이 R(오른쪽)입니다.

고급 콘솔의 경우 L, C, R로 아웃풋이 구분된 경우도 있습니다. C 는 L의 신호와 R의 신호가 합쳐져 모노로 출력되는데 센터 스피커 인 풋으로 사용되기도 합니다. 교회가 가로로 길 경우 중앙 좌석의 음원 을 보강하기 위해 사용됩니다.

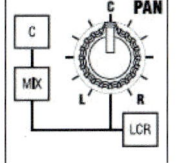

그림 4-104 PAN

⑪은 콘솔의 페이더 입니다. 최종적으로 출력을 내보내는 역할을 하 게 되는 페이더의 범위는 +10dB ~ -∞ 이고, 기준은 0dB 입니다.

⑧의 뮤트 스위치는 채널의 음향 신호를 완전히 차단할 때 사용합니 다. 마이크를 분리하거나 미사용 채널을 음소거 해 잡음을 차단합니 다. LED 등으로 작동 상태를 확인할 수 있습니다.

⑯의 SIG LED는 채널의 출력 신호의 양을 표시합니다.

②의 PK LED가 적색으로 점멸할 경우 과신호가 채널에 입력되고 있 다는 표시입니다.

⑰의 PFL(Pre Fader Listen) 스위치를 누르게 되면 페이더 전단의 소리를 헤드폰을 통해 들을 수 있습니다. 채널 뮤트 상태에서도 해당 채널의 소리를 들을 수 있습니다.

⑬의 MIX 스위치는 해당 채널의 신호를 메인 출력 페이더로 전달한 다는 의미입니다. 그룹을 거치지 않고 메인스피커로 소리가 출력되기 원한다면 꼭 설정 되야 합니다.

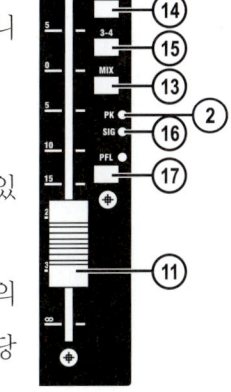

그림 4-105 FADER

⑭는 1-2번 그룹, ⑮는 3-4의 그룹 페이더로 해당 채널의 신호를 전달할 때 사용합니다. 각 그룹은 메인 출력과 분리되어 있으므로 그룹 아웃을 이용해 서브스피커나 녹음기 또는 사이드필 같은, 전체 입력을 필요로 하는 장비에 음향 신호를 전달합니다.

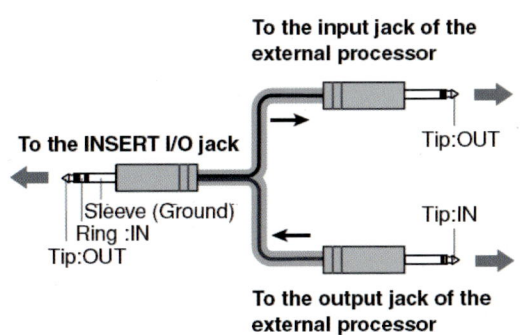

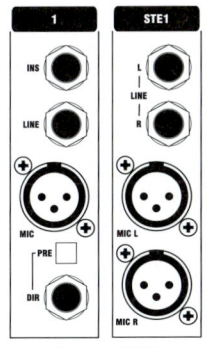

그림 4-107 후면판넬

전기음향기기 143

콘솔 뒷면의 INS(인서트) 단자는 각 채널에 별도의 외부 기기를 연결할 경우에 사용됩니다. 예를 들어 이퀄라이저나, 컴프레서, 게이트 등을 채널별로 연결해서 사용할 때 유용합니다.

DIR(다이렉트 아웃) 단자가 있는데, 채널별로 입력된 신호를 채널별로 출력할 때 사용됩니다. DIR 바로 위에 위치한 PRE 단자는 DIR 신호가 EQ를 거치지 않고 출력되게 합니다. 보통 멀티 트랙 레코더 녹음을 위해 사용합니다.

보컬 마이크를 세팅할 때

1. 마이크 케이블을 마이크와 콘솔에 연결하고 채널에 그룹 어사인 버튼을 누른다.
2. 컨덴서 마이크일 경우 팬텀 전원을 켠다.
3. 콘솔에 마스터 페이더와 채널 페이더를 0dB에 놓는다.
4. 저음을 컷할 수 있는 하이 패스 필터를 설정한다.
5. 주파수 대역을 저음이 깔끔하게 될 때까지 조절한다.
6. HF(고음) 대역을 조금 올려본다. 자음이 잘 들리게 하지만 과도하면 거칠게 들린다.
7. LMF(중저음역) 선택 노브로 주파수를 설정하고, 볼륨 노브를 돌려가며 중저음의 웅웅대는 부분을 컷한다.
8. HMF(중고음역) 노브는 중고음의 소리를 부스트 하거나 컷할 때 사용하지만 소리가 나쁘지 않다면 사용하지 않는 것이 더 좋을 수도 있다.
9. PAN 노브로 음원의 좌우 위치를 설정한다.
10. 모니터에 신호를 보내기 위해 해당 AUX 출력의 볼륨을 올려준다.

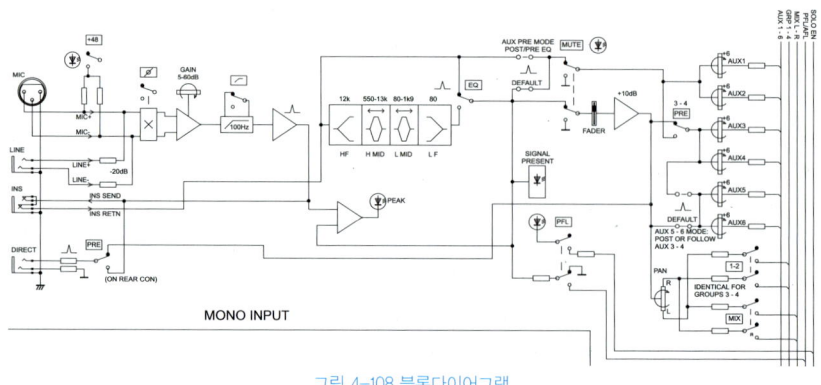

그림 4-108 블록다이어그램

이상의 내용을 블록다이어그램을 통해 살펴보겠습니다.

마이크를 통해서 들어온 입력은 팬텀 파워를 지나 PAD(-20dB)를 지나게 됩니다. 다음으로 위상전환 스위치(∅)와 게인 노브로 조절되는 증폭 장치가 있고 100Hz 하이 패스 필터가 있습니다. 하이 패스 필터를 지난 신호선은 인서트 라인과 브릿지 되어 인서트 회로가 연결될 경우 인서트 된 장비를 거쳐서 이퀄라이저 전단으로 돌아옵니다. EQ를 표시하는 끝단에 EQ In/Out 스위치가 위치하며 아웃의 경우 EQ 회로를 우회하는 경로를 보여줍니다. PAN은 MIX 단에 위치합니다.

GB2 콘솔의 출력은 메인 출력(L, R) 2개, 모노 출력(C) 1개, 매트릭스 출력 2개, 그룹 출력 4개, AUX 출력 6개, 컨트롤룸 모니터 스피커 출력(L, R) 2개, 헤드폰 출력 1개 등이 있습니다. 이런 다양한 출력들을 어떤 장비에 어떻게 연결하는 것이 방송 장비를 효율적으로 구성하는데 도움이 될지 항상 고민하고 설치 및 설정해야 합니다.

우선 메인스피커와 서브스피커, 2층 발코니 스피커, 유아실, 로비 방송실, 녹음, 영상팀 음향 신호, 방송실 모니터 스피커, 찬양팀 모니터 스피커, 단상 모니터 스피커 등 필요한 출력을 잘 구분하고 각 위치별 특징에 따라 배치 합니다.

AUX의 활용과 그룹의 활용을 구분하는 것이 매우 중요한데, 각 채널별로 세세한 조정이 필요한 출력에는 AUX가 유리하고 메인 출력과 동일한 밸런스이지만 볼륨 조정이 편리해야 한다면 그룹 아웃을 사용하는 것이 좋습니다. 녹음에는 매트릭스를 사용하는 경우가 많은데, 메인과 동일한 신호를 출력하면서 메인스피커에 영향 없이 볼륨의 조정이 가능합니다.

그림 4-109에서 MIX L과 MIX R 출력이 보입니다. MIX L, MIX R 위에 위치한 INS는 MIX OUT신호 전체에 이퀄라이저나 리미터 등을 연결할 경우에 사용합니다. 그 옆으로 그룹 아웃 단자(GRP) 4개가 같은 방법으로 되어 있습니다. 오른쪽 위부터 AUX 출력 단자가 있습니다. 1~4번까지는 XLR 타입이고 5번과 6번은 TRS 타입입니다. 오른쪽 그림에는 2TK이라고

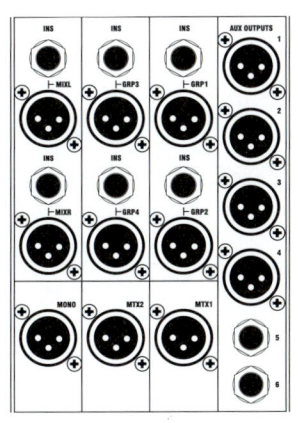
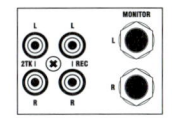
그림 4-109 후면 판넬

적힌 단자가 있는데 RCA 방식으로 라인 채널이 부족할 때 스테레오 방식의 입력을 받을 수 있습니다. 그리고 REC 단자가 나란하게 위치하는데, 2TK와 동일하게 RCA 방식 라인을 이용하여 스테레오 녹음 출력으로 사용할 수 있습니다. 다만 REC 단자는 별도의 볼륨 조절이 불가능하고, 메인 페이더의 영향을 받기 때문에 녹음을 위해서는 출력 볼륨을 조정할 수 있는 그룹 아웃 단자나 매트릭스에 연결하는 것을 선호합니다.

가장 우측에는 TRS 타입의 모니터 출력 단자가 위치하는데 일반적으로 모니터 스피커를 연결하여 AFL이나 PFL 신호 또는 메인 출력 신호를 확인하는데 사용합니다.

좌측 그림의 최하단부에는 모노 출력과 매트릭스 출력이 위치합니다. 모노 아웃은 메인 L R 신호가 더해져서 생성되는데, 프론트 스피커 또는 스테레오 방향성이 중요하지 않은 장소의 출력으로 사용됩니다. 매트릭스 1,2단자는 그룹 아웃 신호를 믹싱해서 출력으로 사용하게 되는데, 영상 녹음이나 무대의 사이드필처럼 자세한 믹싱을 하기보다 전체 음량을 조금씩 조절하는 곳에 사용합니다.

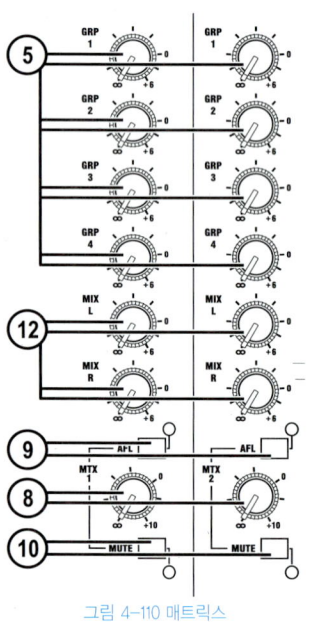

그림 4-110 매트릭스

메인 섹션에서 왼쪽 모듈은 매트릭스 1, 오른쪽 모듈은 매트릭스 2입니다.

⑧은 각 매트릭스 전체 볼륨을 조절하는 노브입니다.

⑫는 메인 출력이 매트릭스에 포함되는 볼륨을 조절하는 노브입니다.

⑤는 1~4 그룹 아웃 출력이 매트릭스에 포함되는 볼륨을 조절하는 노브입니다.

예를 들어 메인 아웃 출력과 동일한 음향을 매트릭스에 출력하기 원하면 ⑫노브를 시계방향으로 돌리면 되고, 그룹 3번의 출력과 동일한 음향을 매트릭스에 출력하기 원하면 ⑤ GPR3의 노브를 시계방향으로 돌려주면 됩니다. ⑨의 AFL(After Fader Listen) 스위치는 매트릭스 음향을 확인하는데 사용합니다.

⑥번은 AUX 1~6의 각 출력의 최종 음량을 조절하는 노브입니다. 일반적으로 노브에 표시된 음량은 무한대부터 +10dB로 표시되는데 0dB에 위치하고 조정하는 것이 가장 일반적입니다.

⑦의 AFL(After Fader Listen)는 각 AUX의 출력 음향을 확인하는데 사용하는 스위치입니다.

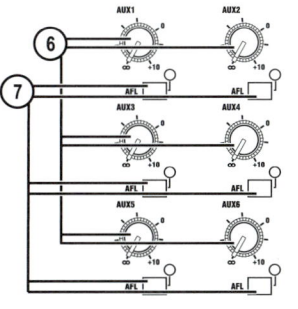

그림 4-111 마스터 AUX

①은 그룹 1~2, 3~4 페이더입니다.

②는 그룹 출력에 대한 PFL(Pre Fader Listen) 버튼으로 출력 신호를 확인하는데 사용됩니다.

③은 MIX로 그룹의 신호를 메인으로 출력할 때 사용합니다. 그룹을 개별 출력으로 사용할 경우 사용하지 않습니다.

④번은 그룹이 2개씩 묶여있는데 이것에 대한 모노, 스테레오 이미지를 말합니다. 만일 2채널을 스테레오로 녹음을 한다면 스테레오 쪽으로 해야 하고 개별로 사용한다면 모노로 사용해야합니다.

(일반적으로 다른 콘솔은 스위치로 되어있음)

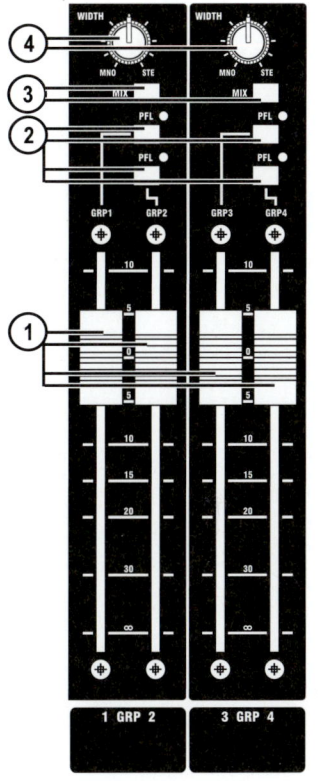

그림 4-112 그룹 아웃 섹션

그림 4-113 처럼 여러 채널을 사용할 경우 악기군별로 음량을 통제하기 어려울 수 있습니다. 다수의 사람을 통제하기 위해서는 그룹을 만들고 그 중 대표를 만들어 통제하듯, 많은 입력을 그룹으로 묶어서 믹싱할 수 있습니다.

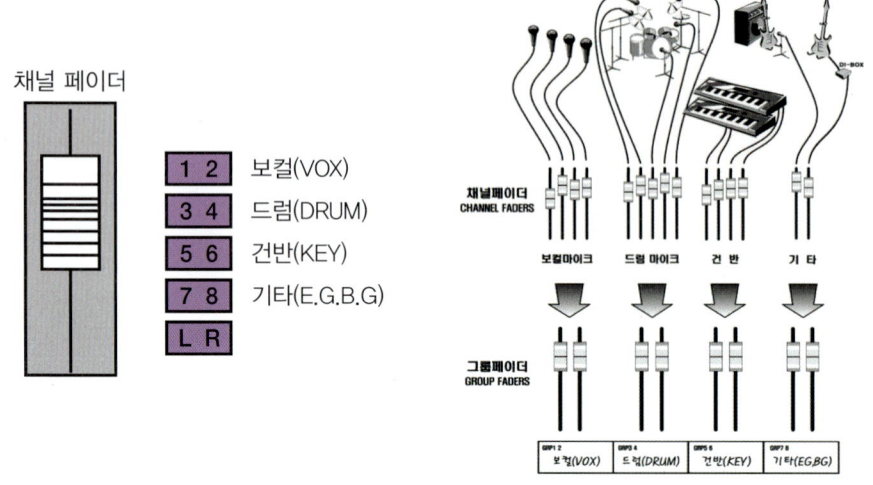

그림 4-113 그룹 출력 활용

이럴 경우엔 각 채널에 보컬의 경우 그룹 1, 2 버튼을 누르고 각 채널별 믹스 버튼과 다른 그룹 버튼을 누르지 않습니다. 그리고 그룹 1, 2번 마스터 위에 있는 믹스 버튼을 누르면 각 채널의 출력 볼륨은 채널 페이더의 영향을 받아 그룹 페이더에 전달되고 그룹 페이더의 조절에 따라 메인 출력으로 전달됩니다. 찬양을 하다가 설교를 듣고 다시 찬양을 해야 하는 경우 자연스럽게 보컬들의 마이크나, 드럼류의 마이크 볼륨을 제어해야 합니다. 한 채널씩 모두 내리게 되면 불편함으로 그룹별로 메인 그룹 페이더를 내려서 메인 출력 음량을 제어합니다.

주의점은 그룹 마스터 볼륨을 내리면 메인스피커로는 출력되지 않지만, AUX를 통한 모니터 스피커 음량은 그룹 페이더로 제어가 되지 않고 AUX 뮤트나 채널별 뮤트를 하지 않을 경우 계속 출력됩니다.

반면 그룹 출력을 서브스피커나 녹음 등에 사용한다면 채널에 그룹 스위치와 믹스 스위치를 모두 누른 후 그룹 출력의 믹스 스위치 버튼은 빼면 됩니다.

그 후 그룹 출력 단자에 이퀄라이저와 파워 앰프를 연결하여 서브스피커로 연결합니다.

⑭는 헤드폰을 연결 하는 단자입니다.

㉘은 팬텀을 사용할 경우와 전원 공급 장치(PSU)의 상태를 표시해 줍니다.

㉕의 단자는 토크백용 마이크를 사용하는 단자입니다. 엔지니어와 모니터 청취자 간의 의사소통용으로 사용합니다.

㉖은 큐 마이크의 출력 조절 노브입니다.

㉗을 보면 AUX 1~4의 버튼과 그룹 버튼이 있는데 엔지니어가 토크백을 어느 쪽으로 할지 경로를 미리 지정하는 버튼입니다.

㉒번은 메인 메타 브릿지라고 합니다. 현재 출력되고 있는 콘솔의 출력을 시각적으로 모니터하게 해줍니다.

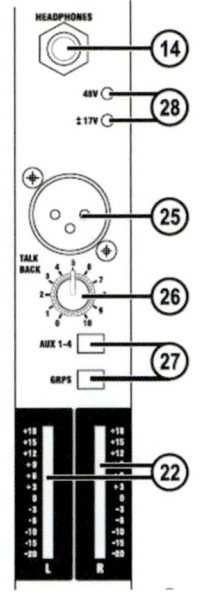

그림 4-114 마스터 섹션

㉔의 스위치는 2TK로 받은 오디오 신호를 메인 페이더에 신호를 주는 버튼이고 ⑯은 이것에 대한 볼륨 노브입니다.

⑲는 모니터 출력 음량 조절 노브입니다.

㉑은 모니터 출력에 어떤 입력을 출력할지 결정하는 스위치입니다.

㉓은 모니터 출력이나 헤드폰 출력의 PFL/AFL 여부를 확인하게 해주는 LED 표시등입니다.

⑳은 헤드폰 음량 조절 노브입니다.

사용 후에는 볼륨을 줄여놓는 습관을 가져야 합니다. 귀를 상할 수 있기 때문입니다.

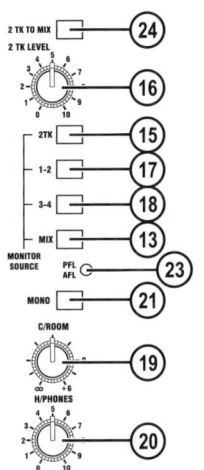

그림 4-115 마스터 섹션

전기음향기기 149

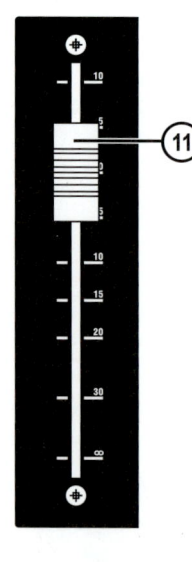

⑪은 콘솔의 최종 메인 출력 마스터 페이더입니다.

메인 페이더라고도 하는데 -∞부터 +10dB의 범위를 가지고 있습니다.

보통 L, R로 2개의 페이더가 있는 경우도 있고 1개의 메인 페이더 위에 Pan이 있는 경우도 있습니다.

신호의 출력의 양에 있어서 마지막 조정이 가능한 페이더 입니다.

아무리 좋은 음색으로 믹싱을 하고 음원 간의 밸런스의 조화가 잘 맞아도 전체적인 볼륨의 크기가 너무 크거나 회중에 비해 너무 작으면 좋은 믹싱의 결과를 얻을 수 없습니다. 믹싱에서는 전체적인 볼륨과 밸런스 그리고 음색의 조화가 함께 이루어져야 좋은 믹스라고 할 수 있습니다.

그림 4-116 마스터 페이더

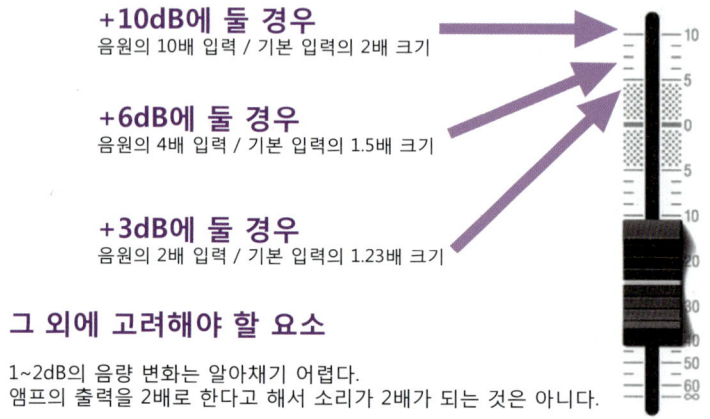

데시벨 수치를 볼 때 알아야 할 점

+10dB에 둘 경우
음원의 10배 입력 / 기본 입력의 2배 크기

+6dB에 둘 경우
음원의 4배 입력 / 기본 입력의 1.5배 크기

+3dB에 둘 경우
음원의 2배 입력 / 기본 입력의 1.23배 크기

그 외에 고려해야 할 요소
1~2dB의 음량 변화는 알아채기 어렵다.
앰프의 출력을 2배로 한다고 해서 소리가 2배가 되는 것은 아니다.

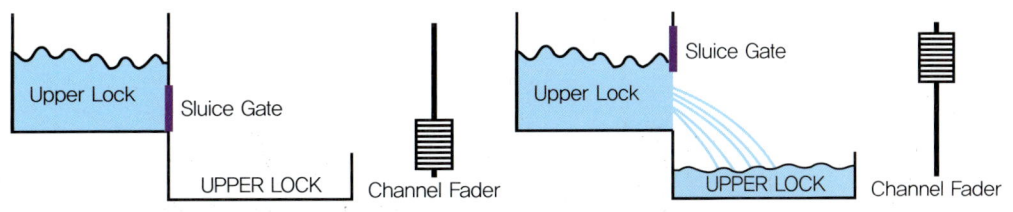

그림 4-118 페이더 볼륨 조정 방식

가변 출력 페이더의 작동 원리는 그림 4-118과 같이 볼륨을 조정을 하는 것으로 참고하여 이해하면 쉽습니다.

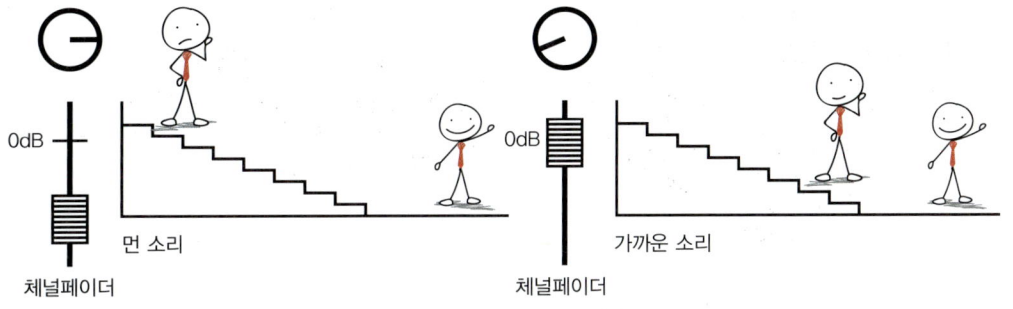

그림 4-119 게인과 페이더의 관계

콘솔 시스템 운용에 있어서 콘솔의 게인리덕션(Gain Reduction) 확보에 따른 라인레벨(4dBu) 매칭은 매우 중요합니다. 이는 곧 출력할 수 있는 볼륨의 양 즉 다이나믹 레인지와도 연관 되는 부분이기 때문에 그림 4-119를 참고하여 적절한 라인레벨(=표준운용레벨)의 셋업 즉 게인의 확보 방법을 간단히 한 가지만 알아보겠습니다.

1. 사용할 채널의 게인 노브와 페이더의 값을 0으로 내려 놓습니다.
2. 채널에 인가할 음원 또는 테스트 신호를 발생시킵니다.
3. 신호가 들어오는 채널의 'Solo'(또는 PFL) 버튼을 누릅니다.
4. Solo 레벨미터의 레벨이 서서히 커지는 것을 확인합니다.
5. Solo 레벨미터에서 0dB(unity) 전, 후서 움직이도록 게인을 조정 합니다.
6. 헤드폰을 통해 입력된 신호의 음질 이상이 없는지 함께 확인합니다.
7. 음질에 이상이 없을 시 설정 된 게인의 값으로 목적과 상황에 맞게 페이더의 출력을 활용하여 사용합니다.

그림 4-119 아래그림과 같이 적절한 게인의 설정 값 확보는 신호의 출력에서 중요한 부분입니다.

페이더를 이해하려면 위의 그림처럼 볼륨을 조정을 하는 방식이라고 알 수 있습니다. 우리가 페이더를 사용하는데 있어 게인과 페이더의 관계는 페이더는 0dB에 놓고 게인을 올려서 볼륨을 정하게 됩니다.

디지털 믹싱(Digital Mixing)

디지털 콘솔(Digital Console)

그림 4-120 디지털 콘솔 SD8, QL5,S6, D-Live

디지털 콘솔은 아날로그로 입력된 오디오 신호를 디지털 신호로 변환(Analog-Digital) 시켜서 운용하는 콘솔입니다. DSP(Digital Signal Processor)를 통해 내장된 컴프레서, 이펙터 등의 내장 프로세서를 사용하여 신호를 처리하고, 디지털 신호를 아날로그(Digital-Analog)로 출력하는 방식입니다.

구분	아날로그 콘솔	디지털 콘솔
특징	안정성 오디오 퀄리티 레이턴시가 없음 운용의 직관성	유동시 편리함 내장 프로세서 저장가능 신호전송이 편리함(스테이지 랙) 레코딩에 유리 원격제어

그림 4-121 아날로그 콘솔과 디지털 콘솔의 특징

아날로그 콘솔과 디지털 콘솔의 특징을 비교해보면, 아날로그 콘솔은 신호 처리 과정이 간단하여 오디오 음질이나 안정성이 좋으며, 노브와 페이더가 한눈에 보이기 때문에 빠른 직관적 대응이 가능합니다. 반면 디지털 콘솔은 내장 프로세서가 있어 운반 및 설치가 편리하고, 저장과 불러오기 기능으로 음향 정보를 저장할 수 있으며, 원격 제어를 통해 콘솔의 지근거리뿐만 아니라 일정한 거리에서도 제어가 가능합니다. 또한 MADI, EtherSound, Dante 등의 디지털 전송 포맷을 이용하기 때문에 기존의 여러 선이 필요한 신호를 하나의 신호선을 이용하여 스테이지 랙이나, 멀티 트랙 레코딩 장비에 전송할 수 있어 편리합니다.

디지털 이론

표본화(Sampling)

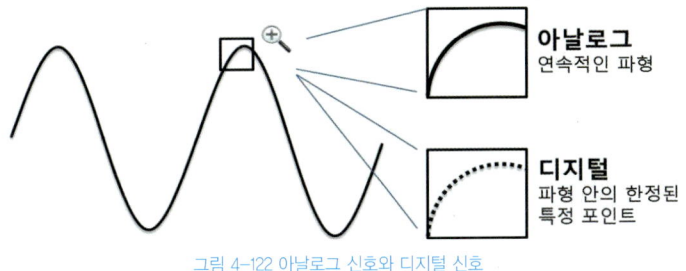

그림 4-122 아날로그 신호와 디지털 신호

표본화란 연속적인 아날로그 신호를 주기적(초당 몇 회)으로 나누어(Snap Shot) 불연속적인 이진수(0과 1)로 변환하는 과정을 말합니다.

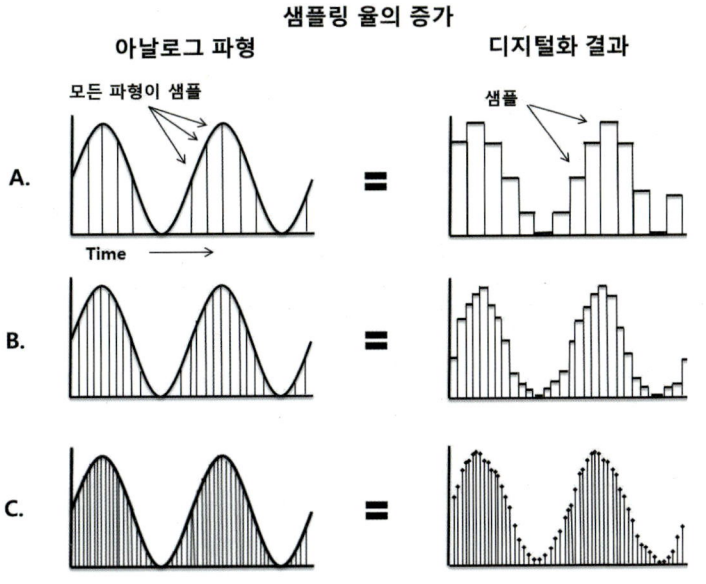

그림 4-123 표본화

표본화를 진행하는 초당 비율을 샘플링 비율(Sampling Rate)이라고 합니다. 예를 들어 48kHz의 표본 주파수는 연속적인 아날로그 신호를 1초당 48,000번으로 나누어 표시했다는 의미이며, 이 때의 주기는 1/48,000초입니다. 시스템의 샘플링 비율이 높을수록 보다 좋은 해상도(아날로그 신호에 최대한 근접한)를 갖게 됩니다.

아날로그 신호의 주파수를 디지털 신호화 시키려면 해당 주파수에서 두 배 이상의 빈도로 오버 샘플링(Over Sampling)을 해야 합니다. 데이터의 크기가 커짐에도 불구하고 가청주파수의 최대치인 20kHz의 두 배가 넘는 44.1kHz 혹은 48kHz의 샘플링을 진행하는 이유는 넓은 주파수 응답을 만들고, 아날로그 신호를 디지털 신호로 변환하는 과정에서의 잡음을 분산시키기 위해서입니다.

양자화(Quantizing)

샘플링 비율이 고주파수 응답에 영향을 미치는 반면, 비트수는 다이나믹 범위에 영향을 줍니다. 비트수를 결정하는 것이 양자화인데, 양자화는 연속된 무한의 점을 가진 아날로그 신호를 유한의 점만을 가진 단계적인 디지털 수치로 변환시키는 것을 말합니다. 최대 다이내믹 레인지를 결정하는 요소인 동시에 디지털 변환에 따른 노이즈 양을 좌우하는 중요한 요소로서, A/D(Analog to Digital) 컨버터에서는 1비트로 약 6dB의 다이내믹 레인지를 표현하고 있습니다.

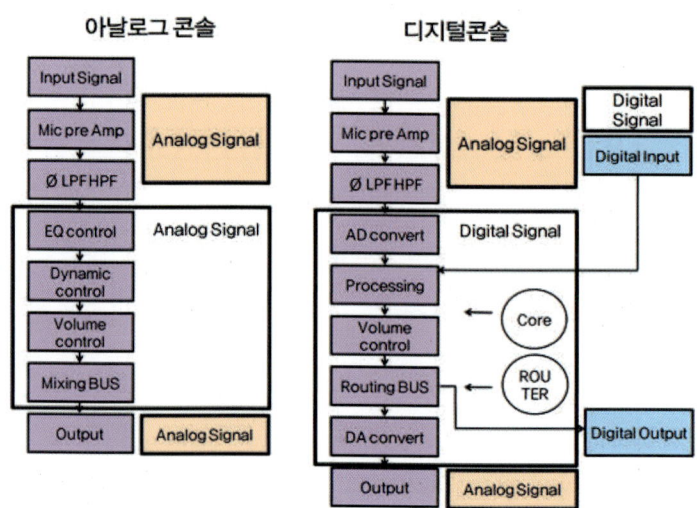

그림 4-124 신호 전송의 예

양자화 비트수를 높이면 높일수록 다이내믹 레인지는 넓어져, 오디오 신호를 더욱 아날로그에 가까운 디지털 신호로 변환할 수 있습니다. 예를 들어 CD의 경우 16비트로 96dB의 다이내믹 레인지를 갖고 있으며, 24비트로 양자화할 경우 144dB의 다이내믹 레인지를 가집니다.

디지털 콘솔의 신호 흐름과 제어는 컴퓨터 프로세서 기반으로 되어있습니다. 디지털 콘솔의 특징은 같은 기능을 가진 아날로그 장비에 비해 간소한 외관(Surface)을 가지고 있다는 것과 보유 마이크 입력 채널이 한 번에 보이도록 배치되는 것이 아니라 계층(Layer) 구분을 사용하여 상황에 따라 필요한 계층을 불러오기하여 조정하는 방식을 사용한다는 것이 있습니다. 그리고 컴퓨터와 마찬가지로 작업중인 음향 정보의 저장(Memory), 불러오기(Recall), 복사(Copy)가 가능하고 프로세서(Processor), 라이브러리(Library) 기능 등도 활용할 수 있습니다. 입/출력 연결(I/O Setup)도 디지털 콘솔 내부의 패치를 이용하여 스테이지 박스 1번 채널에 입력된 신호를 콘솔 입력에서는 4번 채널로 변경 입력하는 등의 자유로운 전환이 가능하며 이 모든 작업 과정은 화면을 통해 확인할 수 있습니다. 이렇듯 많은 장점이 있지만, 각 입출력의 계층 구조 및 모든 정보(입출력 채널, 프로세싱, 패치 베이, 옵션 등)를 디스플레이 창을 통해 확인해야 하므로 직관성이 떨어진다는 단점이 있습니다.

디지털 콘솔의 특징

레이어(Layer)

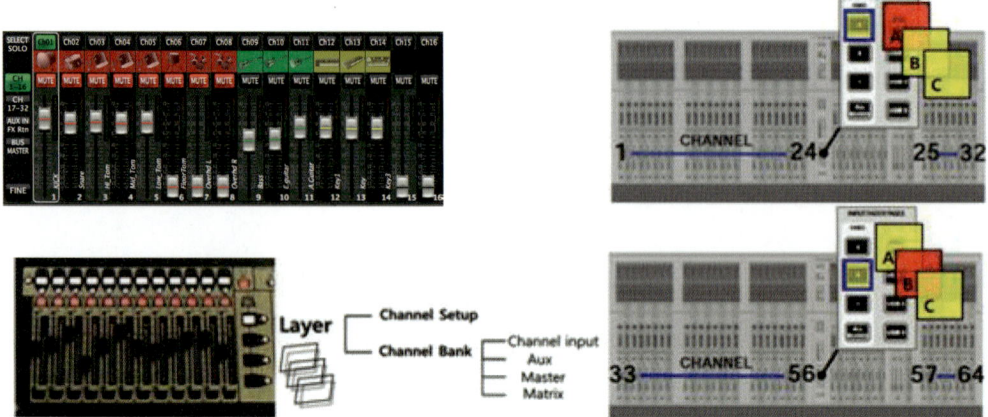

그림 4-125 레이어와 채널 뱅크 표시

대부분의 디지털 콘솔들은 많은 채널을 활용하기 위해 각 채널들을 모아서 뱅크(Bank) 단위를 이루고 뱅크들을 모아서 계층, 즉 레이어(Layer)를 이룹니다. 전원을 켜면 최종 작업했던 레이어가 활성화되고 나머지 레이어는 데이터상으로 채널들의 정보를 저장한 채로 비활성화되어 있고, 레이어 불러오기 버튼을 눌러 활성화시킬 수 있습니다.

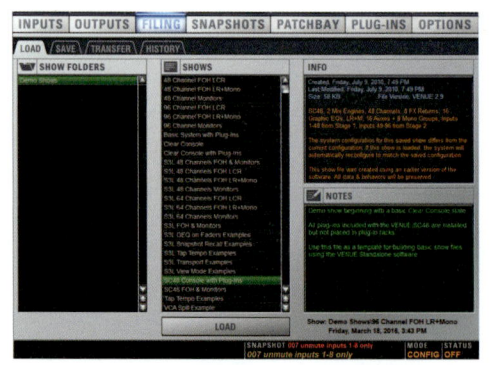

그림 4-126 SCENE MEMORY, 오토 페이더

SCENE MEMORY, 오토페이더(AUTO FADER)

디지털 콘솔의 장면 저장(Scene Memory) 기능은 콘솔에 입력한 내용을 저장(Memory)하고, 공연의 다양한 상황에 따라 설정값(Scene)을 불러(Recall)내는 기능입니다. 복잡한 예배 상황(뮤지컬이나 찬양단의 특별 순서)의 경우 리허설 시 준비했던 내용들을 저장하였다가 불러옴으로써 예배를 안정적으로 운영할 수 있는 기능입니다. 돌발상황에도 마이크 채널 리스트가 동일하다면 불러오기(Recall) 기능을 통하여 예배를 복구할 수 있는 장점이 있습니다. 오토 페이더는 저장된 설정(Scene)을 화면 상의 데이터로만 확인하는 것이 아닌, 저장된 페이더 위치를 보여줌으로써 디지털 콘솔에서 중요한 직관성을 확보해주는 기능입니다. 오토 타임 설정을 통해 정확한 타이밍에 페이더 움직임을 예약할 수 있습니다.

패치 (Patch[Routing])

입출력에 관련된 모든 신호 패치의 연결은 라우팅을 통하여 자유롭게 선택해 줄 수 있습니다. 디지털 콘솔의 모든 입력 채널 패치는 스테이지 랙이나 콘솔 본체(Surface) 중 선택하여 연결할 수 있고, 출력부는 AUX, 그룹, 매트릭스, 메인 출력으로 자유롭게 설정할 수 있습니다.

그림 4-127 디지털 콘솔의 패치

프로세서 (Processor)

디지털 콘솔은 아웃보드의 이펙터들을 플러그인(Plug-In) 형태로 내장하고 있습니다. 아날로그 콘솔을 사용할 때는 아웃보드 구입 비용이 들고 이동 간에 부피를 차지하며 장비 설치 시 시간적/공간적인 손해가 있습니다. 하지만 디지털 콘솔은 많은 플러그인들이 내장되어 있어서 채널별로 리버브나 딜레이, 컴프레서, 이퀄라이저 등을 자체적으로 사용할 수 있습니다. 필요에 따라 플러그인을 추가 구입하거나 외장 아웃보드를 사용하는 경우도 있습니다.

 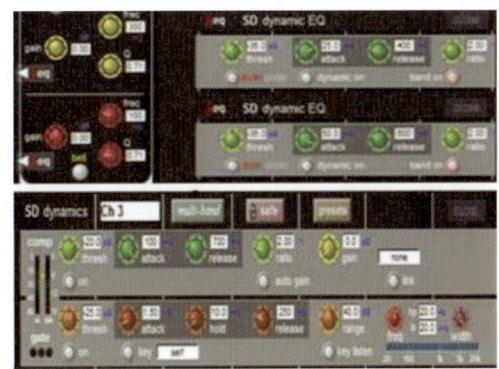

그림 4-128 디지털 콘솔의 프로세서

스테이지 랙(Stage Rack)

그림 4-129 스테이지 랙

스테이지 랙은 무대 위에서 아날로그 신호를 받아 디지털로 변환하여 FOH에 전달하는 장비입니다. 아날로그 케이블 방식으로 설치 시 시간 및 인력 소모가 생기고 케이블의 길이가 길어지면 중고역대에서 발생하는 신호의 손실이 있는데, 이를 디지털 신호 방식(MADI, Optical 등)으로 전송하면 한두 개의 케이블로 여러 채널을 전송할 수 있습니다. 변환 과정이 있어 시간 차이(Latency)가 생기지만 편리하다는 장점이 있습니다.

원격제어(Remote Control) 기능

콘솔의 기능을 iPad나 Laptop 등을 사용해 원거리에서 유선 또는 무선으로 제어할 수 있는 기능을 원격 제어라고 합니다. 이 기능으로 오퍼레이터가 장소의 제약을 받지 않고 자유롭게 움직이며 원하는 음향 조절을 할 수 있게 해주어 FOH가 스피커의 중앙에 위치하지 않거나, 모니터 콘솔이 없어 무대 위에서 음향 조절하기 쉽지 않을 경우에도 편리하게 조정할 수 있습니다.

그림 4-130 무선리모트

터치스크린(TOUCH SCREEN)

대개 디지털 콘솔은 디스플레이 화면에 직접 손가락으로 터치해 기능을 조작할 수 있는 기능을 갖추고 있어 직관적인 조작이 가능합니다.

그림 4-131 디지털 콘솔의 터치스크린

멀티 트랙 레코딩(Multi Track Recording)

멀티 트랙 레코딩 방식으로 녹음하기 위한 복잡한 하드웨어 구성이 디지털 콘솔을 이용하며 편리해졌습니다. 예를 들어 마디(MADI)를 사용할 경우에는 그림 4-132 처럼 마디 인터페이스(UB-MADI)를 통해 아날로그 콘솔의 다이렉트 아웃을 비롯한 다양한 아웃풋에서 인터페이스로 연결돼야 하는 녹음 채널만큼의 음향 라인 수량에서 디지털 전송이 가능한 한 가닥의 선로로 간단하게 시퀀서(Sequencer) 프로그램을 사용하여 신호를 받아 편리하게 녹음할 수 있습니다. AVID사 콘솔의 경우에는 HDx 옵션 카드를 통해 Protools 레코딩 프로그램으로 전체 채널이 바로 녹음이 가능하며, 그 외에 단테(Dante) 포맷을 이용한 레코딩 방식도 있습니다.

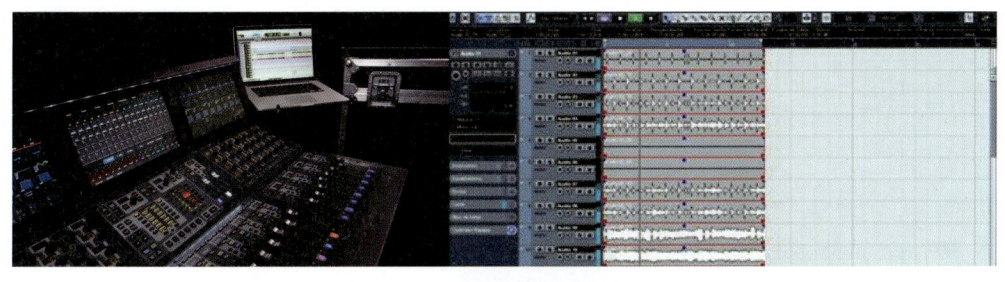

그림 4-132 멀티 트랙 레코딩

디지털 콘솔 및 무선 마이크 리던던트(Redundant)의 사용

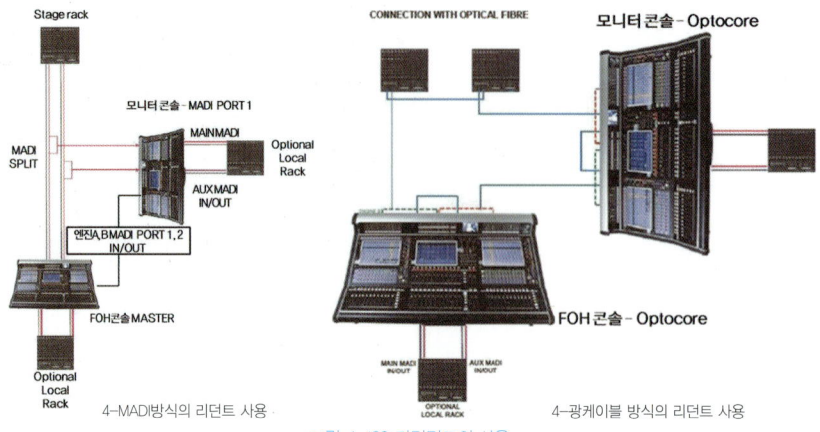

그림 4-133 리던던트의 사용

대형 공연과 방송에는 여러 대의 콘솔을 사용하거나 필요로 하게 되는데 이 때, 디지털 콘솔의 리던던트 기능은 큰 장점을 발휘합니다. 리던던트 기능은 하나의 콘솔이 문제가 발생할 경우 연결된 예비 콘솔에서 음향 작업을 대신 수행할 수 있는 기능입니다. DiGiCo사의 SD 시리즈와 D 시리즈는 스테이지 랙(SD-rack)에서 전송되는 표준 마디 케이블이나 광케이블을 통해 리던던트 네트워킹이 가능하고, 운영 엔진이 두 개(A,B)인 SD7 모델은 메인 콘솔과 모니터 콘솔 등을 간단한 데이터 인식만으로 동일하게 세팅을 하거나 모든 콘솔을 한 번에 연동할 수 있는 미러링(Mirroring) 기능을 내장하고 있습니다.

디지털 전송 포맷

입력된 소리의 아날로그 전기적인 신호는 A/D 컨버터(Analog to Digital Converter)를 거쳐 0과1로만 구성된 디지털 신호로 변환됩니다. 디지털 프로세싱 후에 D/A 컨버터(Digital to Analog Converter)를 거치면 아날로그 신호로 다시 변환되어 출력하게 됩니다.

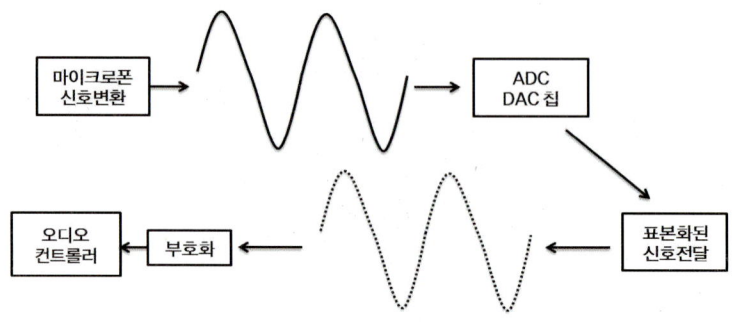

그림 4-134 디지털 오디오 신호의 전송

스테레오 디지털 오디오의 전송 규격

가. AES/EBU(Audio Engineering Society), EBU(European Brodcasting Union)

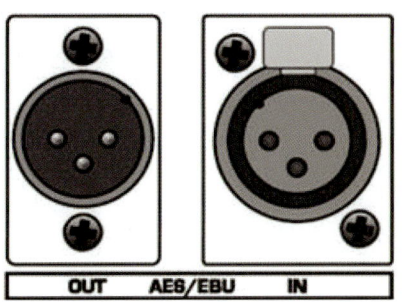 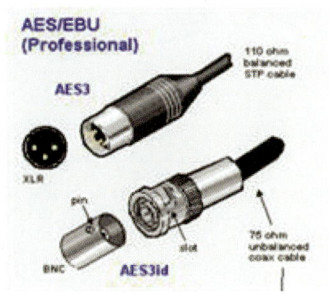

그림 4-135 AES/EBU

AES/EBU 신호 전송은 110Ω의 특성 임피던스 값을 갖는 밸런스 XLR 커넥터를 사용합니다. 프로 오디오용으로 사용되는 디지털 오디오 신호의 연결 공유 표준으로, 오디오 엔지니어협회(Audio Engineer Society)와 유럽방송협회(European Broadcast Union)의 연합으로 제작되었습니다. 1985년 만들어져 1992년 표준으로 제정된 규격입니다.

- 샘플링 주파수 : 일반적으로 32kHz, 44.1kHz, 48kHz (96kHz까지 가능)
- 비트 레이트 : 16bit, 24bit
- 전송 채널 수 : 2채널 / 1케이블
- 커넥터 및 케이블 : XLR 3pin
- 임피던스 : 110Ω
- 최대 전송 거리 : 약 100m, AES3-id의 경우 75Ω 동축 케이블과 BNC 커넥터로 약 1km

나. S/PDIF(Sony/Philips Digital Audio Interface)

그림 4-136 S/PDIF

S/PDIF는 가정용 오디오기기를 위한 디지털 전송 규격으로, 기본적인 신호는 AES/EBU 표준과 같으나 저작권 보호를 위한 복제 방지 기능을 갖고, 언밸런스 케이블과 포노(RCA) 커넥터, 광케이블을 사용합니다. SPDIF는 CD와 같은 소비자 오디오 기기에 사용됩니다.

- 샘플링 주파수 : 48KHz
- 비트 레이트 : 24bit
- 전송 채널 수 : 2채널 / 1케이블
- 커넥터 및 케이블 : RCA 동축 케이블(75Ω)과 광케이블
- 임피던스 : 75Ω
- 최대 전송 거리 : 광케이블 경우 약 10m, 동축케이블 경우 약 3m

멀티 채널 오디오 디지털 전송 규격

가. ADAT (Alesis Digital Audio Tape) Optical

ADAT의 신호 전송은 ALESIS사의 디지털 테이프 녹음기에 사용하도록 설계된 디지털 연결 방식이며 광케이블(Optical Cable)을 사용합니다. 이 경우 하나의 광케이블에 8개 채널의 디지털 오디오를 보낼 수 있습니다.

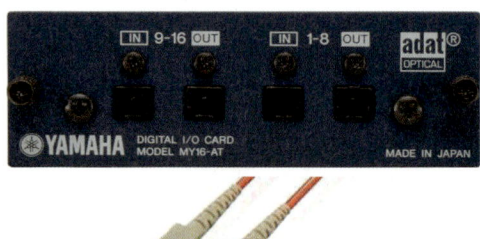

그림 4-137 ADAT

- 샘플링 주파수 : 44.1kHz, 48kHz (S-MUX 사용 시 96kHz까지 가능 / 단, 전송시 2개 회선 사용)
- 비트 레이트 : 24bit
- 전송 채널 수 : 8채널 / 1케이블
- 커넥터 및 케이블 : 광케이블(TOSLINK)
- 최대 전송 거리 : 5m

나. MADI

그림 4-138 MADI

MADI의 신호 전송은 멀티 채널 디지털 오디오를 연결할 때 사용하는 표준입니다. 하나의 동축(Coaxial) 케이블, 광케이블에 64채널의 디지털 오디오를 전송할 수 있으며, AES/EBU와 호환이 가능합니다. (AES10 규격)

- 샘플링 주파수 : 44.1KHz, 48kHz
- 비트 레이트 : 24bit
- 전송 채널 수 : 64채널 / 1케이블
- 커넥터 및 케이블 : 동축 케이블(75Ω) / 광케이블
- 임피던스 : 75Ω
- 최대 전송 거리 : 100m, 광케이블(Optical Multi Mode Cable) 전송 시 2km 이상
- AES/EBU와 호환되는 비압축전송포맷(AES3), 2개의 케이블 연결에 의한 주/예비 기능

파워드믹서

파워드믹서의 역할

중소형 예배실에 음향시스템은 간편하고 가격대 성능이 좋은 제품으로 선택을 하게 됩니다. 보통 음향 시스템이라고 하면 마이크, 콘솔, 이퀄라이저, 이펙터, 앰프, 스피커 등의 장비로 구성되는데, 이 중에 콘솔, 이퀄라이저, 이펙터, 앰프의 기능을 통합하여 단일 장비로 구성한 것을 '파워드믹서'라고 합니다.

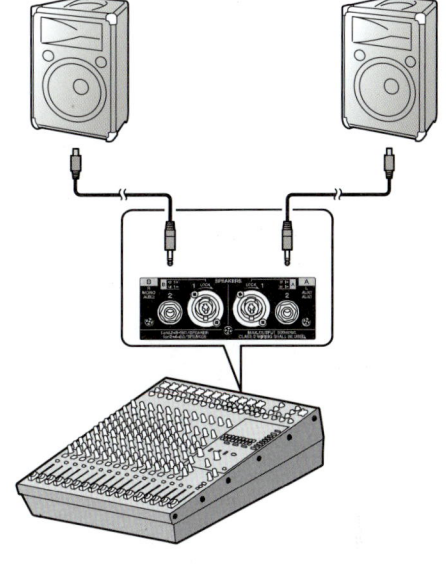

그림 4-139 파워드믹서 연결도

파워드믹서의 기능

1번은 피크 LED입니다. 과입력에 대해 기기를 보호하기 위해 경고하는 기능입니다. 간간히 빨간불이 들어온다면 볼륨을 줄여서 밸런스를 조정합니다.

2번은 고음음색을 조정하는 노브입니다. 12kHz를 중심으로 이상의 주파수가 쉘빙타입으로 조정됩니다.

3번은 중음의 음색을 조정하는 노브로 2.5kHz를 중심으로 주변의 주파수가 조정되는 피킹타입으로 조정됩니다.

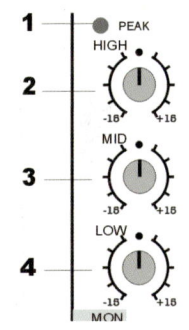

그림 4-140 채널 EQ

4번은 저음의 음색을 조정하는 노브로 80Hz를 중심으로 이하의 주파수가 쉘빙타입으로 조정됩니다.

그림 4-141은 이퀄라이저의 쉘빙타입과 피킹타입 그래프를 보여줍니다. 가청주파수 내에서 3개의 포인트로 음색을 조정합니다. 오른쪽의 고음역과 왼쪽의 저음역 노브는 쉘빙 타입으로 같은 것을 알 수 있습니다. 가운데 중음역 노브만 피킹 타입으로 구성되어 있습니다.

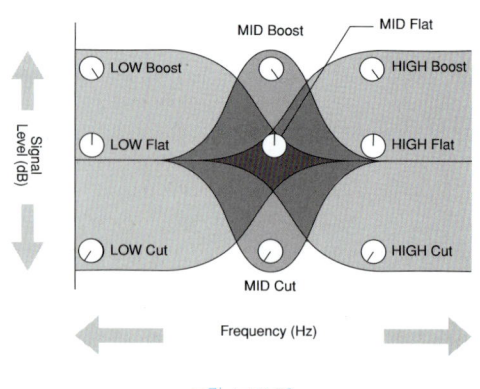

그림 4-141 EQ

5번은 보조출력이 필요할 경우에 사용되는 노브입니다. 프로장비의 경우 $-\infty \sim$ +10dB 라는 식으로 표기를 하는데 쉽게 사용하라는 의미에서 0 ~ 10으로 표기를 했습니다. 보통 7 정도의 위치에 놓고 사용합니다. 프로장비에서는 AUX라는 표기를 하지만 여기에는 모니터의 약자인 MON이라고 표기되어 있습니다.

6번은 같은 출력 중에 이펙트(리버브, 에코, 홀, 딜레이 등)의 양을 조정하는 기능입니다.
8번은 채널의 볼륨을 조정하는 기능입니다.
9번은 PAD 스위치입니다. 보통 -20dB ~ -30dB의 신호를 감소시킵니다.

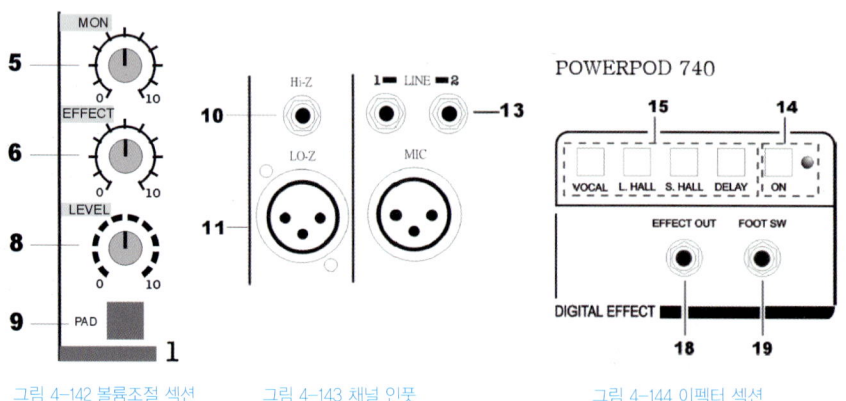

그림 4-142 볼륨조절 섹션   그림 4-143 채널 인풋   그림 4-144 이펙터 섹션

10번은 픽업이 있는 기타나 전자건반, 드럼머신 등 라인입력신호를 사용할 때 사용됩니다. 입력범위는 -50dB ~ -20dB 사이의 음량 입력이 가능합니다.

11번은 마이크 입력을 받는 XLR 입력단자입니다. +48V의 팬텀파워 전원을 인가 할 수 있으며 -40dB ~ -10dB 사이의 음량 입력이 가능합니다.

13번은 스테레오 Line 입력 신디사이저, 리듬박스, CDP 등의 스테레오 아웃 장비를 해당 채널에 연결할 수 있습니다.

14번은 Digital Effect On 스위치입니다.
On 버튼을 누르면 LED 인디케이터가 점등하면서 내장된 이펙트가 작동합니다.

15번은 네 가지 유형의 이펙트를 선택하는 스위치 입니다.

18번 단자는 Effect Out 외부 이펙트 장비와 연결할 때 사용되는 단자입니다.

19번은 풋 스위치를 연결하여 스위치를 통해 디지털 이펙트를 켜거나 끌 수 있습니다. 이펙트 연결과 분리를 긴급하게 진행해야 할 경우 발로 조정 가능하여 매우 유용합니다.

20번은 메인 출력 그래픽 이퀄라이저로서 시스템 출력의 음색을 조정하는 기능입니다. 이 이퀄라이저는 다양한 실내 음향 조건에 적합하도록 음색을 조정하고, 피드백을 제어하는데 사용합니다. LR 각각 8 밴드의 음색을 조절 가능합니다.

21번 Main/Monitor와 Main1, Main2 전환스위치는 앰프의 출력을 메인과 모니터로 분리할 때 사용합니다. 왼쪽 채널을 메인스피커에 모노 출력으로 2개의 스피커를 연결하여 메인스피커로 사용하고 오른쪽 채널은 모니터 스피커 출력으로 사용하는 것입니다.

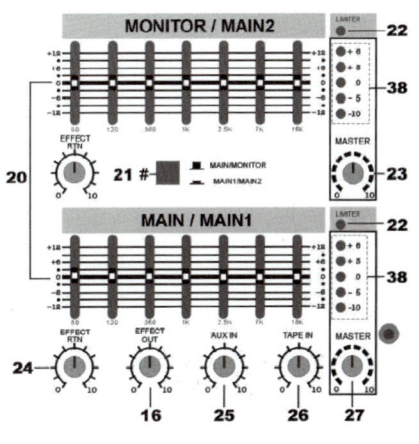

그림 4-145 마스터 섹션

다. 중소형 예배실에서 출력에 여유가 있고 모니터의 비중을 중시할 경우 이렇게 사용합니다.

22번은 Limited LED 메인출력이 과도하게 출력되는지를 확인해줍니다. 지속적으로 LED가 빨간불로 점등될 경우 스피커나 앰프의 손상이 발생합니다.

23번은 Monitor / Master 컨트롤로서 21번의 스위치에 따라 Monitor 스피커 또는 메인 R 스피커 음량 조절에 사용됩니다.

24번 Main Effect RTN(Return)노브는 이펙터 아웃풋 음량을 조절합니다.

25번의 Aux In 컨트롤은 Main 버스로의 신호 레벨을 조정할 수 있습니다. 채널이 부족할 경우 외부기기와의 연결에 사용합니다.

26번은 Tape In 컨트롤입니다. 다양한 기기들을 연결하여 메인으로 소리를 보내게 됩니다. 구조상 모니터 스피커로는 출력이 불가능 합니다.

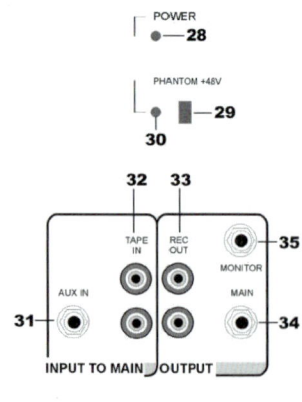

그림 4-146 인풋 아웃풋

27번은 Main Master 컨트롤러로서 스위치에 따라 모노메인 또는 메인 L음량 조절에 사용됩니다.

38번 Level Meter는 메인출력의 음량을 직관적으로 확인하게 해줍니다.

28번은 믹서에 전원 확인 LED입니다.

29번은 Phantom +48V On/Off 스위치로서 1 ~ 8번 채널에 팬텀 전원을 공급합니다.

30번은 Phantom Power LED로서 팬텀파워 작동 여부를 보여줍니다.

31번 Aux In 단자는 Main 출력에 외부 장치를 추가할 수 있습니다.

32번 Tape In Main 출력에 카세트 레코더나 CD 플레이어를 추가할 수 있습니다.

33번 Rec Output은 스테레오 출력을 RCA 단자로 출력할 수 있습니다.

34번 Main Output은 파워앰프를 거치기 전의 전체 신호를 출력합니다.

35번 Monitor Output은 파워앰프를 거치기 전에 모니터 신호를 출력합니다.

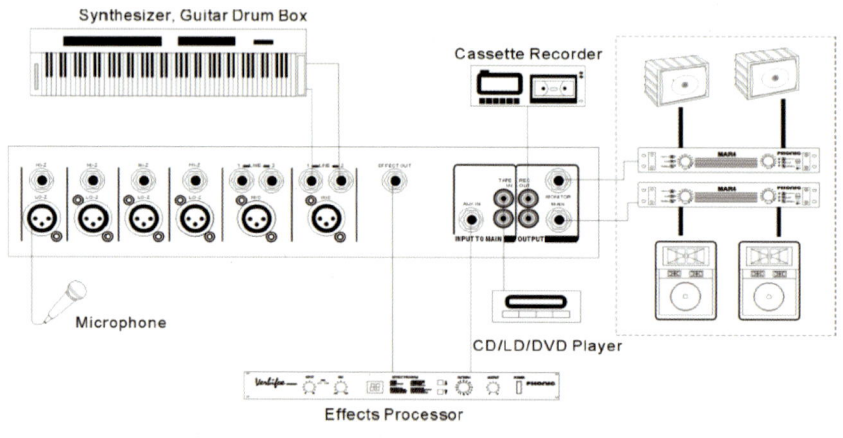

그림 4-147 인풋 활용법

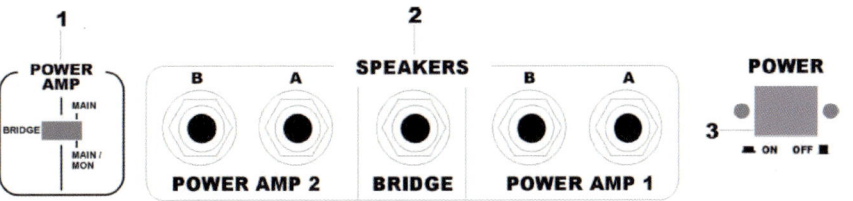

그림 4-148 앰프 아웃풋

1번은 파워앰프를 어떻게 활용할 것인가 선택하는 버튼입니다. 첫 번째 MAIN은 스피커가 L R 분리된 신호로 출력한다는 뜻입니다. 일반적이 사용방법 입니다.

BRIDGE는 두 개의 앰프를 하나의 출력으로 사용하게 됩니다. 반드시 가운데 단자만 사용해야 합니다.

MAIN/MON은 한쪽은 메인으로(메인출력이 모노가 됩니다.) 한쪽은 모니터로 사용한다는 의미입니다.

2번 부분은 스피커의 단자입니다. ¼" TRS 타입 입니다.

최근에는 앰프에 따라 스피콘 타입으로 되어 있거나 이렇게 병행으로 설계가 되어있기도 합니다. 3번은 마지막으로 전원스위치입니다.

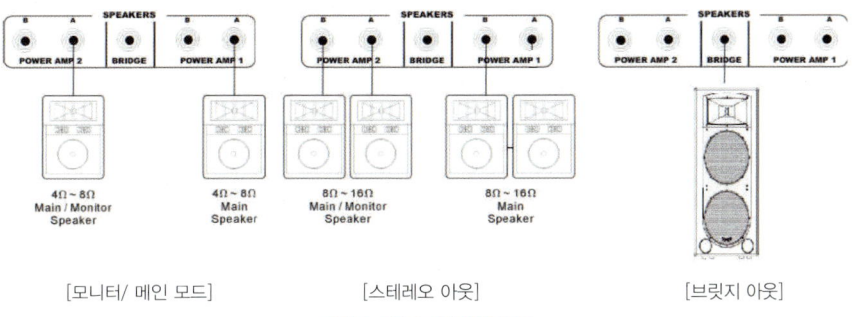

[모니터/ 메인 모드]   [스테레오 아웃]   [브릿지 아웃]

그림 4-149 스피커 연결 방법

파워드 믹서의 사용

준비물

파워드믹서 1대

다이나믹 마이크 1개

XLR(캐논) 마이크 케이블 1줄

220V AC 전원선 1줄

스피커 케이블 2줄 (스피콘 결합되어 있는)

앰프 용량에 적합한 스피커 1조

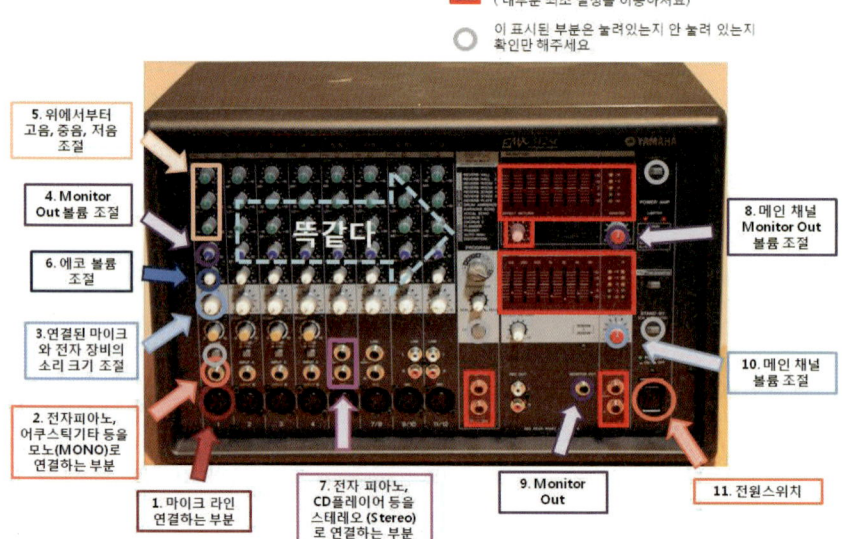

그림 4-150 파워드 믹서 각부 명칭

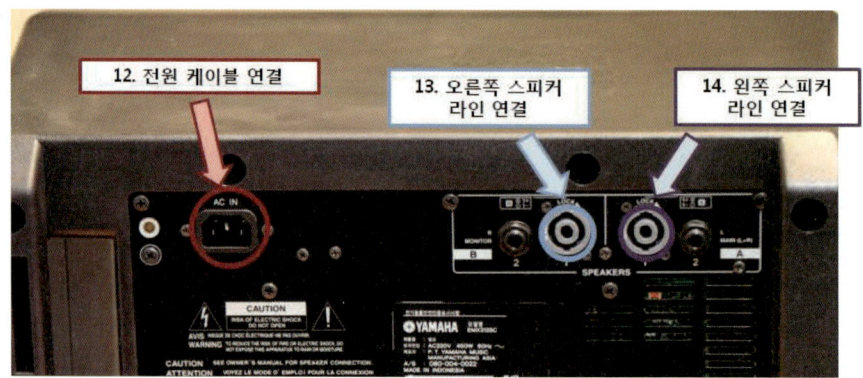

그림 4-151 파워드 믹서 후면 각부 명칭

순서

a. 전원이 꺼져(OFF) 있는지 확인한 후 전원케이블을 그림12번에 연결해 줍니다.

b. 객석에서 바라볼 때 무대 오른쪽에 위치한 스피커에 그림의 13번에서 연결한 스피커 케이블을 연결해 주고, 객석에서 바라볼 때 무대 왼쪽에 위치한 스피커에 그림의 14번에 연결한 스피커 케이블을 연결해 줍니다. 모양에 맞춰 끼운 뒤 LOCK 방향으로 돌려 끼우면 케이블의 잠금 장치가 잠깁니다.

c. 마이크에 XLR 케이블 숫놈 커넥터를 그림의 1번 위치에 꽂아 줍니다.

e. 3번의 소리크기 조절과 4번의 모니터 볼륨, 6번 에코 볼륨 조절, 10번 마스터 볼륨이 시계 반대 방향 끝부분에 0 표시된 부분에 위치했는지 확인하고 누름 버튼 중 Line 라고 쓰여 있는 버튼과 오른쪽 하단의 +48V라고 적힌 버튼이 눌려 있지 않도록 확인합니다.

그림 4-152 파워드 믹서 연결순서

f. 파워드 믹서 하단에 위치한 전원 스위치를 누릅니다.

g. 5번의 저음, 중음, 고음 조절 스위치의 중심 부분이 12시 방향, 정 가운데에 위치하도록 맞추어 줍니다.

h. 10번의 전체 볼륨 스위치를 화살표에 맞춰 줍니다.

i. 연결된 마이크를 잡고 마이크테스팅을 하면서 3번 스위치를 시계방향으로 조금씩 돌려줍니다. (*절대 마이크를 손으로 치거나, 바람을 불지 않습니다.)

j. 적당한 크기라고 느껴질 때 까지 스위치를 시계방향으로 돌립니다. 단, 스위치의 지시 눈금이 2시 (120°) 방향 이상 넘어 갔는데도 작다고 느껴질 때에는 순서 e.에서 언급한 PAD 스위치가 눌려있지는 않은지 점검해 보고 10번 메인 볼륨 스위치가 12시 방향에 위치하고 있는지 등을 살피고 이상이 없을 경우 스피커 연결 부분의 케이블이 정상적으로 연결되었는지 살펴봅니다.

아웃보드

이퀄라이저 (Equalizers)

이퀄라이저는 소리의 음색을 조정하는 기기로서 사람이 들을 수 있는 영역, 즉 가청 주파수(20 – 20,000 Hz) 대역에 있는 주파수를 제어하는 기기입니다. 그 중 그래픽 이퀄라이저는 세밀한 음색의 조절이 가능한 기기로서, 출력되는 음색을 공간과 스피커에 맞춰 조정해야 할 경우에 사용합니다. 특히 교회에서 사용할 때 피드백에 의한 하울링을 억제하는 데에도 아주 유용하게 사용되고 있습니다.

그래픽 이퀄라이저

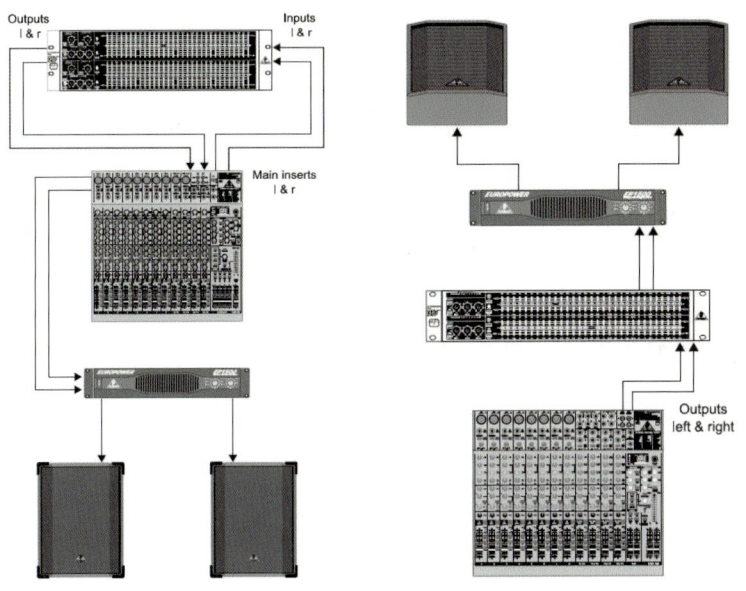

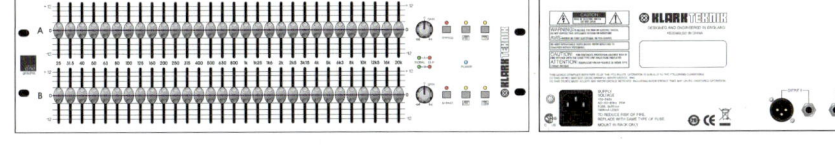

그림 4-153 그래픽 이퀄라이저 연결 방법과 그래픽 EQ 밴드

이퀄라이저는 그래픽 이퀄라이저와 파라매트릭 이퀄라이저로 구분합니다. 그래픽 이퀄라이저는 가청주파수 전대역의 주파수를 조정하기 위해서 각 음역대를 1/3 옥타브로 나누어 31개의 주파수 대역(Band)를 가지고 음색을 조정하게 됩니다. 2/3 옥타브의 15채널의 그래픽 이퀄라이저도 있습니다.

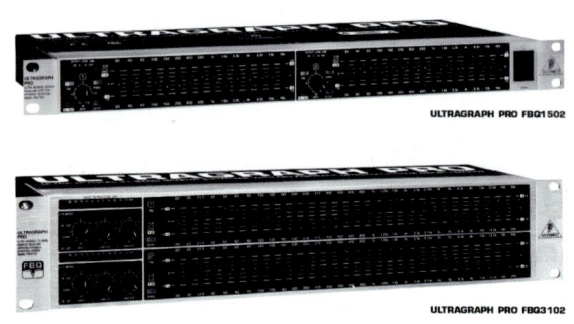

그림 4-154 베링거 EQ

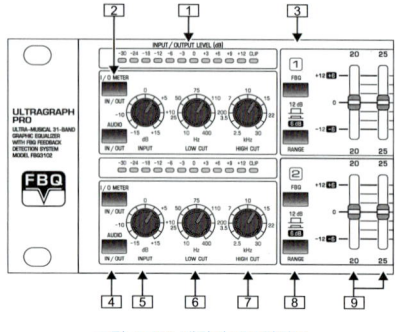

그림 4-155 베링거 EQ 입력부

베링거 FBQ3102를 통해 그래픽 이퀄라이저의 기능에 대해 알아보겠습니다.

①은 신호의 입력되는 부분과 출력되는 부분을 눈으로 확인하기 쉽게 보여주는 LED METER입니다. 가운데 0dB를 기준으로 왼쪽으로 -33 ~ +12dB 만큼의 범위를 알려줍니다. CLIP에 빨간불이 들어오면 과도한 신호를 표시하는 것이니 즉각 입력 볼륨이나 출력 볼륨을 조절해야 합니다.

②의 스위치를 통해 입력 신호와 출력 신호의 신호를 확인하게 해줍니다.

③은 FBQ 기능으로 이 버튼을 누르게 되면 각 주파수별로 크게 신호가 들어오는 페이더에 불이 들어옵니다. 하울링이 난다면 하울링 주파수에서 빨간불이 들어와 쉽게 하울링을 조정할 수 있습니다. 이 기능을 사용하지 않으려면 스위치를 빼면 되는데, 그럴 경우 31개의 페이더에서 모두 불이 들어와 보이게 됩니다.

④은 이퀄라이저의 인/아웃 스위치입니다. 간혹 바이패스(Bypass)라고 표기하는 경우도 있습니다. 버튼을 누르고 빼면 이퀄라이저의 세팅이 적용/무시되는 기능으로, 이퀄라이저가 잘 맞춰졌는지 비교하는 데에 사용합니다.

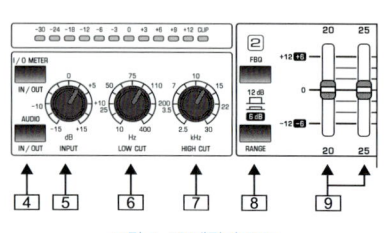

그림 4-56 베링거 GEQ

⑤은 EQ에 입력되는 입력양을 조정하는 노브입니다. -15dB ~ +15dB의 범위를 가지고 레벨의 감소와 증폭이 가능합니다. 이퀄라이저도 프리 앰프와 같이 제조 회사마다의 특유의 음색이 주어지게 됩니다. 보통은 이퀄라이저를 부스트하는 것보다는 컷을 주로 하는 것이 옳은데 인풋의 노브 양은 그림처럼 +4dB정도 전후로 사용하시면 좋습니다.

⑥과 ⑦은 저음, 고음 필터로서 31밴드 조절 이전에 필요 없는 주파수를 제어할 때 사용합니다. 로우컷(Low Cut), 또는 하이 패스 필터(High-Pass Filter)는 10Hz~400Hz의 범위에서 주파수를 지정하여 그 이하의 주파수는 제어할 수 있는 기능이고, 하이컷(High Cut), 또는 로우 패스 필터(Low Pass Filter)는 2.5kHz~30KHz 중 한 주파수에서 그 이상을 제어할 수 있습니다. 예를 들어 EQ를 보컬 모니터 출력 측에 연결한다면, 무대위에서는 메인스피커의 저음이 회절되어 증가가 되어 있고 보컬 음색을 무겁게 할 수 있으므로 95Hz를 전후해서 하이 패스 필터를 사용하여 컷을 하여 조정하면 좋습니다.

⑧은 이퀄라이저를 조정하는데 범위를 말합니다. 12dB와 6dB간 전환 스위치로 12dB로 설정할 경우 주파수 증폭 및 감소의 최대 폭을 +12 ~ -12dB로 조정할 수 있어 조정폭이 클 경우에 사용하고, 6dB로 설정할 경우 주파수의 최대 폭이 +6 ~ -6dB로 조정할 수 있어 상대적으로 섬세하게 조정을 해야하는 경우에 유용합니다.

⑨은 31개의 음색을 조정하게 하는 기능입니다. 보통 왼쪽부터 낮은 주파수로 시작해서 오른쪽으로 갈수록 높은 주파수의 조정이 가능합니다.

그림 4-157은 기기의 뒷면으로 외부 장비를 연결하는 부분입니다.

⑯과 ⑰은 이 기기만의 독특한 출력단으로 저음만 출력하게 됩니다. 서브우퍼를 설치하고 볼륨을 조정하기에 좋습니다. ⑰ 노브를 돌려 30Hz ~ 200Hz 사이의 주파수를 설정하면 설정한 주파수 이하의 음향만 ⑯ 단자를 통해 출력되며 서브우퍼 음향으로 사용합니다.

참고로 이 기능의 주파수 설정은 스피커마다 정해진 데이터를 참고해서 조절하되, 남자 보컬의 주파수가 평균 100Hz 이상의 주파수에서 발생하기 때문에 스피치에 사용할 경우 ⑰의 주파수 설정을 100Hz보다 낮게 설정해야 우퍼에 의한 악영향을 예방할 수 있습니다.

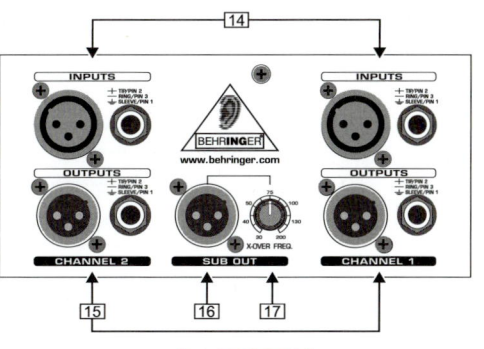

그림 4-157 GEQ 뒤편

간혹 교회에 가보면 이퀄라이저의 모양을 갈매기 모양(W자 뒤집은 모양)이나 V자 같은 형태로 고음과 저음만 높이고 중음을 내린 경우가 있는데, 홈오디오나 출력이 작은 시스템에서 음악을 듣는 경우 저음을 올리게 되면 소리가 힘있게 느껴지고 고음을 올리면 선명하게 만드는 효과를 느낄 수 있기에 그렇게 설정하기도 합니다. 하지만 EQ는 그 이름 그대로 '원음과 동일한 소리를 만들어 주기' 위해 존재하는 장비이므로 메인스피커의 출력을 위해 사용할 경우 공간의 음향 불균형으로 과도하게 증폭되는 소수의 주파수를 감소시키거나 증폭시키는 용도로 사용하는 것이 가장 좋습니다. 고출력의 스피커와 앰프를 사용해야 하는 경우 측정 장비와 음향 전문가의 도움을 받으면서 귀를 훈련하고 기준을 세우는 것이 좋습니다.

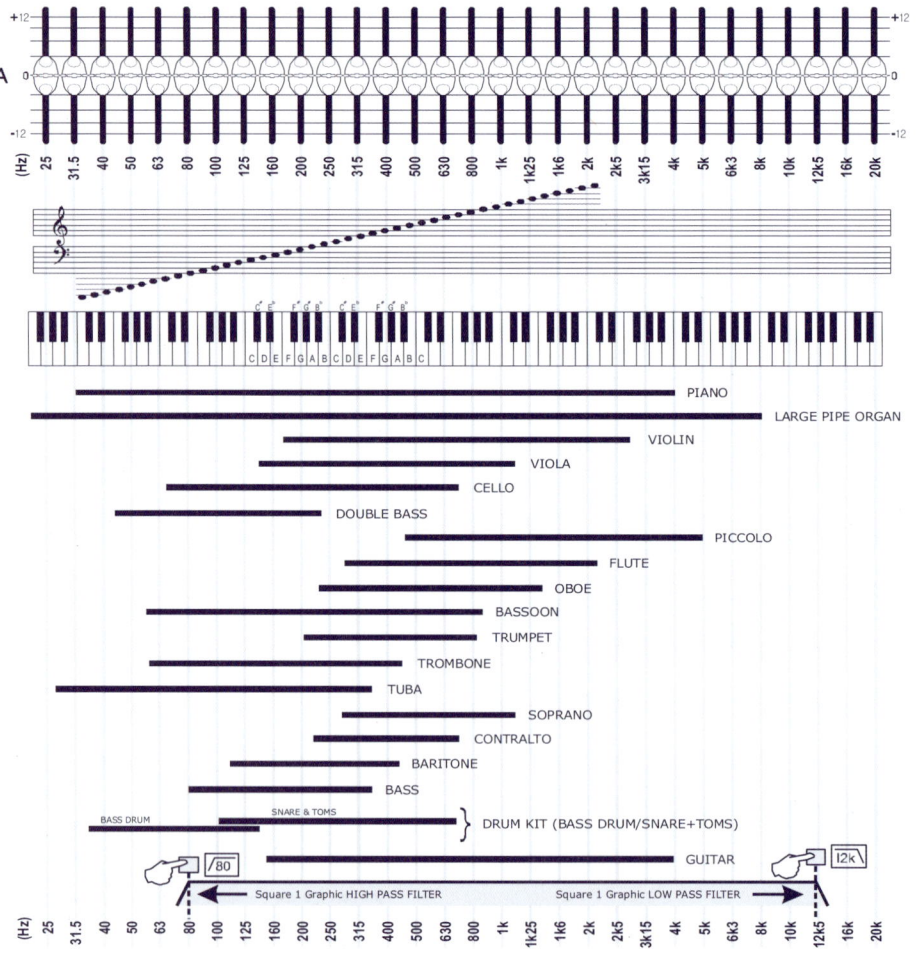

그림 4-158 악기와 대비한 GEQ

파라메트릭 이퀄라이저

그림 4-159 파라메트릭 이퀄라이저

　그래픽 이퀄라이저는 주파수의 조정 흐름을 직관성 있게 눈으로 확인할 수 있는 것이 장점인 반면, 원하는 주파수의 감소 및 증폭 범위의 조정이 불가능하다는 단점이 있습니다. 그래서 특정 주파수에 대한 섬세한 조정이 필요할 경우, 다(多)채널은 아니지만 원하는 만큼의 범위 조정이 가능한 파라매트릭 이퀄라이저를 사용합니다. DN410이라는 이퀄라이저는 스테레오 타입으로 5개의 주파수를 동시에 조정할 수 있습니다. 원하는 만큼의 조정 범위를 설정할 수 있기 때문에 하울링과 같은 경우 영향 범위를 좁게 하여 필요 없는 부분만 제거해서 사용할 수 있습니다. 일반적으로 중/고가 콘솔의 채널 이퀄라이저 중 중음 부분을 담당하는 EQ와 같은 방법입니다.

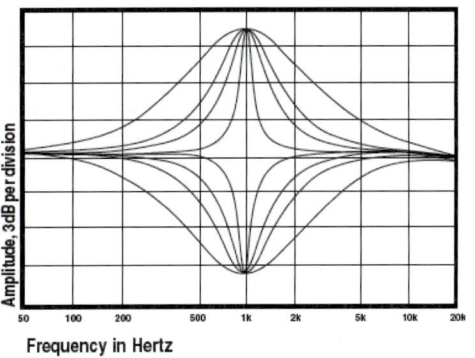

이펙터(Effector)

그림 4-160 야마하 리버브 SPX2000

전기 신호로 된 음성이나 악기의 소리를 가지각색으로 변화시켜 여러 가지 소리의 효과를 내는 기기의 총칭입니다. 소리가 한번만 반사되어 돌아오는 소리를 에코라고 부르며 주위의 벽, 바닥, 천정 등에 몇 번이고 반복해서 반사하고 확산하여 모든 방향으로부터 불규칙적으로 퍼지는 반사음을 리버브레이션 이라고 합니다.

건물의 계단을 오를 때 걸음을 갑자기 멈추어도 구두 소리가 남아서 들리는 경우를 경험했을 것입니다. 이와 같이 예배당 안에 잔향이 많이 있으면 음이 확산되고 모음(가, 나, 다, 라,…⇒아, 아, 아, 아,….)으로 인한 자음의 마스킹 현상이 발생하여 설교 말씀의 명료도를 떨어뜨립니다. 건축 시 흡음을 통한 반사음의 감소도 중요하지만 음향을 확산시켜주는 확산재를 통해 소리가 정반사 되지 않도록 설계하여 적정한 잔향을 만들고, 찬양에 필요한 부분만 인위적으로 이펙터를 사용하여 잔향을 만들 수 있습니다. 이러한 잔향 장치는 노래하는 사람이 편안하게 노래할 수 있게 해주고, 회중 또한 편안하게 들을 수 있어 예배 시 찬양 가운데 인도자 목소리나, 코러스, 악기 등에 사용하면 매우 좋습니다. 이펙터의 종류는 다양하지만 중저가 모델도 엔지니어의 활용도에 따라 좋은 효과를 볼 수 있습니다.

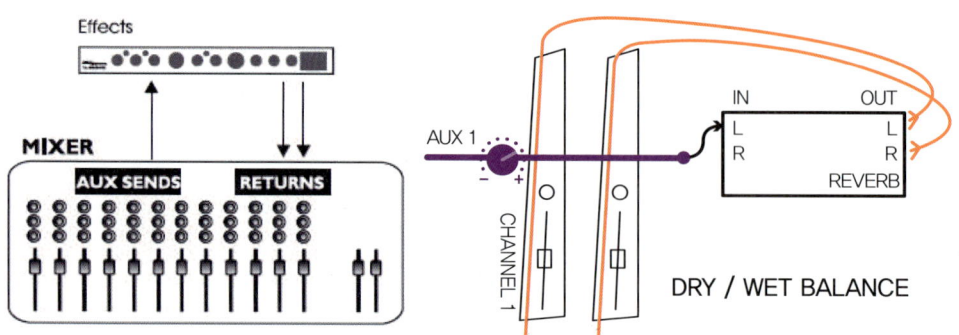

그림 4-161 이펙트 연결 방법

이펙터의 연결은 먼저 콘솔에서 AUX 출력을 통해서 이펙터에 입력을 받습니다. 2개의 AUX 출력을 사용하여 스테레오 신호로 전송 할 수도 있으나 통상적으로는 모노로 1개의 AUX 출력을 사용하여 입력하고 입력된 신호를 이펙터 출력에서 2개의 스테레오 신호로 출력하여 다시 콘솔의 채널로 입력 받습니다. AUX 리턴을 활용해 입력 받을 수 있는데 채널이 부족할 경우 입력량만 조정 할 수 있기 때문에 콘솔의 입력 채널의 여유가 있다면 AUX 리턴보다 채널로 받는 것이 다양한 출력에 이펙터의 결과물을 사용할 수 있고, 또한 믹싱을 하는 데에도 편리합니다.

* 이펙터 음향 입력으로 콘솔의 AUX 리턴을 사용할 경우 AUX는 포스트로 출력합니다. 이 때, 예를 들어, 8번 AUX를 통해 이펙터에 보내주었다면 리턴 채널은 8번 AUX에 다시 이펙터 출력을 연결해 주면 안됩니다. 이펙터와 콘솔 내부에서 전기적인 피드백이 발생하게 됩니다.

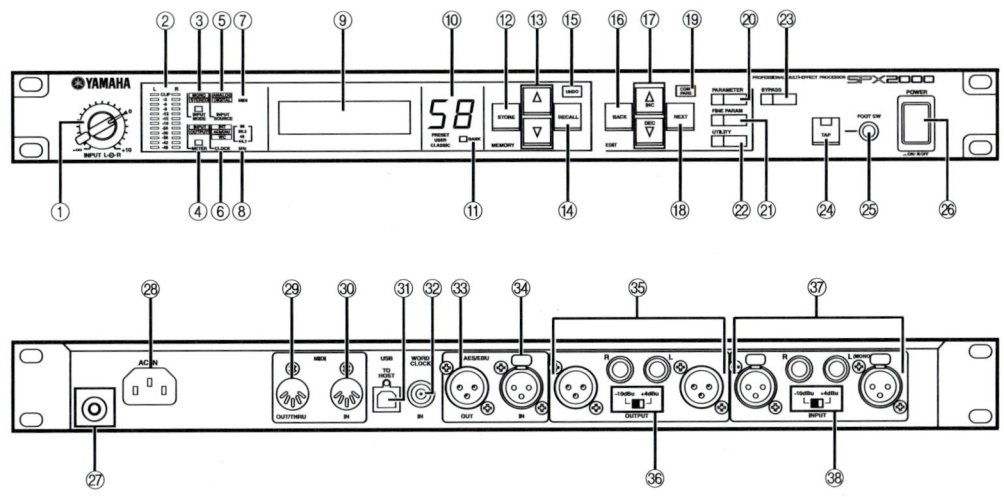

그림 4-162 이펙트 전면, 후면

①은 콘솔에서 입력되는 신호의 이펙터 입력량을 조정하는 노브입니다. 내부 노브와 외부 노브로 분리되어 있는데, 내부 노브는 L 입력 신호를, 바깥쪽 노브는 R 입력 신호를 조정할 수 있게 되어있습니다. 조정 범위는 $-\infty$dB ~ +10dB까지 가능합니다. 주로 0dB에서 +4dB 사이에 놓고 사용하면 과도한 증폭으로 인한 입력량의 변화를 최소화 할 수 있습니다.

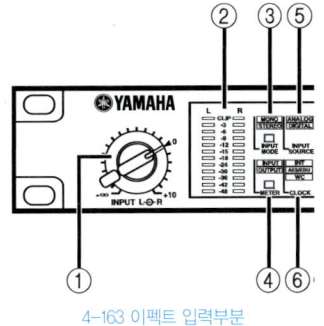

4-163 이펙트 입력부분

전기음향기기 **179**

그림 4-164 입력 설정

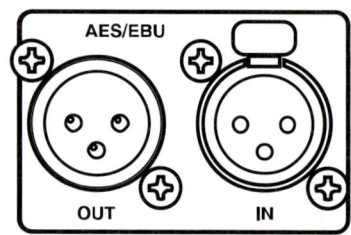

그림 4-165 디지털 AES/EBU 방식의 입력 및 아웃

②는 입력과 출력의 음량을 미터를 통해 보여줍니다.

④의 버튼은 ②에 표시되는 입력 신호량과 출력 신호량 표시를 전환해 주는 스위치입니다.

③은 입력 방식을 모노와 스테레오 중에 선택하는 단자입니다. AUX 1개를 사용하여 모노로 신호를 보낼 경우, 이펙터의 입력이 모노로 설정되지 않으면 R 단자의 입력 신호가 없는 것으로 인식하여 출력에도 영향을 미치게 됩니다.

⑤는 입력 신호를 선택할 때 사용합니다. 디지털 입력과 아날로그 입력으로 구분됩니다. 디지털 콘솔이나 디지털 기기의 사용 시 전송 방식은 AES/EBU를 이용합니다. 일반적인 XLR 마이크 케이블과 모양은 동일하지만, 워드클럭이나 디지털 오디오 신호가 전송됩니다.

⑥은 WORD CLOCK 표시등입니다. 워드 클럭은 디지털 기기를 여러 대 사용할 때 사용하는데, 기기들 간의 데이터 전송 시간을 동일하게 맞춰주는 기능을 합니다. 2대 이상의 디지털 기기를 연결할 때 기준, 혹은 중심이 되는 한 대는 Master로 설정하고 나머지는 Slave로 설정하여 사용하는데, Word Clock은 샘플링 주파수의 구형파(Square Wave)형태로 공급이 되며 연결은 일반적으로 사용하는 동축선인 75Ω 동축케이블과 BNC 커넥터를 사용합니다.

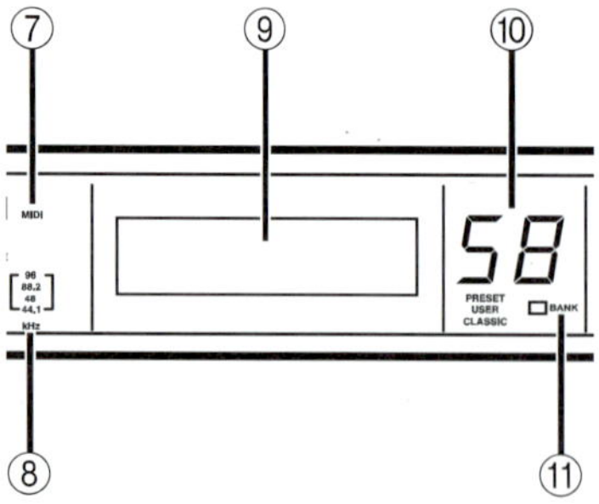

⑦은 MIDI 표시등입니다. 이펙터를 MIDI와 연결하여 작동할 때 램프가 표시됩니다.

⑧은 WORD CLOCK의 주파수를 나타내주는 표시등입니다.

⑨는 디스플레이 창으로 현재 사용하는 이펙터의 종류나 사용하는 상황을 알려주는 창입니다.

그림 4-166 리버브 선택 판넬

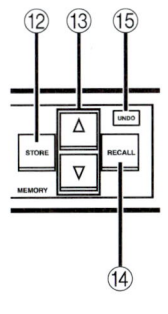
그림 4-167 이펙트 선택 스위치

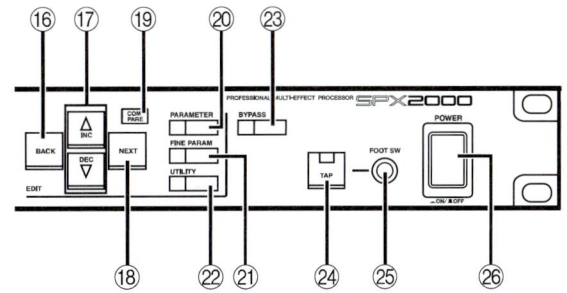
그림 4-168 리버브 전원 스위치

⑩은 현재 사용하는 이펙터의 번호를 나타냅니다. 선택한 이펙터가 사용중인 이펙터와 다를 경우 번호가 깜빡입니다.

⑪은 BANK 버튼과 표시등입니다. 3개의 뱅크를 선택할 수 있게 합니다.

⑫는 저장 버튼입니다.

⑬은 상하로 이동하여 프로그램을 찾을 때 사용하며 ⑭를 눌러 불러오기(Recall) 합니다.

⑮의 UNDO 버튼은 이전의 작업을 취소하거나 재실행할 때 사용됩니다.

⑯의 BACK과 ⑱의 NEXT 버튼은 파라미터를 선택하는 버튼이고

⑰의 INC와 DEC는 파라미터를 편집할 때 사용합니다.

⑲는 COMPARE 버튼으로 편집하기 전후의 상황을 비교하는 데 사용합니다.

⑳은 이펙터의 기본 파라미터를 선택하는 버튼입니다.

㉑은 이펙터의 기본 파라미터를 보완해주는 FINE 파라미터를 선택하는 버튼입니다.

㉒는 UTILITY 버튼입니다. 고유 이름을 입력할 경우 등에 사용됩니다.

㉓은 BYPASS버튼입니다. 이펙터를 잠시 사용하지 않을 때 정지 기능으로 사용하면 됩니다.

㉔의 TAP 버튼은 이펙터의 템포 값을 설정하는 기능입니다. 이 버튼을 두 번 이상 누르면 버튼을 누르는 평균 간격에서 템포값이 계산됩니다. 이펙터의 SYNC 파라미터가 활성화되고 나면 LED는 템포 간격에 맞춰 깜박입니다.

㉕는 FOOT SWITCH 단자로 TAP 버튼 대신에 사용합니다.

㉖은 SPX2000의 전원 버튼입니다.

PRESET bank

No	Effect name	Type	Page	Category	Display background color
1	REV-X LARGE HALL	REV-X	27	HALL	CYAN
2	REV-X MED HALL				
3	REV-X SMALL HALL				
4	REV-X TNY HALL				
5	REV-X WARM HALL				
6	REV-X BRITE HALL				
7	REV-X HUGE HALL				
8	AMBENCE	Reverb	31		
9	STEREO HALL	Stereo reverb	30		
10	VOCAL CHAMBER				
11	BRIGHT HALL	Reverb	31		
12	BREATHY REVERB				
13	CONCERT HALL				
14	REVERB FLANGE	Compocite effect	69		
15	REVERB STAGE	Reverb	31		
16	REV-X VOCAL PLT	REV-X	27	PLATE	
17	REV-X BRIGHT PLT				
18	REV-X SNARE PLT				
19	VOCAL PLATE	Reverb	31		
20	ECHO ROOM 1				
21	ECHO ROOM 2				
22	PRESENCE REVERB				
23	ARENA				
24	THIN PLATE	Stereo reverb	30		
25	CLD PLATE	Reverb	31		
26	DARK PLATE				
27	REV-X CHAMBER	REV-X	27	ROOM	
28	REV-X WOOD ROOM				
29	REV-X WARM ROOM				
30	REV-X LARGE ROOM				
31	REV-X MED ROOM				
32	REV-X SMALL ROOM				
33	REV-X SLAP ROOM				
34	FAT REFLECTIONS	Early Reflection	35		
35	BIG SNARE	Gate reverb			
36	BAMBOO ROOM	Reverb	31		
37	REFLECTIONS	Early Reflection	35		
38	STONE ROOM	Reverb	31		
39	CONCRETE ROOM		35		
40	REVERSE PURPLE	Gate reverb		GATE REVERBS	
41	FULL METAL GATE				
42	REVERSE GATE	Reveme gale			
43	DRUM MACH,AMB S	Stereo reverb	30	DRUM MACHINE REVERBS	
44	DRUM MACH,AMB L	Reverb	31		
45	ELECT,SNR PLATE	Reveme gale	35		
46	MONO DELAY	Mono delay	39	DELAYS	WHITE
47	120 BPM MONO DOL				
48	120 BPM X-DOL	Eoho	44		
49	STEREO DELAY	Stereo delay	40		
50	DELAY L,C,R	Deloy L,C,R	43		
51	KARAOKE ECHO	Eoho	44		
52	GOOD OL P,CHANGE	Dual pitch	62	PITCH EFFECTS	MAGENTA
53	VOCAL SHIFT				
54	STEREO PITCH				
55	PITCH SLAP				
56	HALO COMB				
57	GRUMPY FLUTTER				
58	ROGER ON THE 12	High quality pitch	61		
59	BOTTOM WHACKER	Dual pitch	62		
60	VOICE DOUBLER				
61	SYMPHONIC	Symphoric	52	MODULATION	MAGENTA
62	REV +SYMPHONIC	Composke effect	71		
63	DETUNE CHOAUS	Chorus	51		
64	CHOAUS & REVERB	Composke effect	68		
65	BASS CHORUS	Duol pich	62		

No	Effect name	Type	Page	Category	
66	STEREO PHASING	Modulation deksy	41		
67	CLASSY GLASSY	Chorus	51		
68	SILKY SWEEP	Modulation deksy	41		
69	UP DOWN FLANGE	Flonger	47		
70	TREMOLO	Tremolo	53		
71	ROTARY SPEAKER	Rotary Speoker	85		
72	AUTO RAN	Auto pon	55		
73	PHASER	Phoser	49		
74	RING MODULATION	Ring modulotor	57		
75	MOD FILTER	Modulation fiter	56		
76	DYNA FLANGE	Dynornic flonger	59		
77	DYNA PHASER	Dynomic phoser	60		
78	DYNA FILTER	Dynamic filter	53		
79	M. BAND DYNA	Multi-bond dynamics procesoor	83	FILTER	
80	MULTI FILTER	Multi-filter	82		
81	DISTORTION	Multi-bond dynamics procesoor	83		
82	DISTORTION	Distortion	86	DISTORTION	
83	AMP SIMULATOR	Amp aimulotor	87		
84	DIST)FLANGE	Composke effect	66		
85	DIST)DELAY				
86	REV)CHORUS		63		YELLOW
87	REV +FLANGE		69		
88	REV)SYMPHONIC		71		
89	REV)PAN		72		
90	DELAY +ER 1		73	MULTIPLE	
91	DELAY +ER2				
92	DELAY +ER 1				
93	DELAY +ER2				
94	DELAY +REV		75		
95	DELAY)REV				
96	RESO DRCNE				
97	FREEZE	Freez o	77	SAMPLING	

그림 4-169 뱅크 1

CLASSIC bank

No	Effect name	Type	Page	Category	Dioplay background color
1	REV 1 HALL	Reverb	29		
2	REV 2 ROOM				
3	REV 3 VOCAL				
4	REV 4 PLATE				
5	EARLY REF 1	Eorly reflection	37		
6	EARLY REF 2				
7	DELAY L,R	Delay L,R	46		
8	STEREO ECHO	Stereo echo			
9	STEREO FLANGE A	Stereo flanger	50		
10	STEREO FLANGE B				
11	BRIGHT HALL	Reverb	31		
12	BREATHY REVERB				
13	CONCERT HALL				
14	REVERB FLANGE	Compocite effect	69		
15	REVERB STAGE	Reverb	31		
16	REV-X VOCAL PLT	REV-X	27	PLATE	
17	REV-X BRIGHT PLT				
18	REV-X SNARE PLT				
19	VOCAL PLATE	Reverb	31		
20	ECHO ROOM 1				
21	ECHO ROOM 2				
22	PRESENCE REVERB				
23	ARENA				
24	THIN PLATE	Stereo reverb	30		
25	CLD PLATE	Reverb	31		

그림 4-170 뱅크 2

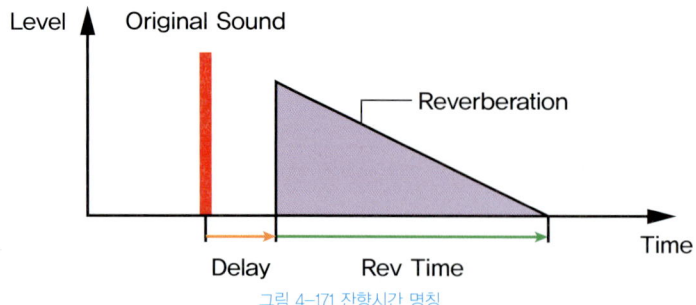

그림 4-171 잔향시간 명칭

HALL	홀과 같은 건축물의 잔향을 재현한 리버브입니다. 느린 솔로곡에 많이 사용합니다.
PLATE	철판의 진동을 이용한 아날로그 리버브 머신을 재현한 리버브입니다. 여러 명의 보컬에 사용하기도 합니다.
ROOM	작은 방에서 깨끗한 벽의 방을 시뮬레이션한 이펙터입니다.
GATE REVERBS	보통의 리버브는 여운을 중요시 하는데, 게이트는 일정시간이 지나면 여음이 사라지는 이펙터입니다.
DRUM MACHINE REVERBS	드럼 등의 악기에 사용할 때 유용한 이펙터입니다.
DELAYS	보컬이나 악기의 수음에서 아주 잘 사용되는 이펙터로 같은 음을 반복하여 소리의 입체감을 살려줍니다.
PITCH EFFECTS :	소리를 왜곡하여 음성변조를 한다거나 영화나 방송에서 특별한 소리를 얻을 때 사용됩니다.

REVERB HALL, REVERB ROOM, REVERB STAGE, REVERB PLATE

1개의 입력, 2개의 출력 홀(Hall), 룸, 스테이지, 플레이트 리버브(Plate Reverb) 시뮬레이션, 게이트가 있는모든 이펙트

No	Effect name	Type
REV TIME	0.3–99.0s	리버브 시간
INI. DLY	0.0–500.0 ms	리버브 시작 이전의 초기 딜레이
HI. RATIO	0.1–1.0	고주파 리버브 시간 비율
LO. RATIO	0.1–2.4	저주파 리버브 시간 비율
DIFF.	0–10	"리버브 확산 (리버브의 좌우 퍼짐)"
DENSITY	0–100%	리버브 밀도
E/R DLY	0.0–100.0 ms	초기 반사음과 리버브 사이의 딜레이
E/R BAL.	0–100%	"초기 반사음과 리버브의 밸런스 (0% = 모든 리버브, 100% = 모든 초기 반사음)"
HDF	THRU, 212 Hz–8.00 kHz	하이 패스 필터 컷오프 주파수
LPF	50.0Hz – 16.0kHz, THRU	로우 패스 필터 컷오프 주파수
GATE LVL	OFF, –60 – 0dB	게이트 킥 인 레벨
ATTACK	0~120 ms	게이트 열림 속도
HOLD	*1	게이트 열림 시간
DECAY	*2	게이트 닫힘 속도

*1. 0.02 ms–2.13 s (fs=44.1 kHz), 0.02 ms–1.96 s (fs=48 kHz)
*2. 6.0 ms–46.0 s (fs=44.1 kHz), 5.0 ms–42.3 s (fs=48 kHz)

그림 4-172 리버브 설정값

컴프레서/리미터 (Compressor/Limiter)

예배 시간에 목사님께서 작은 음성으로 말씀하시다가 갑자기 큰 음성으로 말씀하시게 되면 음향 장비에 Clip을 발생하거나 과도한 모니터 출력으로 하울링 등이 발생하여 당황하는 경우가 있습니다. 이럴 때는 누군가 음향을 감소시키거나 증폭시켜 주어야 하는데, 엔지니어가 목사님의 표정을 보며 최선을 다해 음량을 조정한다고 해도 사람의 반응에는 한계가 있습니다. 어느 정도 적정한 레벨에서 더 이상 커지지 않게 자동적으로 볼륨을 조정하는 기기가 있으면 좋겠다는 생각이 들게 되는데, 이럴 경우 사용하면 적합한 기기가 컴프레서/리미터입니다.

그림 4-173 컴프레서 전면

컴프레서와 리미터를 구분하는 기준은 압축 비율(Ratio) 중 상대적으로 낮은(2:1, 3:1, 4:1 6:1) 비율로 압축하는 것을 컴프레서(Compressor)로 사용한다 하고, 압축 비율이 8:1 이상인 경우는 소리를 압축보다는 제한하는 경우가 되기 때문에 리미터(Limiter)로 사용한다고 합니다.

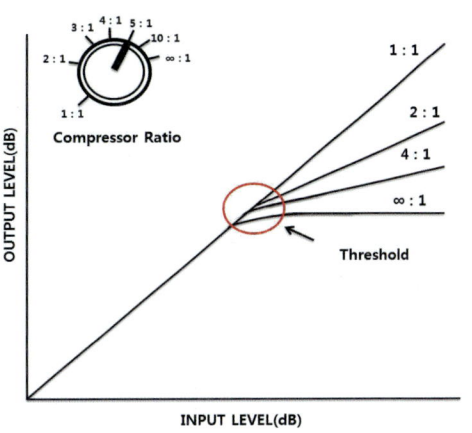

그림 4-174 컴프레서 RATIO

이제 흔히 사용되고 있는 컴프레서 리미터 기기 중에 베링거의 MDX2600 모델을 통해서 기능을 알아보겠습니다.

그림 4-175 베링거 컴프레서

그림 4-175에서 보듯이 1번 채널과 2번 채널로 각각 사용되며 각기 컴프레서/리미터 기능 외에 별도의 익스펜터/리미터의 기능과, 디에서 기능, 그리고 기기 보호 차원의 리미터 기능도 포함되어 있습니다.

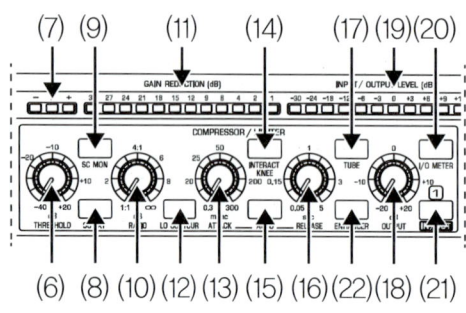

그림 4-176 조절 스위치 설명

⑥은 트레숄드(Threshold; 문턱, 문지방)입니다. -40dB ~ +20dB의 범위는 소리의 크기를 말하는 것으로 어떤 레벨에서부터 소리를 제어할 것인가를 결정하는 노브입니다. 컴프레서의 매우 중요한 기능 중 하나로, 압축 비율과 함께 섬세한 조정이 필요합니다.

⑧의 SC EXT와 ⑨의 SC MON은 컴프레서에 별도의 기기를 연결할 때 사용되는 기능입니다. 우리가 콘솔에서 이퀄라이저를 Insert를 통해 사용하였듯, 컴프레서에도 이퀄라이저를 통해 특정 주파수를 압축하는(디에서) 기능을 사용할 수 있습니다.

설교 때 스피치 볼륨이 0dB에서 +6dB정도의 레벨이 듣기에 편안한 음량이라고 할 경우를 가정해보겠습니다. 이 때 갑자기 +12dB 정도의 큰 소리가 들린다면 청중들이 큰소리에 놀라게 될 것입니다. 그렇다면 이럴 경우 트레숄드 레벨을 어떻게 설정을 하면 좋을까요? 첫 번째 설정으로 +3dB에 설정을 하고 압축 비율을 2:1로 설정을 하는 경우, 두 번째 설정으로 +6dB에 설정을 하고 압축 이율을 6:1로 설정을 할 경우를 두고 비교해 보겠습니다. 첫 번째 설정의 경우 +3dB이상의 신호가 들어올 경우에 소리가 2:1, 즉 반으로 줄어들게 됩니다. 조금 어색한 부분이 있지만 큰 신호로 귀가 놀라거나 아프지 않아 좋습니다. 두 번째 설정의 경우 +6dB 이전의 레벨까지는 컴프레서가 동작을 하지 않지만 그 이상의 신호가 될 경우에는 상당히 소리가 줄어들어 부자연스럽게 들릴 수 있습니다.

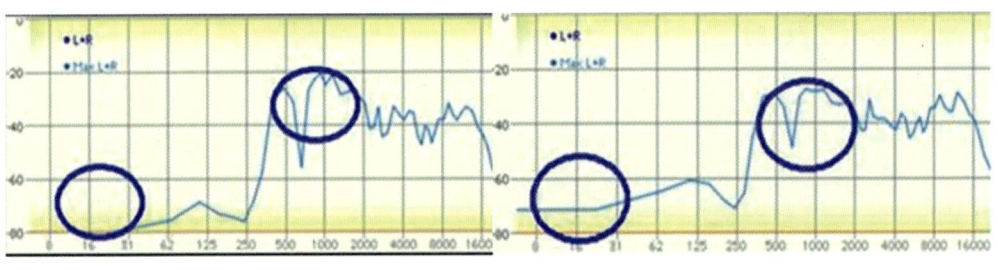

그림 4-177 컴프레서 기능을 통한 압축 전과 후

종 류	ATTACK(ms)	RELEASE(ms)	RATIO	KNEE
VOX	25 – 100	100 – 500	2:1 – 4:1	Soft
Bass	100 – 500	100 – 500	4:01	Hard
EG	25	1000 – 2000	4:1 – ∞	Hard
AG	100 – 500	100 – 500	4:01	Medium
Horns	25	25	5:1 – ∞	Hard
Drums (Kick, Snare)	25	25	4:01	Hard
Drums (Cymbals)	25	1000 – 2000	2:1 – 10:1	Hard

그림 4-178 컴프레서 설정값 (예시)

⑦은 컴프레서가 작동하는 부분을 LED로 보여줍니다. U를 중심으로 왼쪽 부분은 녹색, 중앙은 주황색, 오른쪽 부분은 빨간색 불이 점멸 됩니다. 트레숄드에 설정된 값보다 더 큰 레벨의 신호가 입력될 경우 LED가 점멸 되며 컴프레서의 작동 상태를 나타냅니다.

가운데 있는 주황색 불은 ⑭의 INTERACT KNEE 버튼을 누르게 되면 컴프레서가 동작을 할 때 부드럽게 작동을 하는 기능을 하게 되는데, 마치 무릎(KNEE)의 완만한 곡선처럼 동작하기 때문에 이러한 표현을 사용합니다.

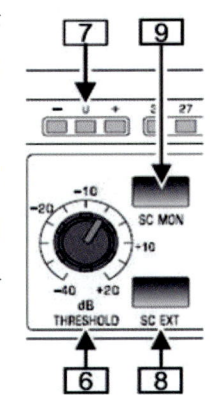

그림 4-179 컴프레서 트레숄드

예를 들어,
목사님들 중 발성 방법이 'ㅆ, ㅊ' 등의 자음에서 치찰음(Sibilance)을 많이 내시는 분들이 있습니다. 특히 단상 마이크처럼 근접 마이킹을 할 때 더 도드라지게 들리게 되는데, 이럴 때 이퀄라이저를 사용하여 치찰음에 해당하는 주파수를 제거하는 방법도 있지만, 컴프레서를 통해 선택된 주파수만 압축하는 방법도 있습니다. 이런 기능을 하는 기기를 디에서(De-esser)라고 부릅니다.

그림 4-180 디지털 컴프레서

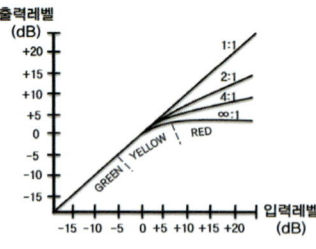
그림 4-181 소프트 Knee 컴프레서 곡선

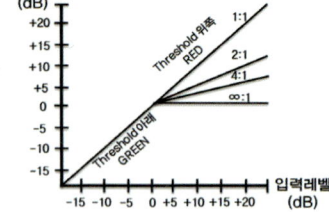
그림 4-182 하드 knee 컴프레서 곡선

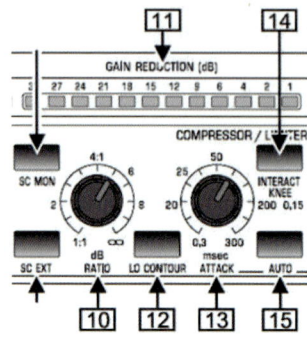
그림 4-183 컴프레서 스위치

⑩은 압축 비율을 나타내는 레이시오(Ratio)라고 합니다. 1:1은 바이패스와 같이 입력 신호를 음량을 줄이지 않고 그대로 출력하는 것을 말하고, 2:1부터 ∞:1의 비율로 트레솔드 설정 이상의 값은 음량을 감소하여 출력한다는 의미입니다. 보통 보컬의 경우에 1.2:1 정도나 2:1 등 비율을 낮게 설정하고, 악기의 경우는 음색이 비교적 왜곡의 부담이 적은 비율로 설정하게 됩니다.

⑫는 로우 컨투어(LOW CONTOUR) 버튼입니다. 이퀄라이저의 하이 패스 필터(High Pass Filter)와 비슷한 효과를 얻을 수 있는 버튼입니다. 예를 들어 마이크 팝핑(Popping)이나 강한 저음을 조정하는 데에 사용합니다.

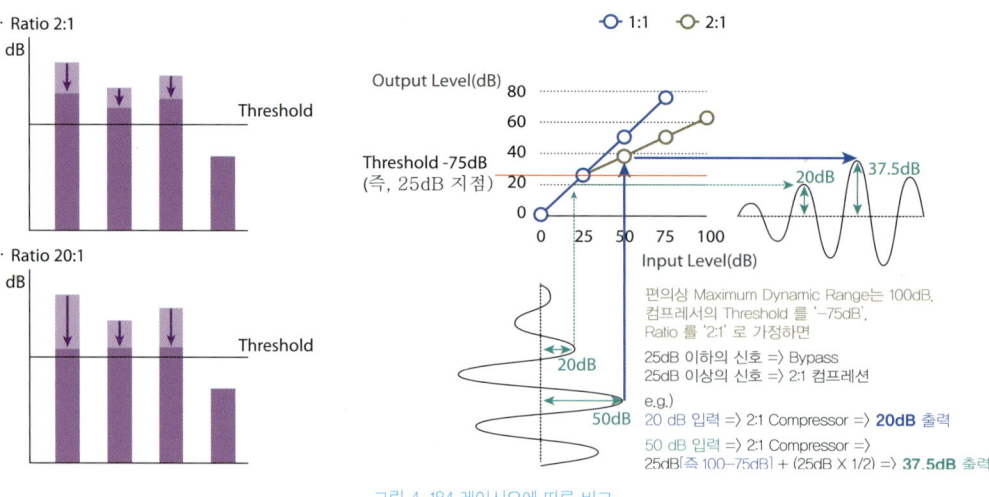
그림 4-184 레이시오에 따른 비교

참조 Basic Live Sound Reinforcement, Raven Biederman, Penny Pattison, Focal Press (2014) 164 페이지

⑭의 인터렉티브 니(Interactive Knee) 컴프레서에서 트레숄드에 설정에서 레이시오로 신호가 감쇄될 때 하드 니(Hard Knee)한 부분을 자연스럽고 부드럽게 만들어주는 기능입니다. 보컬이나 자연스러운 소리를 얻고자 하는 음원에 사용하는 기능입니다. 이 버튼을 누르면 ⑦의 가운데의 노란불이 점등 됩니다.

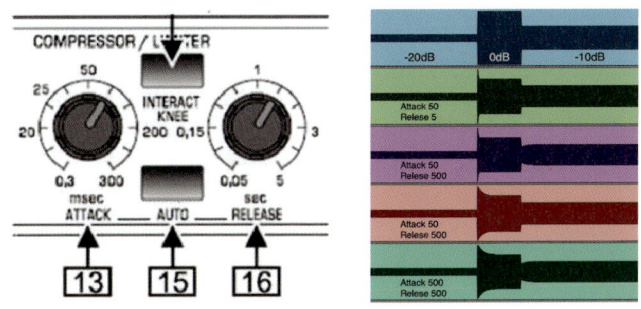

그림 4-185 컴프레서 스위치

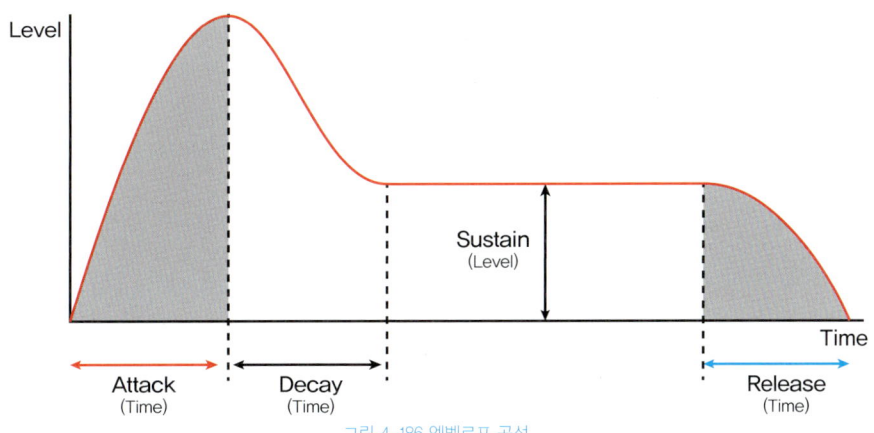

그림 4-186 엔벨로프 곡선

⑬은 컴프레서 작동 시작 시간을 설정하는 어택(Attack)입니다. 0.3m/sec에서부터 300m/sec의 범위를 가지게 됩니다. 스피치에 컴프레서를 설정할 때 너무 짧게 설정하면 소리의 자음 부분이 손실되어 들리게 됩니다. 악기를 사용할 때는 자유롭게 사용할 수 있지만 스피치에 사용할 경우에는 어택 시간을 여유있게 주어야 합니다.

⑯은 컴프레서 기능의 중지 시간을 설정해주는 릴리스(Release)입니다. 스피치를 할 경우에는 릴리스를 짧게 주면 소리가 말끔해집니다. 하지만 찬양을 할 경우에는 릴리스의 시간을 충분히 확보해 주어야 합니다.

⑮의 Auto 스위치는 어택과 릴리스의 시간을 자동으로 조정해주는 기능입니다. 기계의 판단으로 소리의 엔벨로프를 조정하는 것 입니다. 자신이 어택과 릴리스의 양을 조정해보고 오토 버튼을 눌러 비교해서 더 좋은 음향을 선택할 수 있습니다.

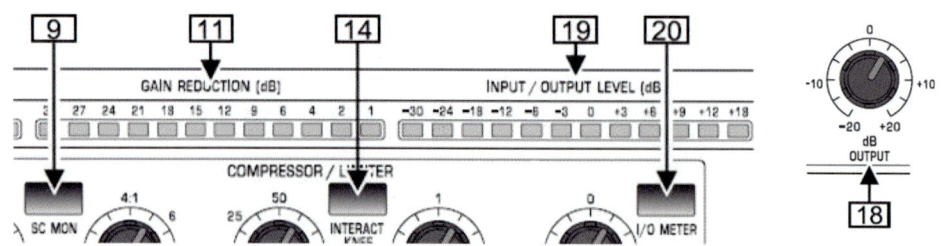

그림 4-187 컴프레서 스위치 설명 / 컴프레서 아웃 레벨

⑪의 게인 리덕션(Gain Reduction)에는 30 ~ 1의 숫자가 보이는데, 이는 컴프레서가 작동을 하게 되면 소리의 감쇄가 일어나는 양을 보여주는 LED 눈금입니다. 빨간 불로 들어오게 되는데, 컴프레서를 사용할 때나 익스팬더를 사용할 때는 주의해서 이 눈금을 보고 트레숄드, 레이시오를 조정합니다.

⑲는 입출력 레벨을 보여주는 디스플레이입니다. 가운데 0dB를 기준으로 -30dB ~ +18dB의 레벨로 되어 있습니다.

⑳의 스위치를 통해서 입력과 출력을 확인합니다. 스위치를 누를 경우 입력의 신호가 됩니다.

⑱은 컴프레서의 최종 아웃풋 볼륨 노브입니다. -20dB ~ +20dB의 볼륨을 조정하게 되는데, 컴프레서는 트레숄드 이상의 큰 음량은 줄이고 트레숄드 미만의 음량은 입력 레벨을 유지하게 됩니다. 줄어든 큰 음량과 유지된 작은 음량을 아웃풋 볼륨에서 함께 증폭하게 되면 평균적으로 음량을 상승시킬 수 있습니다. 통상적으로 컴프레서도 레벨을 조절한다는 점에서 일종의 프리앰프이기 때문에 기기에 따라 음색이 차이가 발생합니다.

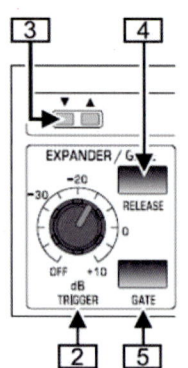

그림 4-188 익스팬더 게이트

컴프레서/리미터는 큰 소리에 대하여 그 양을 줄이는 제어 기능을 한다면, 익스팬더/게이트는 작은 소리에 대한 제어 기능을 합니다.

②의 트리거 노브는 익스팬더나 게이트를 설정하는 설정 값입니다. 컴프레서의 트레숄드와 비슷한 기능으로, 이 레벨 이하의 소리에 대하여 컴프레서/리미터가 작동하기 시작합니다.

③은 익스팬더/게이트의 작동 상태를 보여주는 램프입니다. 빨간 불이 점등되면 익스팬더/게이트가 작동 상태, 녹색 불은 휴지 상태

임을 나타냅니다. 이 램프를 참고하여 트리거를 조정해 원하는 만큼의 값을 설정합니다.

④는 릴리스(Release) 스위치입니다. 엔벨로프 곡선에서 릴리스 부분은 소리가 소멸되는 구간입니다. 릴리스 스위치를 누를 경우 소리의 릴리스 부분이 급격하게 소멸되고, 릴리스 스위치를 사용하지 않을 경우 릴리스 시간이 길게 여운이 되어 소리가 자연스럽고 풍성해집니다. 예를 들어, 킥드럼의 경우 이 스위치를 눌러서 소리의 선명도를 높이고, 현악기의 경우 스위치를 뺀 상태로 사용해서 풍부한 여운을 만들며, 보컬의 경우 솔리스트의 마이크에는 스위치를 빼서 풍부하게 하고, 스피치의 경우에는 릴리스 스위치를 작동하여 말끔하게 소리를 조정하는 것이 좋습니다.

⑤의 게이트(Gate) 스위치는 누를 경우 게이트로 작동하며 뺄 경우에는 익스팬더로 작동하게 됩니다.

 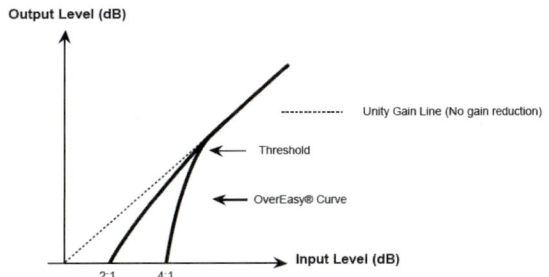

그림 4-189 익스팬더 게이트 곡선

㉙는 피크 리미터(Peak Limiter)입니다. 기기의 보호를 위해 사용하는 기능으로, 하울링이 크게 난다거나 원치 않은 큰 신호로 스피커나 장비가 파손되는 것을 우려한다면 미리 리미터를 설정하여 장비를 보호합니다. 리미터가 작동하면 ㉚의 LED에 빨간 불이 들어오게 됩니다.

그림 4-190 리미트 스위치

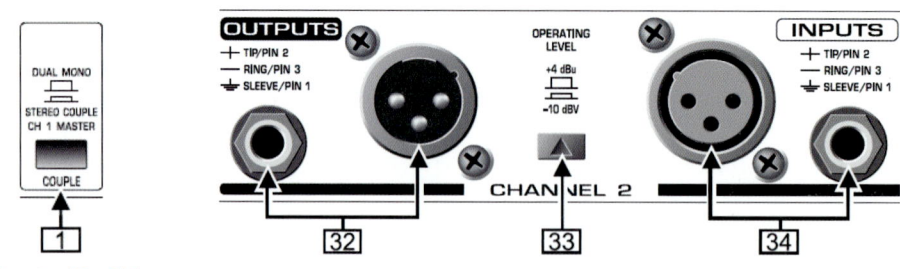

그림 4-191 커플 스위치   그림 4-192 컴프레서/리미터 기기의 연결

①번의 Couple 버튼은 현재 각기 작동하는 컴프레서를 스테레오 방식으로 변경할 경우 사용합니다. 1번 채널이 마스터가 되어 1번 채널에서 설정한 트레숄드, 레이시오, 어택, 릴리스 등의 설정값들이 2번 채널에도 동일하게 적용됩니다. 이때 2번 채널의 버튼은 작동하지 않게 됩니다. 녹음 외에 신호를 안정적으로 스테레오 방식으로 주어야 하는 곳에는 커플키를 사용하면 매우 편리합니다. 커플키를 중지할 경우 다시 각각의 컴프레서로 인식되어서 두 개의 모노 신호가 됩니다.

컴프레서의 뒷면의 입력과 출력은 XLR, TRS/TS 방식 모두 가능하게 되어 있습니다. 만약 모니터 스피커에 연결을 한다면 콘솔 AUX 출력에서 TRS 방식으로 컴프레서에 입력하고, 컴프레서 XLR 출력을 이용해서 파워 앰프로 연결합니다. 각 채널별로 컴프레서/리미터를 사용하기 위해 콘솔의 인서트에 그림 4-193과 같이 연결할 수 있습니다.

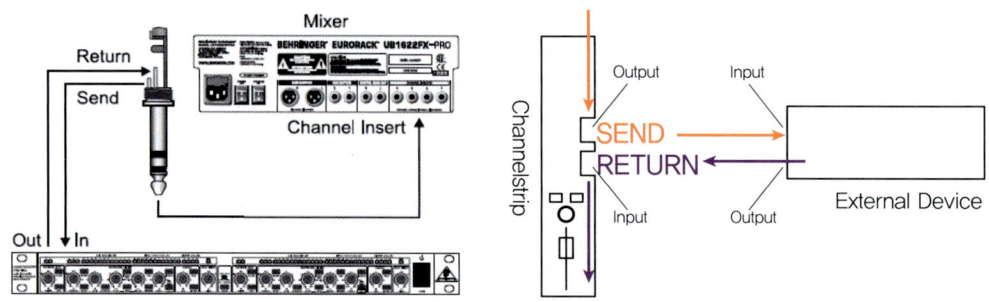

그림 4-193 인서트케이블을 이용한 연결

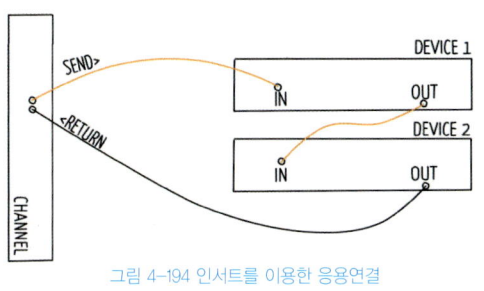

그림 4-194 인서트를 이용한 응용연결

Y형 케이블(인서트 케이블)을 이용해 콘솔과 연결을 합니다.

인서트를 이용할 경우 목사님 마이크에 컴프레서를 연결하고 이퀄라이저를 같이 연결하고 싶을 때 그림 4-194처럼 연결을 하여 사용 할 수 있습니다.

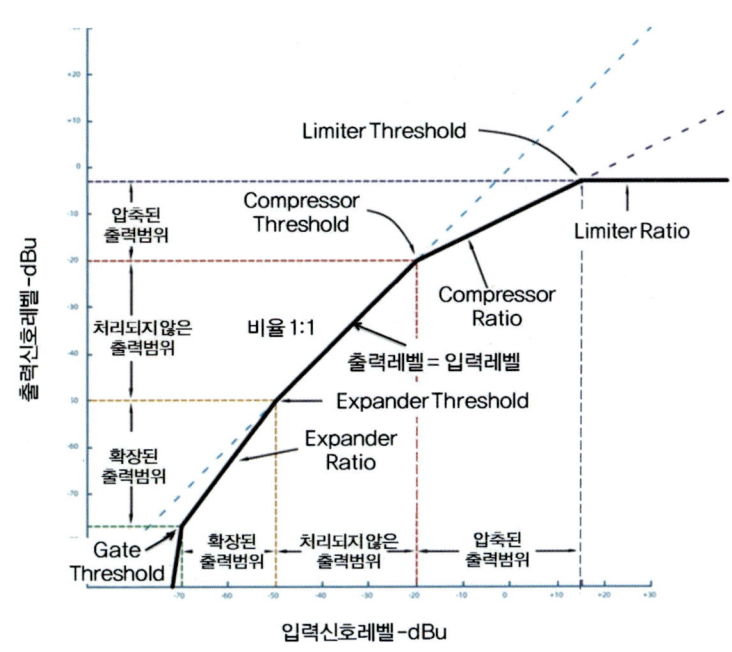

그림 4-195 다이나믹 이펙트별 작동 방법

익스팬더/게이트(Expander/Gate)

익스팬더는 확장한다는 의미가 있습니다. 컴프레서의 반대로, 불필요한 작은 신호를 제거하는 것입니다. 우리가 불필요한 주파수를 제거하는 것을 필터라고 했고, 채널에서도 저음을 제거하기 위해 로우컷 필터(하이 패스 필터)를 사용했습니다. 익스팬더는 주파수를 조절하는 기능이 아니라 소리의 작은 볼륨을 제거하는 기기입니다. 우리가 예배 설교 시간 중에 콘솔에 연결된 마이크 스위치와 콘솔 음량을 모두 On하게 되면 녹음되거나 다른 소예배실에 전달되는 음향에 잡음과 울림이 발생할 것입니다. 그렇지만 마이크를 Off 하거나 콘솔의 신호들을 MUTE할 경우 실수가 발생할 수 있습니다. 이럴 경우, 마이크에 큰 신호가 입력되지 않을 때는 자동적으로 마이크에서 입력되는 신호를 Off 시키고, 가까이에서 말하는 정도의 레벨에서는 정상으로 작동하도록 하는 익스팬더/게이트를 사용하게 되면 편리합니다.

익스팬더/게이트도 압축 비율이 높은 것은 게이트라고 합니다. 드럼에 마이킹을 할 경우, 스네어 드럼, 탐 드럼, 플로어 탐 등 너무 많은 마이크가 서로 간섭을 받습니다. 탐의 마이크에는 드러머가 탐을 칠 경우에 탐 소리가 크게 입력되지만, 스네어 드럼을 칠 때도 그 소리가 탐 마이크에 작게 입력되게 됩니다. 이 신호가 스네어 드럼 마이크 소리와 합쳐질 뿐만 아니라, 두 마이크 사이에 미세하지만 시간차도 생기게 되어 결과적으로 소리가 지저분해지게 됩니다. 이 때 적절한 레벨로 탐 마이크에 게이트를 연결하면, 탐을 연주할 때 트리거 소리보다 작게 입력되는 스네어 드럼 소리를 차단하게 되어 악기 간 영향을 최소화 할 수 있습니다.

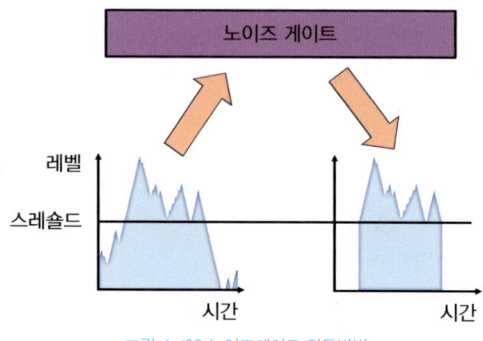

그림 4-196 노이즈게이트 작동방법

INTRODUCTION TO SOUND SYSTEM FOR CHURCHES

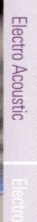

파워 앰프(Power Amplifiers)

파워 앰프의 역할

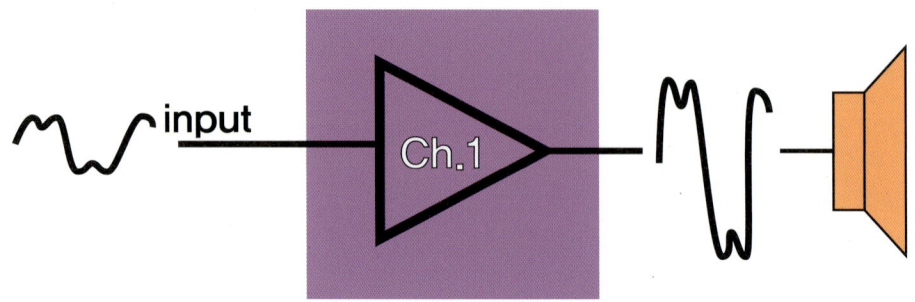

그림 4-197 소리의 증폭

파워 앰프는 콘솔 및 아웃보드를 통해 믹싱(Mixing)되고 프로세싱(Processing)된 신호를 전기적으로 크게 증폭해주는 역할을 합니다. 파워 앰프는 가장 많은 전력을 사용하게 되며 소리의 출력부분에 중요한 역할을 하게 됩니다. 제조사 마다의 음색과 안정성이 다르기 때문에 파워 앰프에 대한 이해가 필요합니다. 최근에는 DSP(Digital Signal Processing)를 내장하고 가벼우면서도 전력 효율이 좋은 파워 앰프가 등장하여 주목을 받고 있습니다.

파워 앰프의 기능
오디오시그널의 크기

마이크 레벨은 -∞dBu ~ -20dBu(77.5mV)로 아주 낮은 전기적 신호입니다. 이러한 신호는 콘솔의 프리 앰프를 통해 대략 20dBu(77.5mV) ~ 30dBu(24.5V)의 라인 레벨 범위로 증폭된 후, 각 기기 간의 연결이 가능한 수준의 레벨로 사용됩니다. 모든 음향 처리가 끝난 후에는 최종적으로 파워 앰프에서 20배 ~ 1,000배 증폭하여 +30dBu(24.5V) 이상인 스피커 출력 레벨이 됩니다. 이는 전기핸드 그라인더를 사용할 수 있을 만큼의 출력입니다.

그림 4-198 마이크 입력 대비 출력

그림 4-199 CREST AUDIO CPX1500

위의 사진은 미국의 크레스트 오디오(CREST AUDIO)사의 CPX1500입니다.

그림 4-199로 살펴보면 전면 사진은 왼쪽에 두 개의 볼륨을 조정 할 수 있는 노브(Knob)가 있고, 앰프의 신호 입력 확인과 과입력 경고를 표시하는 LED가 있습니다. 판넬은 공기가 잘 순환되도록 팬과 환풍구를 포함하여 설계가 되어 있고, 맨 오른쪽에는 전원 스위치가 있습니다.

다음은 앰프의 뒷면입니다. 왼쪽에는 쉽게 꽂고 뺄 수 있는 전원 입력 단자가 있습니다. 편리하지만 실수로 살짝 빠져있을 경우도 있기 때문에 끝까지 잘 장착되었는지 주의해야 합니다. 오른쪽에는 스피커로 출력을 할 수 있게 단자가 2가지 방법으로 되어 있습니다. 상단에는 스피콘을 사용하여, 찬양단용 모니터 스피커와 같이 자주 결속

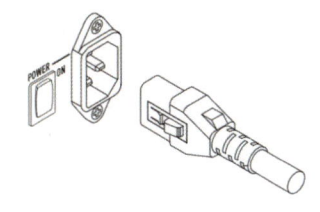

그림 4-200 전원연결부

및 해지하는 경우에 쉽게 사용됩니다. 왼쪽, 오른쪽 커넥터는 각각 왼쪽, 오른쪽 스피커 출력용으로 구분되고 가운데 커넥터는 브릿지 모드(출력을 하나로 묶어서 큰 신호로 보낼 때)로 사용할 때 쓰는 단자입니다.

하단의 검정색과 빨간색 단자는 고정된 시설에 설치할 경우에 안전하게 스피커선과 직접 결속하여 사용하는 단자입니다. 그 옆으로 앰프 사용 방식(스테레오, 모노, 브릿지)을 선택하는 스위치가 위치해 있고 오른쪽 그림은 앰프 내부 온도를 낮추기 위한 공기 내부에 흡기배기를 위한 순환팬이 위치해 있습니다. 가장 오른쪽에는 콘솔 신호 입력 단자들이 위치해 있는데 XLR과 ¼" TRS/TS를 겸용으로 사용할 수 있는 단자입니다.

Specifications

파워 앰프의 사양(Spec)

파워 앰프는 제조사별로 모델에 대한 사양(Spec)이 매뉴얼에 기재되어 있습니다. 매뉴얼에 기재된 파워 앰프의 사양과 기능은 제조사별로 다르지만 기본적인 구성을 이해하고 이를 바탕으로 추가적인 기능을 이해할 수 있습니다.

Stereo Power 8 ohms	1kHz, 0.1% THD+N: 300W
Stereo Power 4 ohms	1kHz, 0.1% THD+N: 500W
Stereo Power 2 ohms	1kHz, 1% THD+N: 750W
Bridged Mono power 8 ohms	1kHz, 0.1% THD+N: 1000W
Bridged Mono power 4 ohms	1kHz, 1% THD+N: 1500W
Hum & Noise	Stereo mode, Below rated output power, 4 ohms: 100 dB
Input sensitivity &Impedance	@ rated output power, 4 ohms : 1.12V RMS (+1 dBv) unbalanced, 1/4" phone jack : 20K Ohms balanced, XLR: 10K Ohms
Distortion	Stereo mode, both channels driven, 4 ohms 20 Hz to 20 KHz, 10dB below rated power: less than 0.03% 20Hz to 2 KHz, at full rated power: less than 0.03%
Frequency response	Stereo mode, both channels driven +0, -1dB @ 1W RMS, 4 ohms : 20Hz to 20kHz
Damping factor	(typical value) Stereo mode, both channels driven 8 ohms, 1 kHz :)300
Power consumption	Stereo mode, both channels driven @ 1/3 output power, 4 ohms 120 VAC: 8.0A
Topology	Class AB
Weight	45 lbs. (20.5 kg)
Dimensions	3.5"H x 19"W x 14"D 8.9 cm H x 48.3 cm W x 35.6 cm D

그림 4-201 파워앰프 스펙

Stereo power

스테레오 파워 앰프는 보통 2개의 입력 신호를 각각 증폭합니다. 출력량은 교류저항 값으로 임피던스의 영향을 받는데 표기 단위는 옴(Ω, ohm)이며, 보통 8Ω, 4Ω, 2Ω 으로 되어 있습니다. 예를 들어 그림 4-201의 첫 줄에 기재되어 있는 "Stereo Power 8 ohms, 1KHz, 0.1% THD+N 300W"라는 것은 8Ω의 임피던스로 스피커

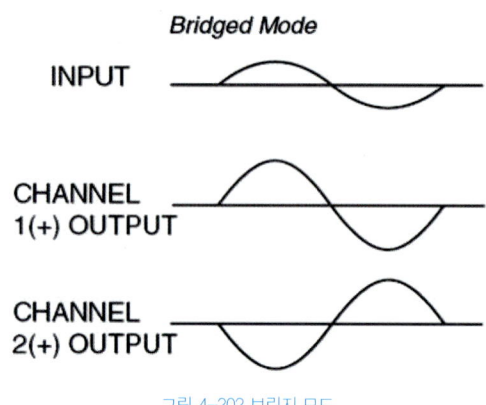

그림 4-202 브릿지 모드

를 연결했을 경우 1kHz 주파수를 입력했을 때, 정격 파워가 300W라는 표시이며 THD+N (Total Harmonic Distortion + Noise)는 왜율(왜곡율)이 약 0.1%정도를 말합니다.

스피커의 기본 임피던스는 8Ω이며, 병렬일 때 4Ω으로 임피던스가 낮아지면 반대로 출력은 높아지게 됩니다. CPX 1500의 경우 8Ω = 300W, 4Ω = 500W, 2Ω = 750W를 출력합니다.

스피커를 병렬로 여러 개를 연결해 낮은 임피던스를 사용하면 효율이 더 높아지지만, 그만큼 파워 앰프의 출력이 높아지기 때문에 열이 발생하고 고장의 원인이 되기도 합니다.

Bridge Mono

1대의 스테레오 파워 앰프는 보통 2개의 앰프로 구성되어 스테레오 출력이 가능한데, 이 두 개의 앰프에 다리(Bridge)를 놓아 두 배 이상의 출력을 기대할 때 사용됩니다.

위의 파워 앰프의 스펙을 보면 Stereo Power 4Ω에서는 500W의 출력이 각각의 출력단에서 발생하고, Bridged mono power 4Ω에서는 1500W의 출력이 발생합니다.

이것은 파워 앰프를 브릿지 모드로 사용했을 경우에 더 효율이 좋다는 뜻입니다. 하지만 브릿지 모드에서는 2Ω에서의 사용을 말하고 있지 않습니다. 이것은 "사용하면 안 된다"라는 뜻입니다. 참고로 4Ω의 스피커 2개를 병렬로 연결하여 파워 앰프에 연결하면 2Ω으로 인식하게 되는데 이러한 경우 파워 앰프를 브릿지 모노모드로 사용하면 파워 앰프는 과부하가 걸려 고장의 원인이 될 수도 있습니다. 만약 앰프의 출력이 작다면 가능한 출력이 큰 것으로 교체하는 것이 좋습니다.

Hum & Noise

보통 신호대 잡음비(SNR, Signal to Noise Ratio)라고 하며 파워 앰프의 출력성분에서 Hum성분이나 노이즈 대 신호의 비율을 알려주는 항목입니다. 음성대역에 크게 영향을 미치지 않는 파워 앰프의 고유 노이즈의 성분이 정확한 측정 값을 알 수 없게 하는 경우를 막기 위해 A Weight 커브의 필터를 걸어 측정하는 제조사들이 많은데, 이 경우 아무런 필터를 걸지 않고 측정한 파워 앰프보다 SNR이 좋게 보이므로 이를 감안하여 판단해야 합니다. CPX1500의 경우 특정필터를 걸지 않고 측정하였으며 Stereo Mode, 정격출력, 4Ω에서 측정했을 때 100dB의 SNR값을 갖습니다. 이 값이 높을수록 좋은 기기입니다.

Input sensitivity & Impedance

입력 감도를 말하며 파워 앰프가 정격출력을 내기 위해서 필요한 입력전압을 말합니다. 즉 입력 감도에서 제시하는 크기의 신호에 파워 앰프의 출력이 안정적으로 출력될 수 있음을 의미합니다.

CPX1500 모델의 경우 1.12V RMS(Root-Mean-Square, 실효값) +1dBv의 감도입니다.
밸런스(XLR 타입) 입력일 경우 10kΩ의 임피던스를, 언밸런스(1/4" phone jack) 입력일 경우 20kΩ의 하이 임피던스를 가지고 있습니다. 이렇게 하이 임피던스로 설정된 이유는 입력 임피던스가 출력 임피던스보다 높을 경우 시그널의 일그러짐이나 열화를 막기 때문이고 국제 규격으로 정하고 있습니다.

Distortion

오디오 신호의 일그러짐을 말하고 왜곡율의 또 다른 표현입니다. CPX1500의 경우 부하 임피던스 4Ω에 주파수 20Hz ~ 20kHz 에서 출력 10dB이하에서의 종합 왜율을 표시합니다. Stereo출력의 경우 0.03%의 일그러짐 특성이 나타나는 것을 알 수 있습니다.

Frequency response

주파수 응답 특성을 말하며, 정격 출력의 주파수 특성을 나타내는 표시 항목입니다. 스테레오 1W의 평균출력(RMS)에서 4 ohms기준 20Hz ~ 20kHz 범위의 주파수 응답 특성 내에서 최대값이 +0, 최소값이 −1dB입니다

Damping factor

파워 앰프가 스피커의 동작을 제동할 수 있는 능력(제동율)을 말합니다. 이 댐핑팩터의 값은 파워 앰프의 출력 임피던스를 스피커(부하)의 임피던스로 나눈 값을 말하며, 파워 앰프의 출력 임피던스가 낮을수록 스피커 제동율이 높다고 할 수 있습니다.

$$\text{댐핑팩터(Damping Factor)} = \frac{\text{스피커 부하 임피던스(Load Impedance)}}{\text{앰프 출력 임피던스(Amplifier Output Impedance)}}$$

CPX1500의 경우 Stereo출력의 경우 8Ω에서 1kHz를 기준으로 >300의 댐핑팩터 값을 가지는 것을 확인할 수 있습니다.

스피커 부하 임피던스가 8ohm으로 높아질 경우 제동률 수치는 모노 시 600, 스테레오 시에는 1200이라는 높은 수치가 측정됩니다. 적당한 제동률은 스피커 우퍼 제동력을 향상시켜 소리가 맑고 깨끗해집니다. 하지만 반대로 너무 높은 경우 스피커를 과제동함으로써 소리가 거칠거나 음이 딱딱해지는 단점이 있으므로 파워 앰프의 제동률 수치는 사양의 표시일 뿐 좋은 음질을 위한 조건이 될 수는 없다는 점을 염두에 두어야 합니다.

Power consumption

전기 소비량을 표시하는 설명입니다. 1/3의 파워 출력에 4Ω 부하 스피커를 사용할 경우 120VAC의 전압과 8A의 전류를 소모합니다.

Topology

증폭방식	특징
Class A	1개의 트랜지스터가 전파형을 증폭하는 방식으로 음질이 매우 우수하여 고급 오디오에 사용되나 많은 열이 발생하고 고출력을 얻기 힘든 단점이 있습니다.
Class B	신호가 들어올 때만 반응하여 효율이 좋으나 왜곡이 일어나기 때문에 자주 사용하지 않습니다.
Class AB	Class A의 좋은 음질과 Class B의 좋은 효율성의 장점을 가져와서 만들어 낸 증폭방식으로 볼륨이 작을 때에는 Class A로 작동되고 클 때에는 Class B와 유사하게 작동됩니다.
Class D	열 발생이 적어 고효율(80-90%)을 낼 수 있으나 스위칭 노이즈가 발생하기 쉽습니다.
Class G,H	고효율, 고출력이 가능하여 최근 대규모 음향시설에 많이 사용됩니다.

그림 4-203 Topology

Class A 증폭 방식은 1개의 트랜지스터가 전 파형을 증폭하는 방식으로 음질이 매우 우수하여 최고급 오디오에 사용되나, 많은 열이 발생하고 고출력을 얻기 힘든 단점이 있습니다. Class B 증폭 방식은 신호가 들어올 때만 반응하므로 효율이 좋으나 심한 왜곡이 일어나기 때문에 실제로는 잘 사용하지 않습니다. Class AB 증폭 방식은 Class A의 좋은 음질과 Class B의 좋은 효율성의 장점만 따서 만들어낸 증폭 방식으로 볼륨이 작을 때는 A 방식으로 작동되고 높을 때는 B 방식과 유사하게 작동됩니다. Class H(Class G)는 Class AB의 단점과 Class D의 단점을 보완한 방식이 라고 할 수 있습니다. CPX1500은 class AB 타입의 앰프 구동 방식을 사용하고 있습니다.

Weight

파워 앰프의 질량을 표시하는데, 우리나라는 표준 질량 단위로 kg를 사용합니다. 위의 파워 앰프는 20.5kg의 대단한 중량을 가지고 있음을 알 수가 있습니다. 그리고 전자에 있는 lbs라는 단위는 라틴어에서 유래한 단어이며, 영국의 표준 질량 단위인 pound와 미국에서 사용하는 MKS와 같은 표현으로 쓰이기도 합니다. 발음 역시도 파운드로 표시하는 질량 단위입니다. 1kg는 2.2 lbs와 같은 질량입니다.

Dimensions

3.5"H × 19"W × 14"D   8.9 cm H × 48.3 cm W × 35.6 cm D

크기를 표시하는 부분입니다. W= width, H=height, D=depth의 약자이며, (가로 × 높이 × 깊이) 순서대로 표시합니다. 위에는 미국과 유럽식 크기 단위인 인치로 표시하는 부분입니다. 1 inch는 2.54cm와 같은 길이입니다

파워 앰프의 모드

하나의 스테레오 파워 앰프에는 두 개의 채널이 있습니다. 파워 앰프는 3가지 방법으로 스테레오 모드, 패러럴 모드, 브릿지 모드로 사용할 수 있습니다.

스테레오 모드(Stereo Mode)

A 입력으로 들어온 신호는 A로 출력되고, B 입력으로 들어온 신호는 B로 출력되게 됩니다. 보통의 경우 메인스피커도 왼쪽의 신호와 오른쪽의 신호가 조금씩 다른 소리가 납니다.

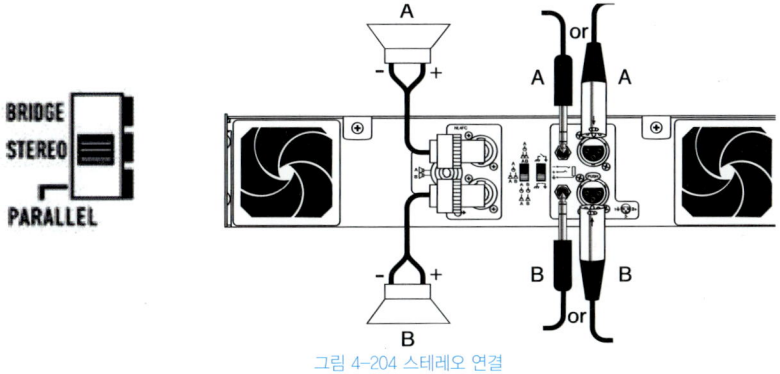

그림 4-204 스테레오 연결

설교의 경우에는 같은 신호가 모노로 콘솔에 입력되지만, 드럼의 경우 탐 마이크 설치 위치에 따라 오른쪽에서 왼쪽으로 조금씩 PAN을 다르게 설정하여 L과 R의 출력량이 조금씩 다른 스테레오 신호로 입력하기도 합니다.

패러럴 모드(Parallel Mode)

패러럴 모드는 A 단자 하나의 입력을 받아서 앰프의 출력앰프에 동일하게 입력하는 모드입니다. 출력은 2채널 각기 작동하지만 입력신호는 같습니다. 입력 신호가 동일하기 때문에 A 채널 B 채널 출력의 볼륨만 다르게 사용해야 할 경우에 많이 사용되는 모드입니다.

예를 들어 공간이 작은 예배실 뒤의 로비나, 유아실 등 출력되는 음향은 동일하지만 공간과 대상의 차이로 볼륨만 제어해야 할 경우 패러럴 모노 모드를 사용합니다. 앰프 뒷면에 셀렉터를 패러럴 모드로 선택하고 파워 앰프의 앞면에 볼륨을 조정하여 동일한 입력 신호에 대해 각각의 출력량을 조정할 수 있습니다.

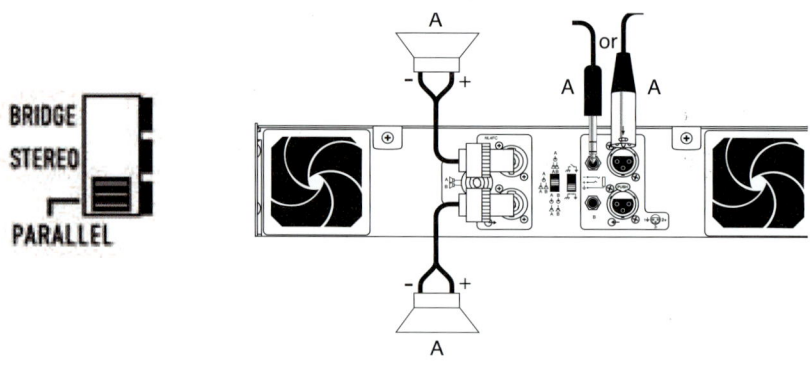

그림 4-205 패러럴 모드

브릿지 모노 모드(Bridged Mono Mode)

브릿지 모노 모드는 파워앰프의 출력을 하나로 합쳐서 보다 큰 스피커의 출력에 사용될 때 사용합니다. 모노 모드와 같이 A에 입력을 하고 뒷면에 스피커 연결에서는 A 채널에 +신호를 스피커의 +신호로, B 채널의 +신호를 스피커의 -신호로 연결을 해줍니다. 이렇게 두개의 파워에 다리를 놓듯이 하나로 사용하게 됩니다. 브릿지 모드를 사용하려면 파워 앰프의 뒷면에 셀렉터를 브릿지 모드로 선택하고 파워 앰프의 앞면에는 A 채널의 볼륨만 사용합니다. 스위치 전환 전에 앰프 전원을 끄고 동작을 해야 합니다.

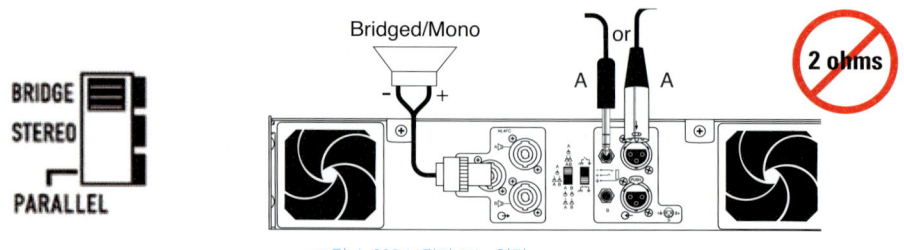

그림 4-206 브릿지 모노 연결

DSP를 내장한 파워 앰프

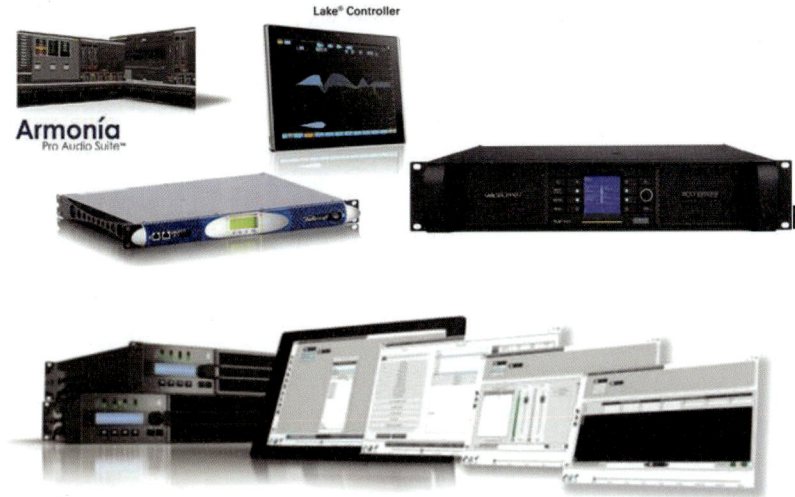

그림 4-207 DSP를 내장한 파워 앰프

파워 앰프의 기능과 스피커 프로세서의 기능의 조합으로 만들어진 디지털 방식의 파워 앰프 입니다. DSP기능의 내장으로 파워 앰프의 활용도와 기능이 편리해졌고, 스위칭 파워 서플라이 방식으로 구조면에서 효율이 좋습니다. 또한 가볍고 콤팩트한 사이즈에 다채널운용으로 현장에서 사용이 편리해졌습니다.

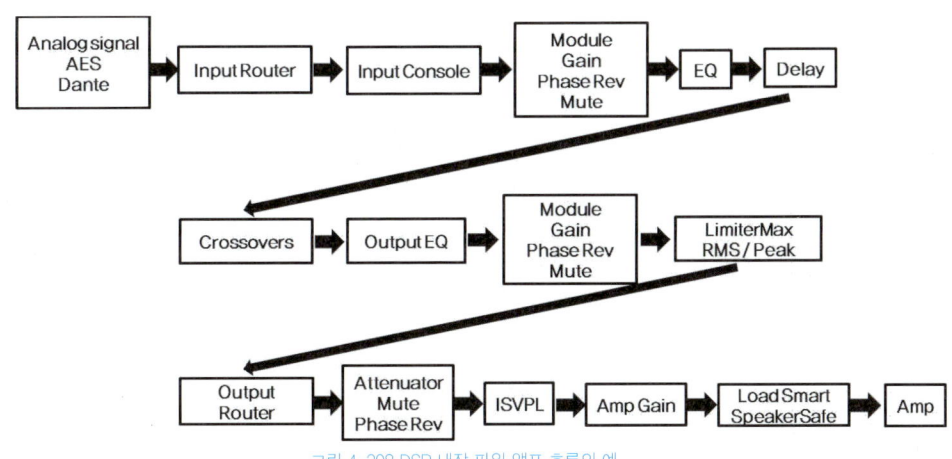

그림 4-208 DSP 내장 파워 앰프 흐름의 예

Appendix C - Wire Gauge Chart (Metric)

Stranded Cable Lgth. (m)	Wire Gauge (mm²)	Power Loss (8 ohm load)	Power Loss (4 ohm load)	Power Loss (2 ohm load)
2	0.3	2.9%	5.6%	10.8%
	0.5	1.74	3.4	6.7
	0.75	1.16	2.3	4.5
	1.5	0.58	1.16	2.3
	2.5	0.35	0.7	1.39
	4	0.22	0.44	0.87
5	0.5	4.3%	8.2%	15.5%
	0.75	2.9	5.6	10.8
	1.5	1.45	2.9	5.6
	2.5	0.87	1.74	3.4
	4	0.55	1.09	2.2
	6	0.37	0.73	1.45
10	0.5	8.24%	15.5%	28%
	0.75	5.6	10.8	19.9
	1.5	2.9	5.6	10.8
	2.5	1.74	2.9	6.7
	4	1.09	1.74	4.3
	6	0.73	1.09	2.9
30	0.75	15.5%	0.73%	45%
	1.5	8.2	15.5	28
	2.5	5.1	9.8	18.2
	4	3.2	6.3	12
	6	2.2	4.3	8.2
	10	1.31	2.6	5.1

Appendis C

Crest Audio CA Series Power Amplifiers
Models CA2, CA4, CA8, CA9, CA12, CA18

그림 4-209 스피커 케이블 효율

스피커 케이블에 관한 효율을 나타낸 표입니다.

기본적으로 케이블이 굵을수록, 임피던스를 높게 사용할수록 효율이 좋은 것을 알 수 있습니다.

파워앰프 입력신호 연결

앰프의 뒷면을 보게 되면 두 가지 방법으로 입력을 받을 수 있습니다. 평형 신호와 불평형 신호로 받게 되는데 그림 4-210과 같이 커넥터를 제작해서 입력합니다.

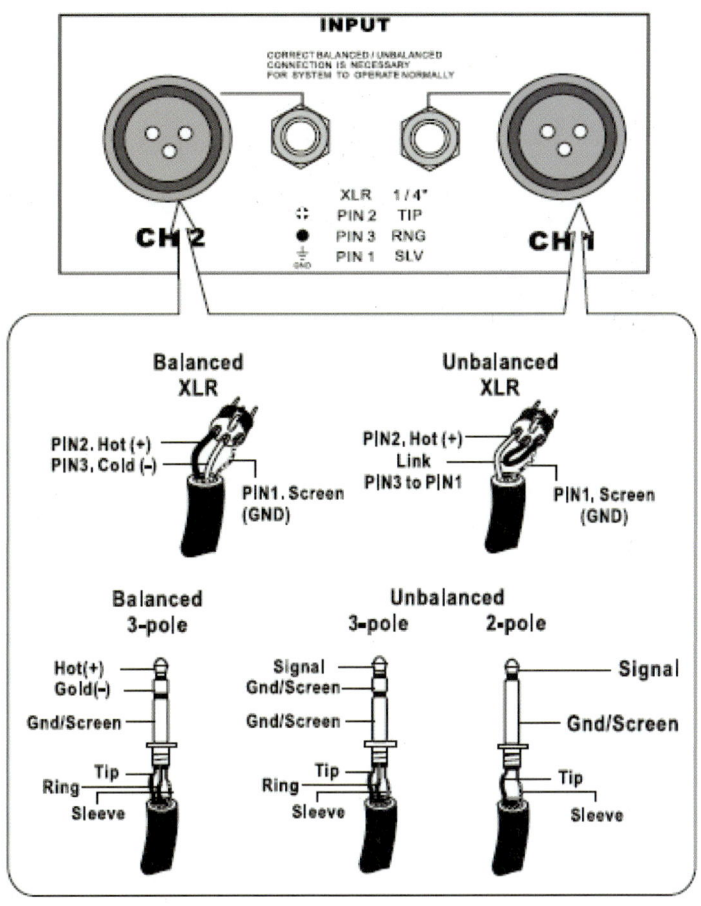

그림 4-210 파워 앰프 입력 신호 연결

파워앰프 출력신호 연결

파워 앰프의 출력 신호는 케이블의 결선에 따라 스피콘 출력과 직접결선 방식 두 가지 방법으로 가능합니다.

스피콘(Speakon) 출력

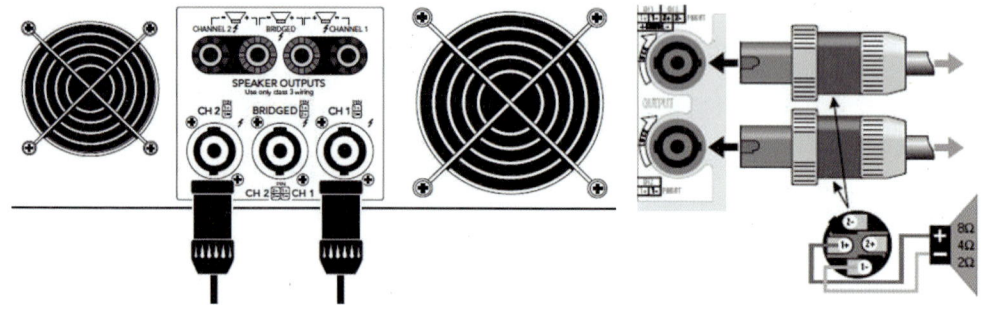

그림 4-211 파워 앰프의 스피콘 출력

파워 앰프의 스피커 출력단자로 스피콘 출력이 있습니다.

보통 뉴트릭(Neutrik)사의 NL4FC 스피콘이 사용됩니다. 그림 4-211 처럼 연결할 수 있습니다. 스피커의 "+" 신호를 "1+"에 연결하고 스피커의 "-"신호를 "1-"에 연결합니다.
※스피커나 앰프 제조사에 따라 2번에 연결할 수도 있으니 스피커와 앰프의 메뉴얼을 반드시 참조하시기 바랍니다.

만약 스피커를 고음과 저음을 별도로 사용하는 바이 앰프(bi-amplified) 방식으로 연결할 때에는, 스피콘의 1+와 1-번을 저음, 2+와 2-번을 고음으로 연결하고 스피커에는 하나의 스피콘만 연결해서 편리하게 사용할 수 있습니다.(저음과 고음의 순서가 바뀌어 있는 제조사도 있을 수 있으니 반드시 메뉴얼을 확인하여 결선하시기 바랍니다.)

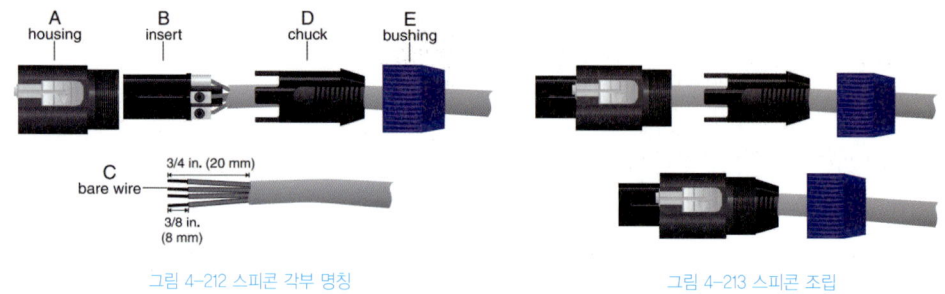

그림 4-212 스피콘 각부 명칭   그림 4-213 스피콘 조립

스피콘의 연결방법은 스피커 케이블의 외피복을 20mm가량 벗기고 내피복을 8mm가량 벗기고 케이블을 꼬아놓습니다.

스피콘을 분해하여 제일 처음을 부싱을 넣고 쵸크를 넣은후 드라이버로 연결을 합니다. 그 이후에 하우징을 방향을 맞추어 삽입을 합니다. 가만 보면 홈이 한쪽은 크고 한쪽은 작은 것을 볼 수 있습니다. 정확히 방향을 맞추어 부싱을 돌려 마무리를 합니다. 스피커나 파워앰프쪽에 있는 암놈타입의 커넥터와 결속을 할 때는 큰홈과 작은 홈의 방향을 보고 삽입을 한수 오른쪽으로 돌려 고정합니다. 스피콘을 뺄때는 은색 손잡이를 당긴 상태로 반대방향으로 돌리면 됩니다.

그림 4-214 스피콘 연결

직접결선(Binding Post)

파워 앰프와 스피커와의 직접 연결 시 스피커 케이블의 피복을 벗겨 심지를 직접 단자와 결속 시키거나 바나나커넥터, 터미널을 이용하여 결속을 하기도 합니다.

시공을 하는 경우에는 움직임이 없기 때문에 스피커선의 피복을 벗기어서 동전 등의 납작한 물건을 이용해 조임을 해주어서 마무리합니다.

바나나 커넥터를 사용하는 경우에는 라인을 연결하고 분리하는 것이 쉽다는 장점이 있지만, 반대로 빠지기 쉽기 때문에 주의가 필요합니다.

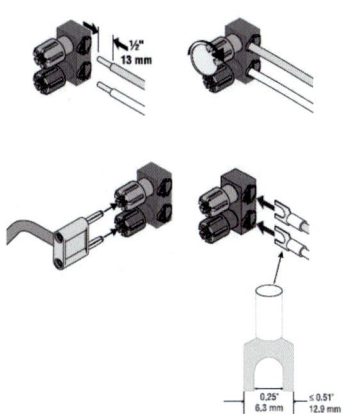

그림 4-215 파워 앰프의 직접 결선
(The Ultimate Church Sound Operator's Handbodk p.51 참조)

마지막으로 터미널을 이용하는 방법입니다. 적합한 터미널을 구입해서 전용 압착기를 사용해서 압착합니다.

와이어 스트리퍼는 케이블의 두께에 맞게 사용하면 쉽게 작업이 가능하고, 신호선을 보호한 채로 외부 피복만 벗겨낼 수 있어서 편리합니다.

터미널 압착기는 케이블과 터미널을 안정적으로 결속하는 압착기입니다. 간혹 망치나, 펜치로 대체 할 수 있지만 압착의 정밀도와 완성도가 부족할 수 있습니다.

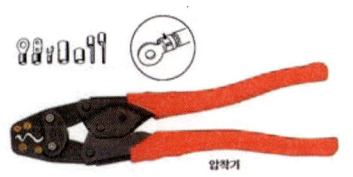

그림 4-216 와이어 스트리퍼, 압착기

베리어블럭(Barrier Block)

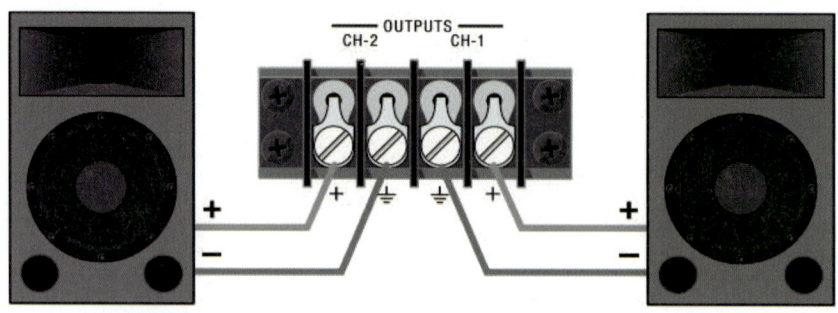

그림 4-217 베리블럭 연결도

파워앰프 관리

파워 앰프의 관리에서 중요한 것 중 하나는 앰프 온도의 상승을 예방하기 위해 통풍이 잘 될 수 있도록 랙 케이스의 문을 열어두거나 별도의 팬을 설치하고, 앰프실의 바닥을 늘 청결히 해주고 내부의 먼지를 수시로 제거해 주면 보다 안정하게 오래 사용할 수 있습니다.

보통 스펀지타입으로 먼지 필터를 주기적으로 확인하여 청소해주면 좋습니다.

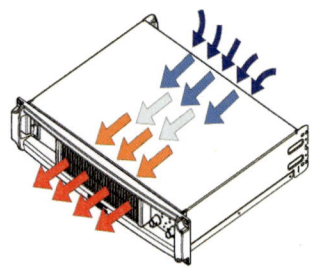

그림 4-218 파워 앰프 냉각

파워앰프 연결

파워앰프는 믹싱콘솔의 아웃풋단자를 통해 신호를 입력 받거나 파워앰프 전단에 이퀄라이저를 거쳐서 스피커로 연결됩니다.

이때 신호를 전달하는 과정에서 파워앰프의 위치를 스피커와 가까이 설치하여 스피커 선간 저항을 최소화 해주어야 합니다. (거리가 짧고 케이블이 굵을 수록 스피커의 앰프의 댐핑팩터가 올라가 보다 파워풀하고 깔끔한 소리를 들을 수 있습니다.)

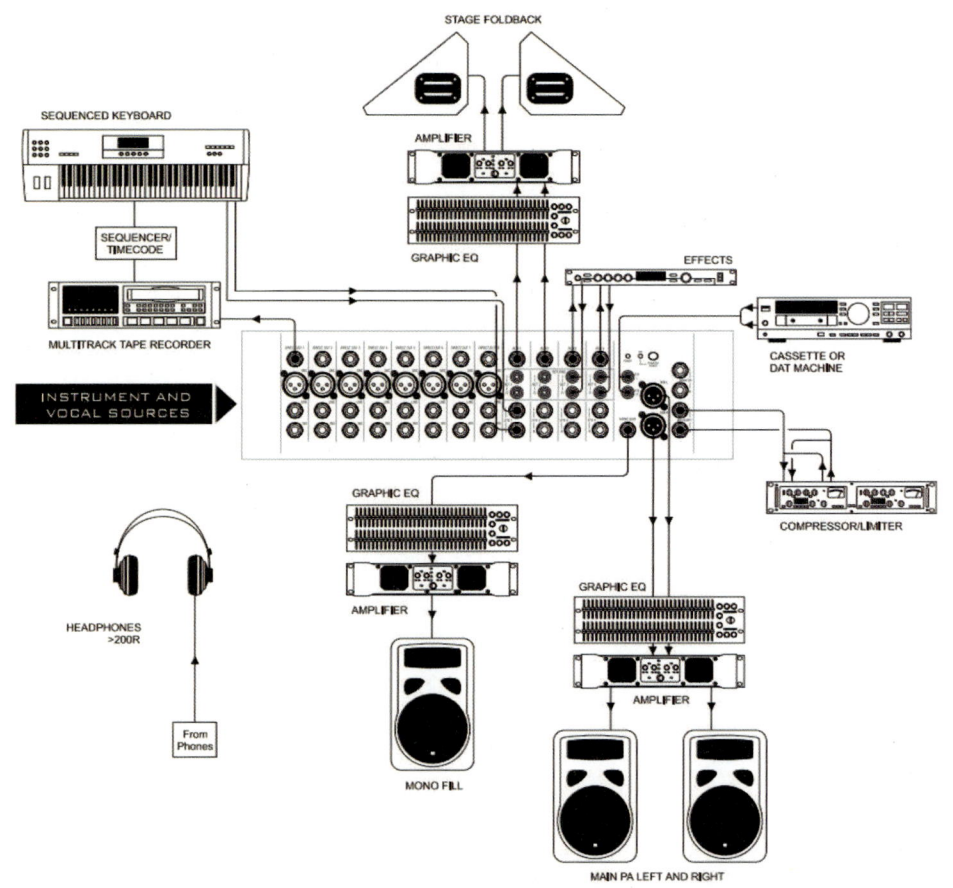

그림 4-219 장비 결선도

파워앰프의 전면 노브는 −∞로 놓고 전원 코드를 접속합니다. 입력 시그널 커넥터를 연결하고 전원을 스위치를 켭니다. 믹싱콘솔에서 적절한 신호가 오는지 확인하고 노브를 조금씩 올려서 공간에 적합하게 볼륨을 올립니다.

만약 파워앰프 노브를 모두 올려서 사용하게 되면 출력이 공간에 비해 클 경우 믹싱콘솔에서 헤드룸을 확보하지 못하고 낮은 레벨로 신호를 받게 됩니다. 인풋신호를 충분한 레벨의 좋은 신호로 받아서 공간에 적합하게 볼륨을 올려 사용하는 것이 좋습니다.

반대로 볼륨을 모두 올렸는데도 충분한 음량 확보가 어렵다면 파워앰프나 스피커의 용량 또는 수량을 늘려야 합니다. 자칫 과출력으로 기기의 고장 원인이 될 수 있습니다.

기기간에 볼륨 조정은 초기에 마이크에 입력부터 낮은 신호의 노이즈와 큰 신호의 클리핑을 피해 적절한 볼륨을 확보하는 것이 중요합니다. 믹싱콘솔에서는 이러한 적절한 레벨을 확보하게 되고 아웃보드류 중에 이퀄라이저나 컴프레서 같은 경우 주로 컷을 중심으로 조작을 하기 때문에 자체 게인을 올려서 보정을 해주거나 적정한 헤드룸을 확보 해야합니다.

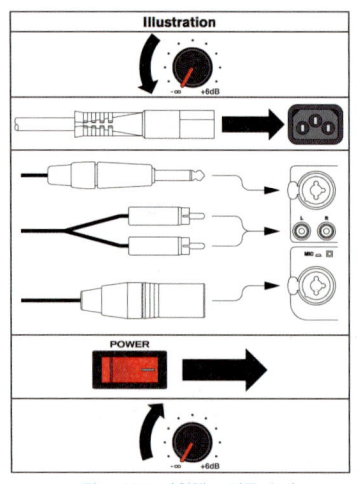

그림 4-220 파워앰프 작동 순서

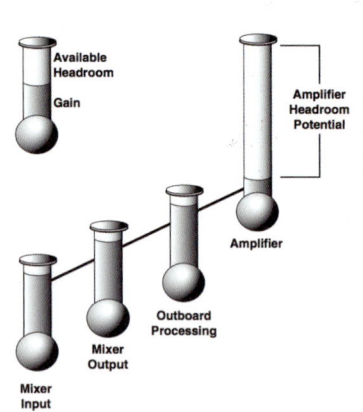

그림 4-221 음향장비 간 헤드룸

이와 같이 조정된 신호는 파워앰프로 전달되어 최종적으로 출력의 책임을 지게 됩니다.

파워앰프 전단에서 클리핑 된 신호가 전달이 된다면 음질이 나빠짐은 물론 기기고장의 원인되기 때문에 늘 주의해야 합니다.

스피커(Speakers)

스피커의 역할

스피커는 마이크와는 반대로 전기적인 오디오 신호를 물리적인 소리 신호로 재생하는 장비입니다. 스피커의 원리는 앰프에서 보내온 전기 신호에 따라서(플래밍의 왼손 법칙) 공기를 진동시키며 기압의 변화를 낳게 하는 원리로 소리를 전달하게 됩니다.

그림 4-222 오류교회 Main speaker

스피커의 구조

스피커는 크게 유닛(Unit), 네트워크(Cross-Over Network), 인클로저(Enclosure)로 구성되어 있습니다.

유닛(Unit)

스피커의 역할은 사람이 들을 수 있는(가청주파수 내의) 소리를 재생을 하는 것입니다. 스피커의 유닛은 보통 중, 저음을 재생하는 우퍼(Woofer)와 고음을 재생하는 트위터(Tweeter)로 나누어져 있습니다. 중, 저음을 재생하는 유닛은 종이 재질의 콘 드라이버이며, 고음을 재생하는 유닛은 티타늄 재질의 컴프레션 드라이버를 사용합니다.

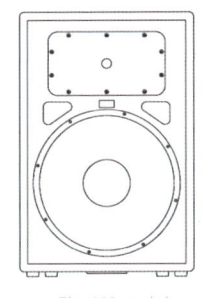

그림4-223 스피커

 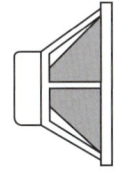

그림 4-224 스피커의 유닛

콘 드라이버 (Cone Drivers)

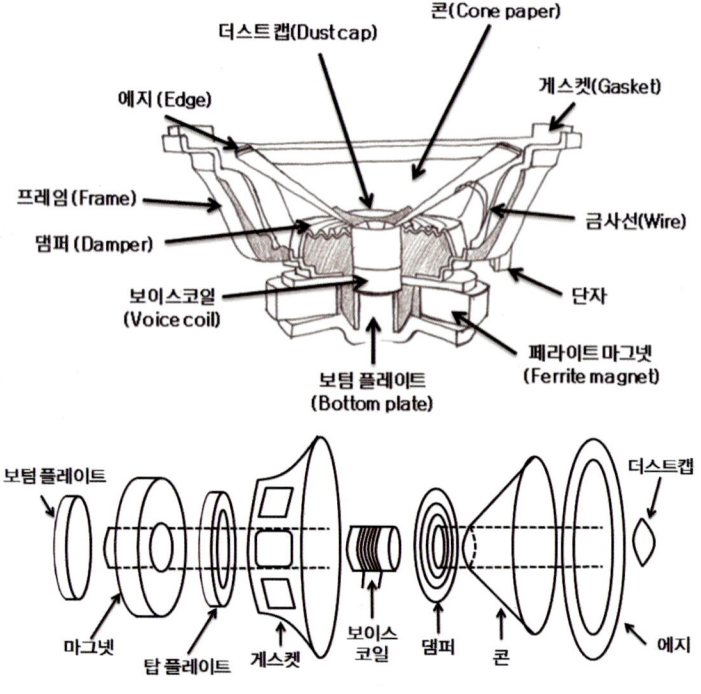

그림 4-225 콘 드라이버의 구조

콘 드라이버는 유닛의 크기에 따라 저음에서 중, 고음까지 다양하게 사용되며 탄성을 보강하기 위해 진동판을 콘형으로 사용하였습니다. 주파수 특성이 평탄한 특성이 있으며, 임피던스가 비교적 일정하여 소리가 안정적인 특성을 갖습니다.

게스켓 (Gasket)

유닛이 스피커 인클로저에 부착될 때 에지의 모양이 원래의 모양이 아닌 일그러지거나 펼쳐질 수 있는 상태로 놓일 수가 있습니다. 이러한 문제점을 해결하기 위해 에지의 정확한 모양을 유지시키면서 인클로져에 부착시키기 위해 게스켓이란 고정 틀을 사용합니다.

에지 or 서라운드 (Edge or Surround)

Damper와 더불어 유닛의 부품을 고정하는 지지계(Suspension System) 중의 하나인 에지는 진동판으로 콘의 피스톤(Piston) 운동을 원활하게 하고 신호에 찌그러짐 없이 정상적으로 반응하게 하고, 콘이 스프링처럼 튀어나가는 것을 제어하는 역할도 동시에 합니다. 그리고 이 콘의 움직임으로 인해서 더스트캡 쪽 즉, 콘의 중심측으로 다시 돌아오는 것을 방지하기 위해 댐핑 재료를 첨가하기도 하고 진동계가 수직운동만 하도록 수평 방향이나 Locking 운동을 방지하기도 합니다.

진동판 (Diaphragm or Cone)

스피커에서 소리 재생을 직접적으로 담당합니다. 스피커가 전기적인 신호를 공기의 진동 에너지로 바꾸는 역할을 하는 부품이며, 스피커의 음질을 결정하는 가장 큰 요소 중에 하나로써 재질 및 형상에 따라 음질의 차이가 있습니다.

더스트캡 or 더스트돔 (Dust Cap or Dust Dome)

콘의 가장 중앙에 위치해 있는 원형의 캡이며 먼지나 더러운 이물질이 자기회로 속으로 들어가는 것을 방지하는 막입니다. 더스트 캡의 크기, 재질과 형상 등은 스피커 재생 특성에 영향을 미칩니다. 공기의 출입이 어려운 재료(금속)로 제작된 더스트캡은 내부의 공기를 압축 또는 팽창 시킬 수 있는데 이것은 콘의 원활한 운동을 방해하게 되는 이유로 폴피스나 바텀 플레이트(합판)에 구멍을 내거나 콘 부근의 보빈에 구멍들을 만들어 줍니다. 또한 보이스 코일의 열을 식혀주는 냉각작용을 합니다.

댐퍼 or 스파이더 (Damper or Spider)

댐퍼는 유닛의 지지계 역할을 하는 것 중의 하나로 에지처럼 콘을 플레이트와 폴피스 사이에 올바른 위치에 지지시키는 부품입니다. 보이스 코일이나 콘의 피스톤 운동을 원활하게 할 뿐만 아니라 고출력, 고음질 재생과도 관계를 가집니다. 유닛이 전기적 신호를 받고 운동한 후에 다음 신호에 왜곡이 없이 정상적으로 반응할 수 있도록 도와주며, 스프링처럼 진동판의 운동을 제어하기도 합니다.

영구자석 or 마그넷 (Magnet)

콘이 상하로 운동하여 소리를 재생하기 위해서는 보이스 코일에 흐르는 전류에 형성된 자기장과 상호작용을 할 수 있는 자기장이 하나 더 필요한데 그 상호작용을 위한 부품이 영구 자석, 즉 마그넷입니다.

플레이트 or 요크 (Plate or Yoke)

마그넷으로부터 발생된 자기장의 흐름을 제어하고, 보이스 코일에서 발생된 열을 영구자석으로 전달하여 냉각작용을 합니다.

보이스 코일 (Voice Coil)

콘이 운동하여 전기적 신호를 소리 에너지로 만들기 위해선 두 개의 자기장이 요구됩니다. 하나는 마그넷에 의한 자기장이고 하나는 보이스 코일에 의한 자기장입니다. 마그넷에서 나오는 자기장의 강도는 항상 일정해서 결국 보이스 코일에 흐르는 전류의 주파수와 크기의 변화로 조정됩니다. 일반적으로 보이스 코일의 형태는 환선(원형)과 사각형 형태의 편각선(각형)으로 나뉘며 재질로는 구리와 알루미늄을 주로 사용합니다.

보빈 or 포머 (Bobbin or Former)

보이스 코일을 감을 때 사용하는 원형의 재료인데 열에 대한 높은 내구성과 얇고 가벼운 특성을 가지고 있습니다.

컴프레션 드라이버 (Compression Driver)

컴프레션 드라이버는 고음과 그로 인한 높은 음압을 보강하기 위해 자석 사이에 코일과 콘 페이퍼 대신에 탄성력이 좋은 티타늄으로 만들어졌습니다. 초당 진동수가 많은 고음을 재생하려면 진동판이 가볍고 구경이 작아야 하기 때문에 주로 4인치 이하의 크기를 가지고 있습니다. 진동판 뒷면의 작은 출구로 소리가 배출되며 대부분 혼과 조합하여 사용됩니다.

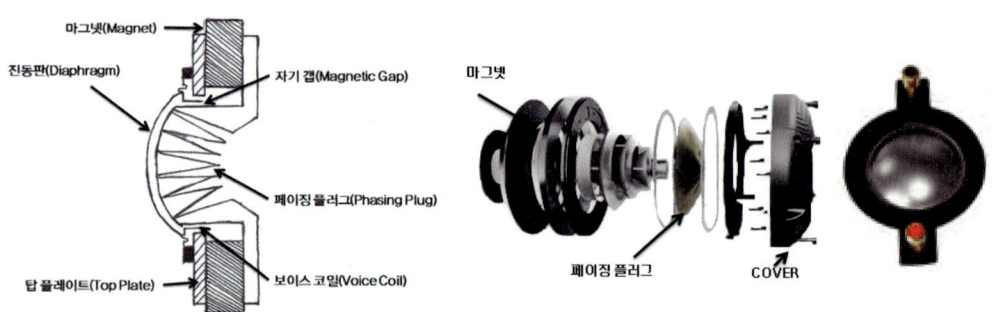

그림 4-226 컴프레션 드라이버 구성 / 컴프레션 드라이브

혼(Horn)

혼은 컴프레이션 드라이버에 나팔처럼 연결되어 소리의 지향각을 만들어주는 역할을 하며, 진동판과 공기의 임피던스를 매칭하는 기구입니다. 컴프레션 드라이버 진동판 뒷면 출구의 면적이 길이에 따라 넓어지는 형태이며 혼의 부착에 따라 지향성이 달라지게 됩니다. 그리고 혼의 입구쪽에는

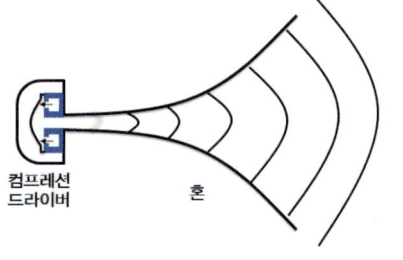

그림 4-227 혼

공기의 압력이 크고 홀의 출구쪽으로 갈수록 공기의 압력이 낮아지게 됩니다. 방사효율과 지향특성을 위해 대부분 고역에 사용되지만 중, 저역에도 사용됩니다.

보통 일반적인 스피커일 경우 수평 지향각이 90도~ 45도 정도이며, 가까운 거리의 소리를 재생할 때는 각도가 더 넓어지고 먼 지역까지 출력하는 스피커일 경우에는 출력은 높고 지향각은 좁은 혼을 사용하게 됩니다.

원뿔형 혼(Conical Horn)

원뿔형 혼(Conical = Straight-sided)은 가장 오래되고 단순한 형태로 위상과 진폭의 왜곡이 전혀 없지만 저음역대가 부족한 특징이 있습니다.

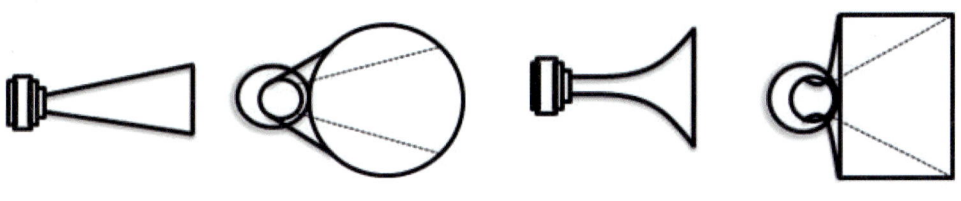

▲그림 4-228 원뿔형 혼   ▼그림 4-229 지수 혼

지수 혼(Exponential Horn)

지수 혼(Exponential Horn)은 특정 주파수 범위에서 출력 레벨을 균등하게 유지 할 수 있지만 주파수가 증가함에 따라 방사 패턴이 축소됩니다. 혼과 컴프레션드라이버가 연결되는 곳의 크기가 커질수록 저음특성이 증가합니다.

방사형 혼 (Radial Horn)

방사형 혼(Radial Horn)은 위아래를 곡선으로, 양옆은 직선으로 만든 지수 혼을 변형한 형태입니다. 주파수마다 지향특성이 다릅니다.

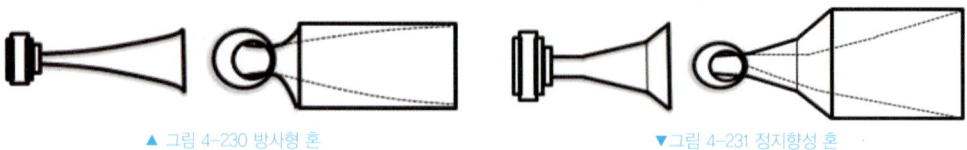

▲ 그림 4-230 방사형 혼　　　　　　　　▼그림 4-231 정지향성 혼

정지향성 혼 (Constant Directivity Horn)

정지향성 혼(Constant Directivity Horn)은 주파수가 변하여도 일정한 지향특성을 유지하는 혼이며 3개의 각도면을 주어 고음, 중음, 저음의 지향특성을 동일하게 유지하고 스피커 어레이에 있어 비교적 간섭이 적어 라이브 스피커의 혼으로 가장 많이 사용됩니다.

비대칭 지향성 혼 (Asymmetrical Constant Directivity Horn)

비대칭 지향성 혼은 윗부분의 좌우 지향각과 아래쪽의 좌우 지향각이 다른 혼입니다. 스피커를 사용할 때 트위터에서 나오는 고음의 각도를 조정하여 가까운 거리는 지향각이 넓게, 먼 거리는 좁게하여서 전체 객석의 앞부분과 뒷부분의 지향각을 동일하게 하려는 목적이 있습니다.

그림 4-232 비대칭 지향성 혼

스피커를 설치하다보면 고음의 지향각이 매우 중요합니다. 필요에 따라 각도를 선택해주고 혼의 각도를 정하여 사용합니다.

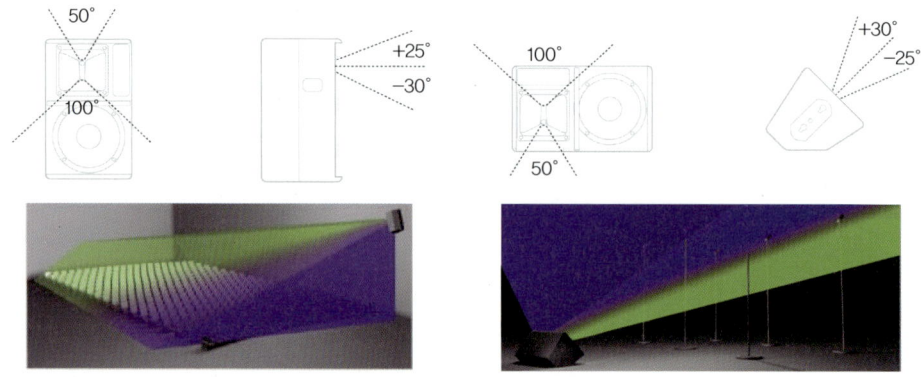

그림 4-233 스피커의 지향각

스피커 유닛크기에 따른 재생주파수 범위

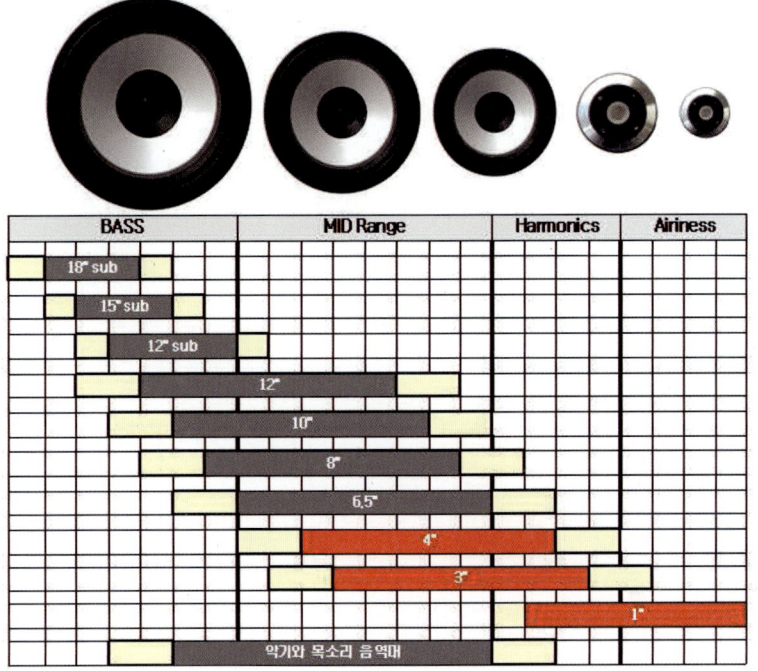

그림 4-234 스피커 유닛크기에 따른 재생주파수 범위

그림 4-234는 유닛의 크기에 따라 재생할 수 있는 주파수 영역이 다르다는 것을 보여줍니다. 보통 컴프레션 드라이버는 1~4"를 사용하고 미드레인지 대역은 6.5~12"를 사용하며 서브우퍼의 경우 12"sub~18"를 사용합니다. 제조사에 따라 21"유닛을 사용하는 경우도 있습니다. 콘드라이버는 중고음부터 저음까지의 폭넓은 주파수를 재생할 수 있지만 심벌 소리와 같은 고음을 재생하기에는 물리적인 한계가 있습니다.

네트워크(Network)

네트워크는 파워앰프에서 나오는 소리를 걸러내는 대역통과필터(Bandpass Filter)로 패시브 크로스오버 네트워크라고도 불립니다. 별도의 전원을 사용하지 않고 콘덴서, 코일, 저항 등으로 구성되어 있으며 파워 앰프에서 넘어온 소리신호를 2-way 이상의 스피커에서 고역 저역, 또는 고역, 중역, 저역으로 나누고 그 음압을 조정하여 각 유닛에 배분하는 기능을 합니다. 또한 유닛의 불안정한 특성을 보완하기도 하고 주파수 대역을 평탄하게 만들 수 있는 기능을 할 수 있습니다.

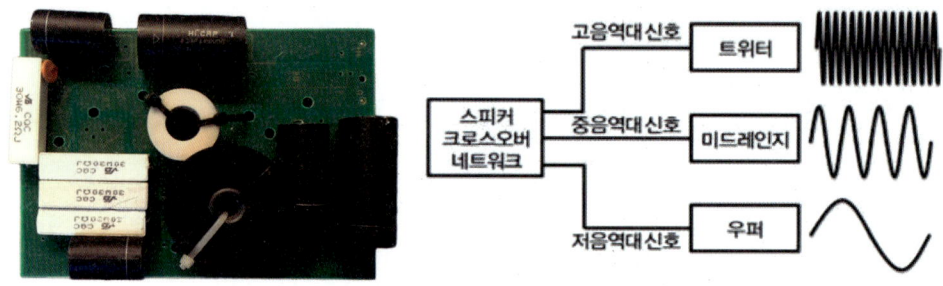

그림 4-235 스피커 네트워크

크로스 오버(Cross-over)의 역할

파워 앰프에서 보낸 신호는 스피커로 들어가서 패시브 크로스 오버 네트워크를 통해 고음은 트위터 쪽으로, 저음은 우퍼 쪽으로 크로스 오버되어 분할됩니다. 크로스 오버를 통해 재생주파수대역의 확대와 각 유닛대역의 충실한 재생주파수 대역을 얻을 수 있습니다.

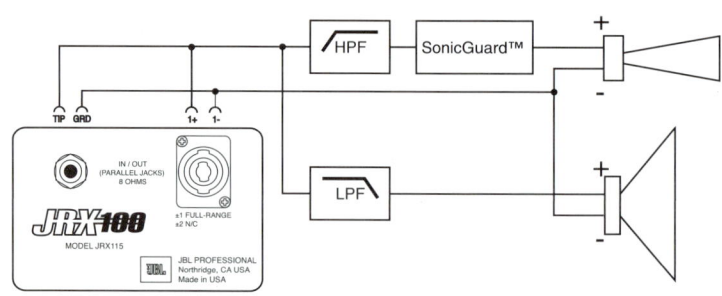

그림 4-236 크로스오버의 역할

스피커 구동방식의 종류

스피커 구동방식(크로스오버)의 종류로는 패시브(Passive), 액티브(Active) 방식이 있습니다.

패시브 크로스오버 방식

패시브 방식은 콘덴서와 코일, 저항의 조합으로, 콘덴서는 충전 방전을 하는 과정으로 구성되어 고음을 통과시키고 저음을 차단하는 역할을 합니다. 코일은 반대로 저음을 통과시키고 고음을 차단하는 역할을 합니다. 저항은 일반적으로 고역 드라이버의 출력을 감쇄시키는 역할을 하며 주로 시멘트 저항을 사용합니다. 이 부품들을 사용하여 원하는 주파수 대역을 선택적으로 통과시키는 회로 설계에 따라 필터의 폭과 Slope을 조정할 수 있습니다. 패시브 방식은 파워 앰프의 구동능력손실로 음질 열화가 생기며 각 드라이버간의 레벨 조정이 자유롭지 못한 단점이 있지만 상대적으로 가격이 저렴하고 소규모 운용에서 사용이 편리합니다.

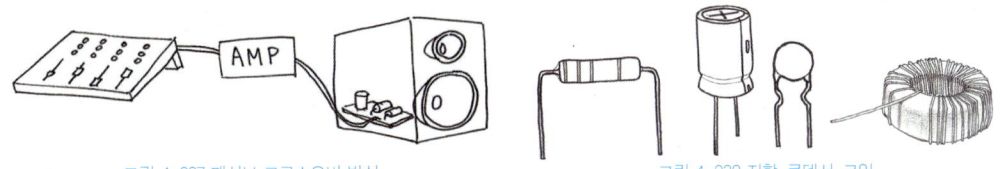

그림 4-237 패시브 크로스오버 방식   그림 4-238 저항, 콘덴서, 코일

액티브 크로스오버 방식

액티브 방식은 크로스 오버를 통하여 주파수를 구분(저, 중, 고)하고 대역별로 각각의 파워 앰프로 구동합니다. 추가적인 앰프 채널과 크로스오버 유닛 사용으로 상대적으로 지출이 크지만 각 대역별 레벨조정이 자유롭고 파워 앰프와 스피커 드라이버의 직접 연결로 음질이 좋은 장점을 지닙니다.

액티브 방식은 각 드라이버에 Delay를 자유롭게 적용할 수 있어 고음역대의 소리보다 저음역대의 소리가 더 빨리 전달되는 현상을 수정할 수 있습니다.

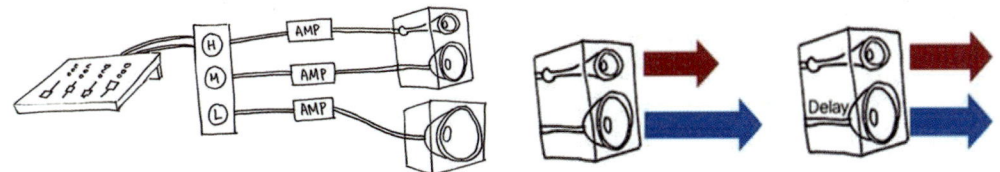

그림 4-239 액티브 크로스오버 방식   그림 4-240 음역대별 시간차를 Delay로 해결

액티브 셀프 파워드(Self Powered) 크로스오버 방식

액티브 셀프 파워드 크로스오버는 액티브 크로스오버처럼 개별적 주파수의 파워 앰프로 구동되며, 자체 전원이 내장되어 있어 추가적인 파워 앰프 채널이 없이 크로스오버 유닛 사용으로 각 대역별 레벨조정이 자유롭고, 파워 앰프와 스피커 드라이버의 직접 연결로 음질이 좋은 장점을 지닙니다.

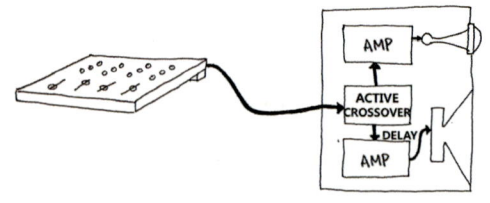

그림4-241 액티브 셀프 파워드 크로스오버방식

인클로져 (Enclosure)

인클로져(Enclosure)란 스피커의 외관, 통(Box)을 말하며 보통 밀도가 높은 나무인 발트해나 러시아 같은 한대지방에서 자라는 자작나무를 선호하며 합판(Poly Wood)의 질과 두께에 따라 음색에 영향을 주게 됩니다. 보급용 스피커 중에는 MDF(Medium Density Fiberboard)나 플라스틱 재질로 제작된 스피커도 있습니다. 리깅을 위해 엘트랙(L-Track)이나 아이볼트(I-Bolt)를 설계 하며 스탠드에 연결할 수 있도록 폴 마운트와 손잡이가 있습니다. 전면에는 스피커를 보호하는 그릴(Grill)과 각종 악세사리, 후편에 스피커 단자대가 있습니다. 인클로져의 전면부를 베플이라고 합니다.

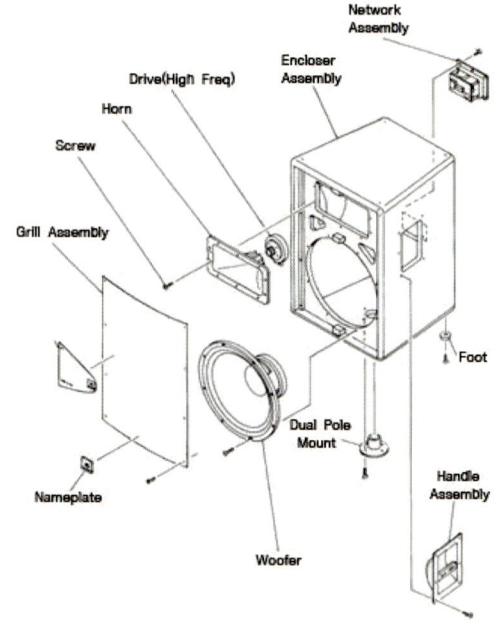

그림 4-242 JBL사의 JRX115

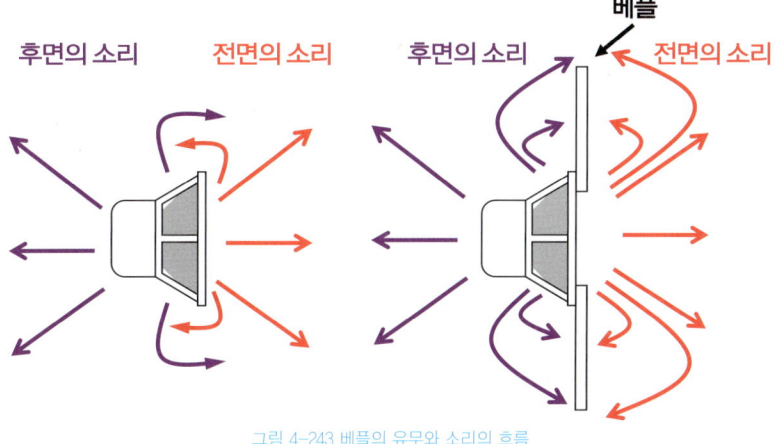

그림 4-243 베플의 유무와 소리의 흐름

베플은 스피커 유닛을 고정하는 역할과 특히 파장이 긴 중저음의 소리가 뒤에서 넘어오지 않도록 하는 중요한 역할을 합니다. 만약 소리가 앞으로 회절되어 들어온다면 원음과 반사된 음이 합쳐져서 소리의 간섭을 일으키기 때문에 베플의 역할이 중요합니다. 과거에는 밀폐 형태의 인클로져도 사용하였으며, 최근에는 베이스 리플렉스(저음보강방식 인클로져)형태가 많이 사용되고 있습니다. 그 외에 백로드 타입과, 혼로드 타입 등도 있습니다.

밀폐형(Closed Baffle)

밀폐형은 인클로저가 밀폐된 방식이며 내부 체적의 공기양에 따라 저음 특성에 영향을 줍니다. 주로 스튜디오 모니터와 같이 소형스피커에 사용됩니다.

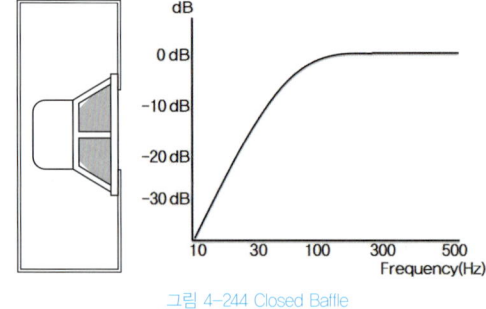

그림 4-244 Closed Baffle

베이스 리플렉스형(Bass-Reflex Baffle)

베이스 리플렉스형은 밀폐형 인클로저에 포트(덕트)를 설치하여 유닛 후면의 저음을 활용하는 방식이며 내부의 공진주파수를 활용하여 위상 반전된 저음을 포트를 통해 앞쪽으로 방사하여 저음을 보강하는 방식입니다. 크기에 비교적 자유롭고 평탄한 특성을 만들어 낼 수 있어 공연용 스피커에 주로 사용됩니다.

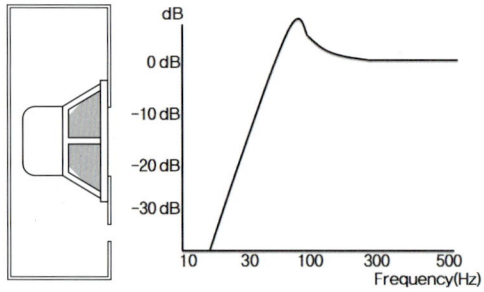

그림 4-245 Bass-Reflex Baffle

혼 로드형(Horn-Loaded)

혼 로드형은 저음 유닛을 혼 안에 장착하는 방식으로, 유닛 앞면에 혼을 부착한 혼 로드형과 뒷면에 부착한 백혼로드(Back Horn-Loaded)방식으로 사용합니다. 인클로저가 복잡하고 커지지만 재생 효율이 높아져 음량이 증가하는 효과가 있습니다.

그림 4-246 Horn-Loaded

스펙 Specification

미국의 맥키사의 C300이란 모델의 스펙을 통해 스피커를 살펴보는 법을 알아보겠습니다.

Input Type (C300)	Speakon®
Input Impedance	8 ohms
Maximum Input Power	300 watts
Acoustic Frequency Response	70Hz – 16,000Hz
Maximum SPL	@ 1m 126 dB
Crossover Frequency	1800Hz
Physical Properties	Height 66.0cm Width 39.6cm Depth 37.5cm Weight 19.5kg
Low-Frequency Transducer	Diameter 300mm (12") Voice Coil Diameter 76.2mm (3") Sensitivity (1W@1m) 98 dB Nominal Impedance 8 ohms Power Handling 300 watts Frequency Range 50Hz – 3000Hz Hi-Frequency Driver and Horn: Diaphragm Diameter 44.5mm (1.75") Exit Throat Diameter 24.5mm (1") Diaphragm Material Mylar Sensitivity (1W@1m) 106 dB Nominal Impedance 8 ohms Power Handling 150 watts Frequency Range 1000Hz – 20,000Hz Horn Type Composite: Exponential and Conical Mouth Size 304.8mm (12") W x 177.8mm (7") H
Horizontal Coverage	90° ±10° (1kHz – 20kHz)
Vertical Coverage	45° ±10° (2.8kHz – 20kHz)

그림 4-247 스피커의 사양

 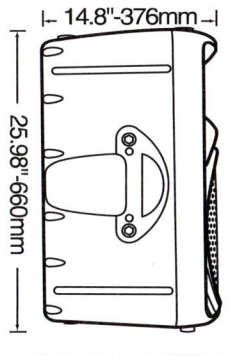 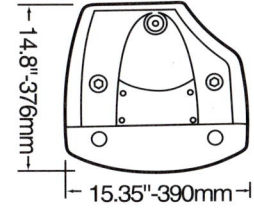

그림 4-248 Mackie C300 스피커

Input Type

스피커의 입력 받는 커넥터가 Speakonⓡ 타입이라는 뜻입니다. 스피콘(Speakon)은 +1, -1, +2, -2로 되어있는데, 보통의 경우 앰프의 +신호는 +1에 연결하고 -신호는 -1에 연결합니다. 스피콘에는 가운데에 잠금 장치가 되어있어 체결 시에는 가운데 레버를 당긴 후 연결 시에는 오른쪽으로, 제거 시에는 왼쪽으로 돌리면 됩니다.

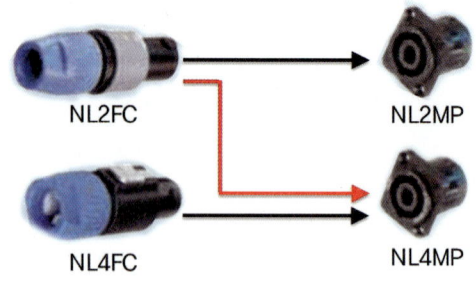

그림4-249 스피콘연결

Input Impedance

임피던스란 쉽게 설명을 한다면 전기 회로에서 교류의 흐름을 제어하는 것으로 생각하면 좋습니다. 스피커에서는 주파수에 따라 임피던스가 심하게 변하므로 공칭 임피던스를 사용합니다. 이는 스피커의 임피던스를 대표하는 값으로 최저 공진 주파수 이상에서 최초로 전기 임피던스가 극소로 될 때의 값으로 보통은 4Ω, 8Ω, 16Ω으로 수치가 적을수록 높은 출력을 기대할 수 있습니다. 보통은 이렇게 소형 스피커일 경우 스피커 간에 병렬 연결을 할 수 있어야 하기 때문에 8Ω일 경우가 많습니다.(앰프 브릿지 모드일 경우 임피던스 2Ω은 사용할 수 없습니다)

Maximum Input Power

스피커가 단시간 내에 파괴되지 않는 최대의 입력이며, 음악이나 음성의 스피커 혹은 Clock 잡음 등에 대해 보증된 입력을 말합니다. 위의 스피커는 300W의 입력을 받을 수 있는 스피커입니다.

참고로 정격 입력(Nominal Input Power)은 장시간 사용해도 스피커가 파괴되지 않고 보증되는 입력으로, 이상음이 없고 왜곡율 및 연속 부하 시험에 합격해야 하는 입력입니다.

Frequency Response

이 스피커가 재생할 수 있는 주파수의 범위를 말합니다. 매뉴얼에 있는 이 스피커의 재생 주파수대역은 70Hz - 16,000Hz재생을 한다는 의미가 됩니다. 만약 이퀄라이저를 사용한다면 주파수 재생 대역을 스피커가 재생할 수 있는 영역만큼 제한하면 스피커를 보호하고 극대화하여 사용할 수 있습니다.

Maximum SPL @ 1m

1W의 전기 신호를 보낼 때 스피커의 정면 1m의 위치에서 얻을 수 있는 소리의 크기를 정해진 주파수 범위 내에서 평균하여 dB로 나타낸 것으로, 이 스피커의 경우에는 128dB로 측정되었습니다. SPL은 스피커에서 출력을 표기하는 수치이기 때문에 매우 중요한 스펙 중 하나입니다.

Crossover Frequency

아래 스피커의 경우 고음을 담당하는 트위터(Tweeter)와 저음을 담당하는 우퍼(Woofer)의 2WAY방식 스피커입니다. 아래 그래프는 두 유닛 간에 주파수를 나누는 포인트를 어떻게 설정한지를 알려줍니다. 이 스피커는 앰프에서 들어오는 신호를 스피커 내부에 패시브 네트워크를 통해 1800Hz를 기준으로 각각 고음과 저음의 주파수로 나누었다는 뜻입니다.

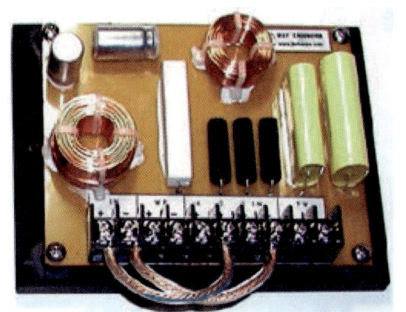 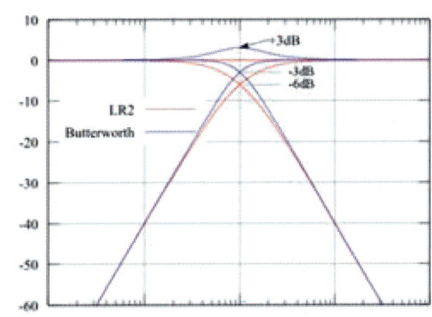

그림4-250 패시브 네트워크

Physical Properties

스피커의 물리적인 수치로서 가로, 세로, 높이의 길이와 스피커의 무게를 알려줍니다.

Low-Frequency Transducer

스피커의 스펙 중에 저음의 유닛과 고음의 유닛의 특성을 알려주는 부분입니다. 우퍼의 사이즈는 300mm (12") 이고 내부에 있는 Voice Coil은 76.2mm (3")입니다.

그리고 1W의 출력을 1m에서 측정하였을 때 감도가 98dB입니다. 우퍼 유닛 한개의 임피던스는 8Ohms이고 정격 입력은 300W입니다. 그리고 주파수의 재생은 50Hz – 3000Hz까지 가능합니다.

고음의 드라이버 또한 44.5mm(1.75")이고 내부의 나팔 모양의 혼의 입구 부분의 사이즈는 24.5mm(1")입니다. 입력 감도는 106dB입니다. 고음 유닛 한개의 임피던스는 8Ohms이고 정격 입력은 150Watts입니다. 그리고 주파수 재생은 1000Hz ~ 20,000Hz까지 가능합니다.

스피커의 유닛은 이렇게 출력이 충분한데 네트워크 드라이버를 통해 필요한 만큼만 제한해서 사용했다는 점을 알 수 있습니다.

커버리지(Coverage)

스피커의 스펙 중 상당히 중요한 스펙 중 하나가 커버리지입니다.

유닛의 스펙을 보면 우퍼에는 지향각이 없지만 트위터의 스펙에는 혼에 있는 지향각을 표기한 것을 볼 수 있습니다.

수평으로 지향하는 각도가 스피커의 정가운데가 아니라 트위터의 정가운데를 기준으로 합니다. 고음을 담당하는 트위터의 정가운데를 기준으로 수평으로 90° 이고 편차는 ±10°정도입니다. 이러한 각도의 측정된 주파수는 효율이 좋은 중고음의 에너지인 1kHz ~ 20kHz까지 입니다. 수직 지향각(Vertical Coverage)은 45°, 편차는 ±10°, 테스트는 2.8kHz ~ 20kHz로 측정하였을 때를 말합니다.

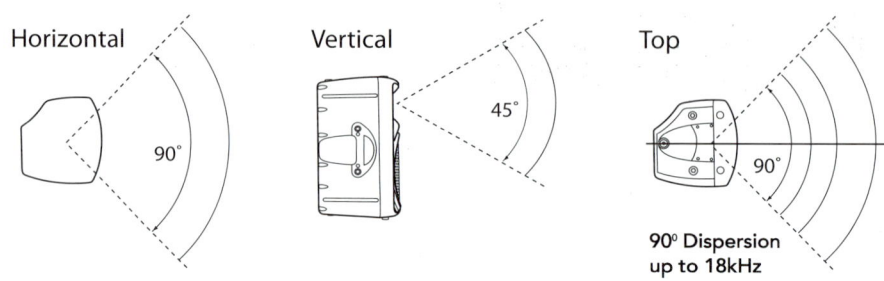

그림 4-251 스피커 커버리지

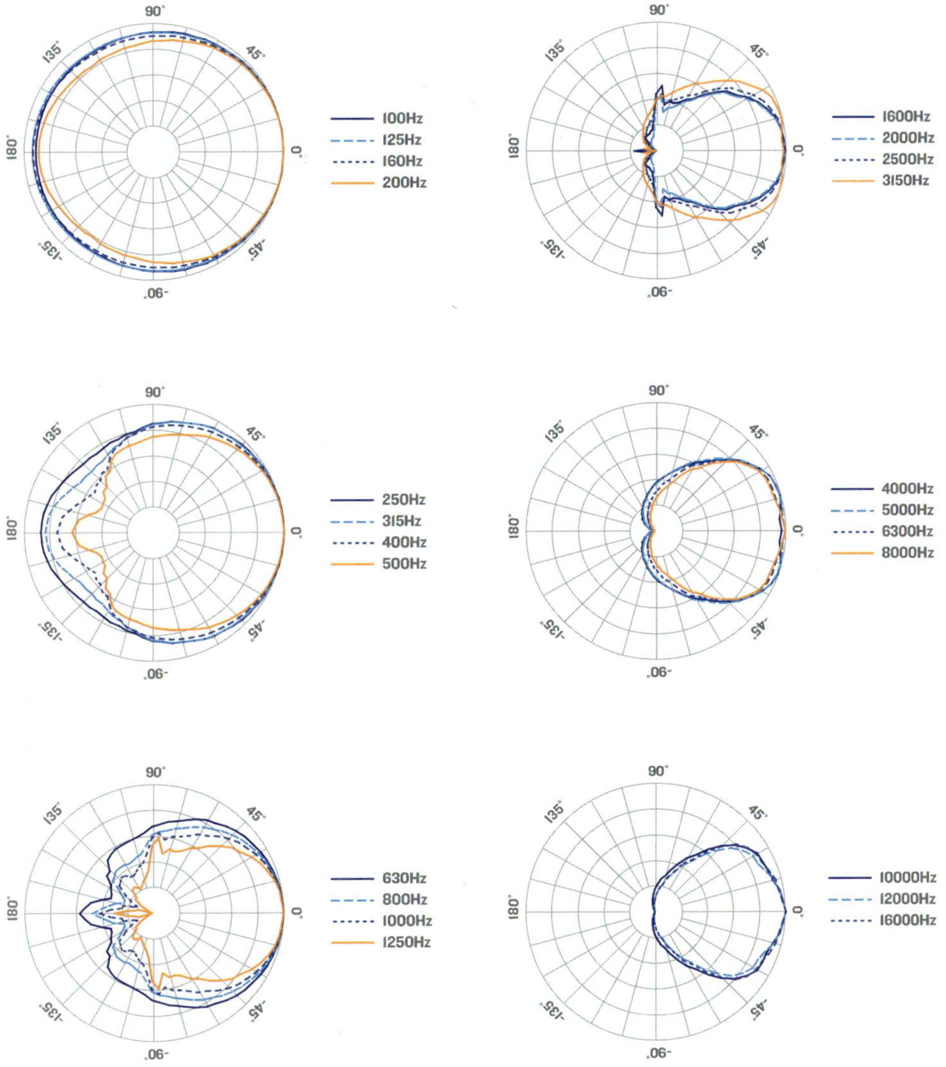

그림 4-252 주파수 대역에 따른 지향성 그래프

스피커의 연결

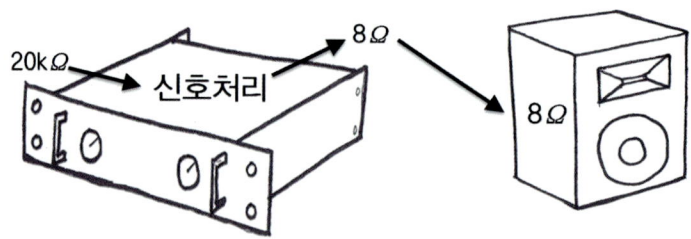

그림 4-253 파워 앰프와 스피커의 임피던스 매칭

공연 현장에서 쓰는 스피커는 보통 4Ω, 8Ω, 16Ω의 로우 임피던스(Low Impedance)를 사용하며 참고로 전관방송용으로 사용 되어지는 스피커는 32Ω 이상의 하이 임피던스(High Impedance)를 사용합니다. 전류가 스피커를 통과될 때에 임피던스가 높을수록 출력전압이 높아집니다. 스피커의 출력, 전압, 저항의 관련된 식은 아래와 같습니다.

$$W = \frac{E^2}{R}$$ W = 출력, E = 전압, R = 저항

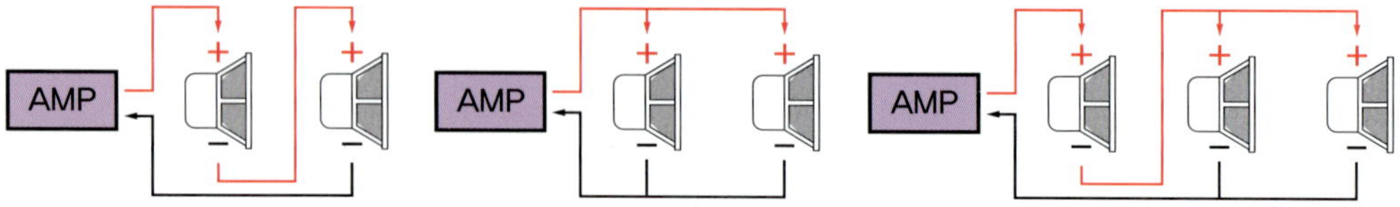

그림 4-254 스피커의 직렬, 병렬, 직병렬 연결

스피커의 연결방법에는 직렬, 병렬, 직병렬 연결 3가지 방법이 있습니다.

직렬연결은 파워 앰프로부터 출력되는 하나의 신호를 한 스피커가 다음 스피커로 연결되는 방식입니다. 스피커를 직렬연결하면 임피던스 값은 더해집니다. 예를 들어 2개의 8Ω 스피커를 직렬로 연결하면 전체 임피던스의 값은 16Ω이 됩니다.

$$(R = R_1 + R_2 + R_3 + \cdots\cdots R_n)$$

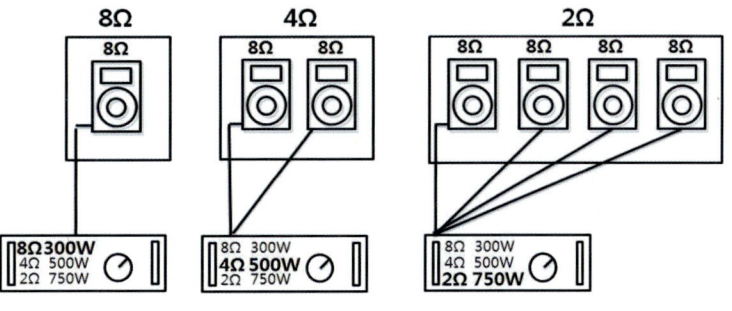

그림 4-255 병렬연결 방식의 예

병렬연결은 파워 앰프로부터 출력되는 하나의 신호를 두 스피커가 나눠서 받는 방식이며 라이브 현장에서 스피커를 링크하는 방식으로 주로 사용됩니다. 스피커를 병렬연결할수록 파워 앰프의 부하가 발생함으로 유의하여야 합니다. 파워 앰프에 따라서는 2Ω일 경우 매칭이 안되는 경우도 있습니다.

$$(R = \frac{1}{\frac{1}{R_1}+\frac{1}{R_2}+\frac{1}{R_3}+\cdots\cdots\frac{1}{R_n}})$$

직병렬연결은 주어진 임피던스 내에서 바뀌지 않고 많은 스피커를 사용할 때 쓰이는 방식입니다. 파워 앰프로 출력되는 신호를 직렬로 연결을 하고 그 하위 스피커들을 병렬로 연결합니다. 예를 들어 8Ω의 3개의 스피커를 직병렬로 연결하면 전체 임피던스의 값은 12Ω이 됩니다.

$$(R = \frac{1}{\frac{1}{R_{11}+R_{12}\cdots\cdots R_{1n}}+\frac{1}{R_{21}+R_{22}\cdots\cdots R_{2n}}+\frac{1}{R_{n1}+R_{n2}\cdots\cdots R_{nn}}})$$

최근 라인어레이의 경우 임피던스매칭이 중요하기 때문에 주로 직병렬연결을 사용합니다.

서브우퍼(Sub Woofer)

서브우퍼란 소리의 80~100Hz 이하를 담당하는 저음 재생 전용스피커로 음악공연을 진행할 때 중요한 역할을 합니다. 파장이 긴 저음의 특성상 일반적인 서브우퍼는 무지향성에 가까운 특성을 보이며 실내에 설치할 경우 위치에 따라 음량이 달라지게 됩니다.

서브우퍼의 위치에 따른 음압과 커버리지

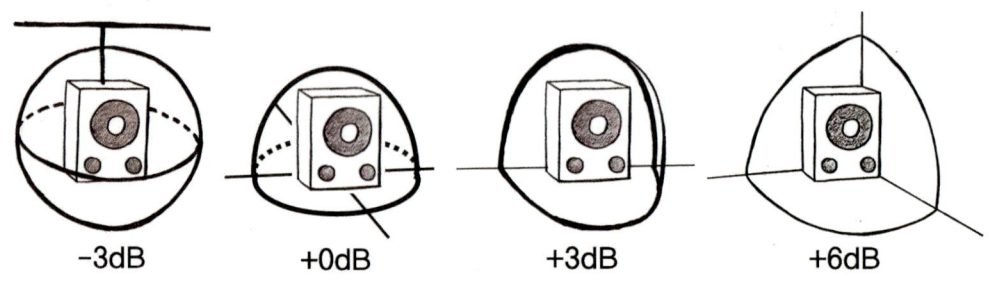

그림 4-256 서브우퍼의 위치에 따른 커버리지

그림4-256의 첫 번째 그림은 서브우퍼를 리깅한 것입니다. 이 경우에는 객석에 비교적 평탄한 결과를 얻게되어 공연을 진행할 때 사용되는 경우가 있습니다. 소리의 크기에 있어서는 평탄한 바닥위의 우퍼의 비해 약 -3dB의 손실이 발생합니다.

그림 4-256의 세 번째 그림은 벽면과 붙어있는 바닥에 위치한 서브우퍼입니다. 이 경우에는 평탄한 바닥위의 우퍼에 비해 약 +3dB의 이익이 발생합니다.

그림 4-256의 네 번째 그림은 마주한 두 벽과 붙어있는 바닥에 위치한 서브우퍼입니다. 이 경우에는 평탄한 바닥위의 우퍼에 비해 약 +6dB의 이익이 발생합니다.

이 현상은 파장이 긴 저음이 벽면 또는 바닥에 반사되어 보강되기 때문입니다.

스피커의 설치

교회에 스피커를 선택할 경우에는 스피커의 출력 SPL과 허용입력 W 등이 중요하고, 스피커를 교회에 설치할 경우에는 스피커의 지향각이 매우 중요합니다. 스피커를 설치할 위치와 높이에 적합하게 지향각을 선택해서 설치하는 것이 매우 중요합니다.

그림4-257 스택 스피커 상하 커버리지

만약 바닥에 스피커를 놓거나 벽에 설치를 하였을 경우에는 설치하기는 쉽지만 앞자리의 성도와 뒷자리의 성도간의 음압 차이가 많이 일어나게 됩니다.

특히 예배중에 성도들이 일어나서 교독문을 한다거나 찬양을 할 경우 앞자리의 성도로 인해 소리가 막히게 되어 뒷자리는 더욱 소리의 사각지대가 됩니다.

그리고 마주보는 벽에 스피커 소리가 반사하여 되돌아오는 현상이 일어나게 되며 소리의 명료성을 잃게 됩니다. 벽에 브라켓을 통해 설치할 경우에는 벽부분에 반사된 소리가 중첩되는 현상이 발생하여 소리를 나쁘게 하는 작용을 하게 됩니다.

그림4-258 라인 어레이 스피커 상하 커버레지

같은 장소에서 앞자리와 뒷자리의 성도들이 가능한 평탄한 음압으로 소리를 전달하려면 스피커를 리깅하는 것이 효율적입니다. 리깅을 할 경우에는 작업비용이 발생하는 점이 있으나 스피커 소리가 비교적 고른 음압으로 분사됨으로 소리의 편차를 줄이고 첫번째 소리가 회중에 흡음하여 1차반사를 줄여주어 좋은 음향 결과를 얻을 수 있습니다.

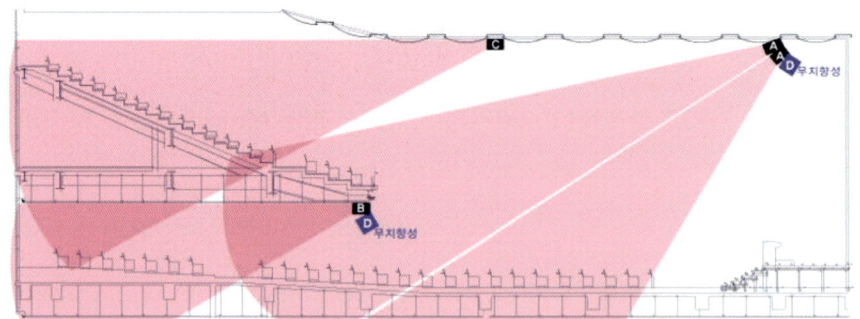

그림4-259 라인 어레이 스피커 상하 커버레지

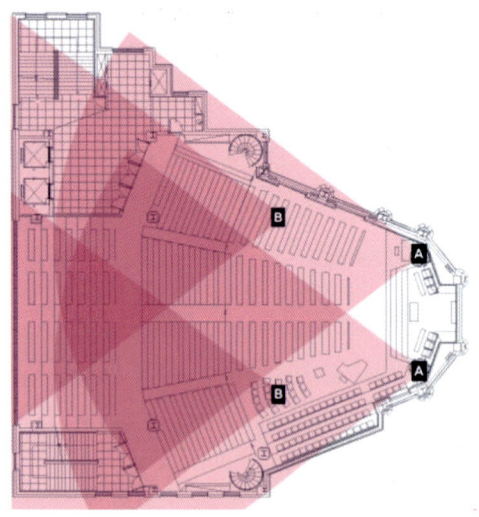

그림4-260 혼합방식 스피커 좌우 커버리지

발코니가 있을 경우에는 발코니 아래 부분에 보강이 필요합니다. 발코니 스피커는 발코니 아래 끝부분에서 안쪽으로 설치하는 것이 좋습니다. 메인스피커의 지향하는 지역을 벗어난 지역은 가능하면 메인스피커와 같은 제조사의 스피커를 사용하는 것이 음색에도 좋을 수 있습니다.

발코니 윗쪽은 메인스피커에서 지향할 수도 있지만 물량이 적은 상황이라면 천정에 발코니형으로 보강 설치하는 것도 좋습니다.

사진은 교회의 측면도와 평면도를 보여주고 있습니다. 메인스피커가 좌,우로 설치가 되었다면 가운데 앞자리가 저음은 충분하게 전달이 되지만 고음의 지향각이 부족하게 되는 경우가 있습니다. 이런 경우 앞자리 부분에 스피커를 보강하여 음악을 고르게 들릴 수 있도록 디자인합니다. 간혹 안타깝게도 교회의 메인스피커 위치가 미관상의 이유로 양측으로 치우쳐있는 경우가 있습니다. 그럴 경우에는 더더욱 앞자리의 보강이 필요합니다.

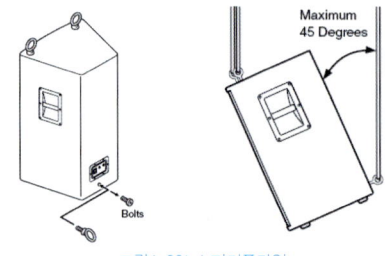

그림4-261 스피커플라잉

좋은 스피커에는 플라잉이 가능하도록 스피커 리깅 포인트 (엘트렉 L-Track) 이나 아이볼트 포인트가 있습니다.

그리고 스피커 설치 위치를 살펴볼 때 만일 천정의 높이가 낮을 경우 트위터의 위치를 어떻게 할 것인가를 생각해야 합니다. 트위터의 지향각에 따라 스피커를 뒤집어서 트위터가 밑쪽으로 위치할 수 있게 설치하는 경우도 있습니다.

그림 4-262 엘트렉

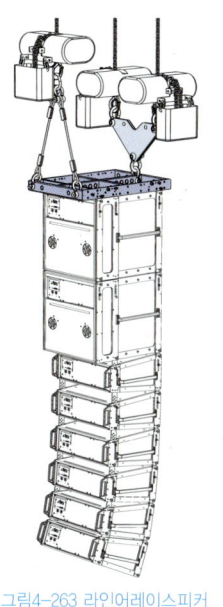

그림4-263 라인어레이스피커

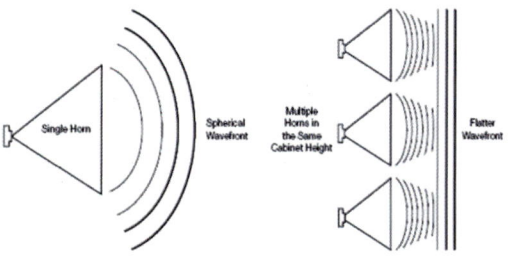

그림4-264 라인어레이 스피커 원리

위의 그림4-263은 라인 어레이 스피커를 보여줍니다. 라인 어레이 방식은 여러 개의 스피커를 하나의 시스템으로 구성하여 보다 멀리 소리를 전달하는 데 큰 장점이 있는 스피커입니다.

교회의 구조가 앞뒤로 긴 경우에는 유리한 방식입니다. 하지만 가까운 거리에서 보다 일정거리(전이거리) 이후부터 소리 전달이 좋게 구조가 되어있고, 여러 개의 스피커를 구입해야 하기에 비용 발생이 크게 작용하는 방식입니다.

스피커 프로세서

스피커 프로세서란 스피커의 특성을 보정하기 위한 프로세서로, 멀티 웨이(Multi Way) 방식의 액티브 크로스 오버(Active Crossover)에서 시작되었습니다.

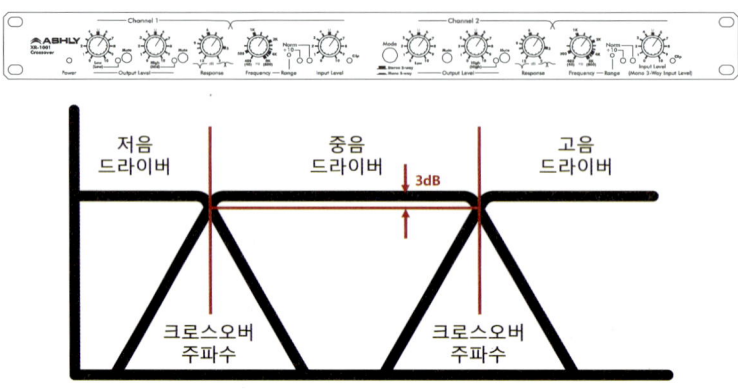

그림4-265 3-way Loud Speaker System 의 크로스오버 특성 곡선

초기 아날로그 방식의 크로스오버는 주파수를 분할하는 역할을 했습니다. 각 주파수별로 분할된 신호는 파워앰프로 전달되어 액티브 방식의 스피커로 전달되어 사용되었습니다.

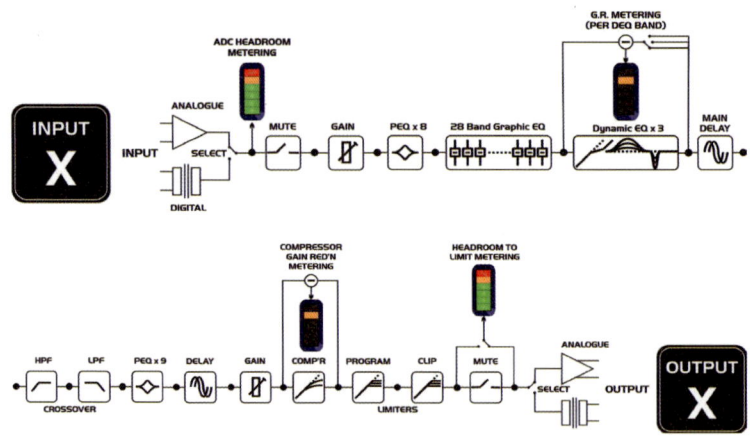

그림4-266 DP588(XTA)의 입/출력 측 기능

최근DSP(Digital Signal Processing)기반으로 된 스피커 프로세서의 보급으로 단순한 필터의 기능에서 벗어나HPF(Hi Pass Filter), LPF(Low Pass Filter)의 조합에 의한 주파수 분할(X-over)기능은 물론, 필요에 따라 필터의 선택(Bessel, Butterworth, Linkwitz)이 가능하며 EQ, 컴프레서, 리미터, 딜레이 등이 입/출력단에 사용되어 물리

적인 시스템 기능과 여러 프리셋값의 활용도 가능합니다. 또한 컴퓨터와 같이 저장 및 불러오기 기능을 사용할 수 있어 다양한 상황에 따른 음향 환경을 저장해 놓을 수 있고, 무선 컨트롤 기능이 포함되어 자유로운 모니터 및 시스템 튜닝을 할 수 있습니다. 최근에는 파워앰프에 내장되어 있는 경우도 많이 있습니다.

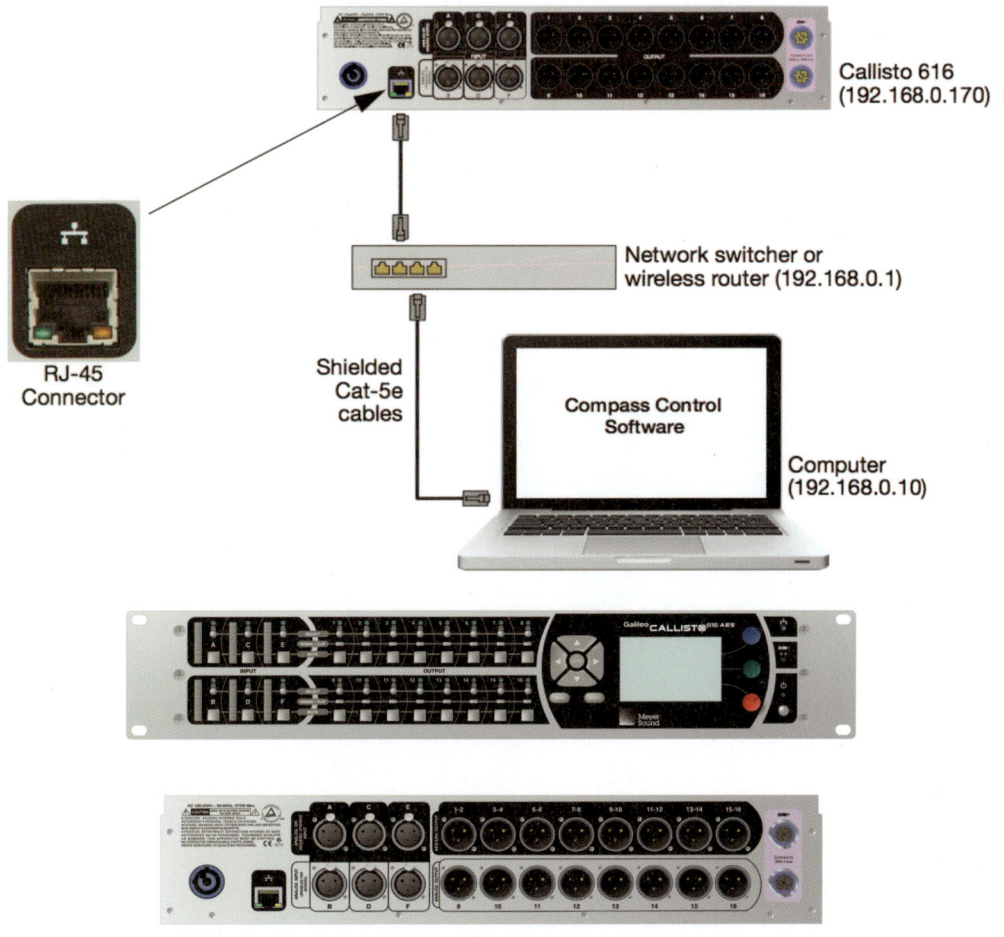

그림4-267 Meyer Sound사의Galileo Callisto 616

성소에쓸
모든일을
할줄알게
하신자들은
모두
여호와께서
명령하신대로
할것
이니
라

모니터 시스템

 스피커를 설치할 때 객석의 회중을 위한 스피커인 메인스피커가 좌우 L,R이 있습니다. 좌우 폭이 긴 경우에는 가운데 C(center) 스피커를 설치해 소리를 보강해줍니다. 가운데 앞자리와 같은 소리의 사각 지대를 보강하기 위한 프론트 필 스피커도 있습니다.
 만약 대규모 집회를 하는 경우, 좌의 폭의 길이가 길어짐에 따라 LL, L, C, R, RR로 스피커를 설치하는 경우도 있습니다.

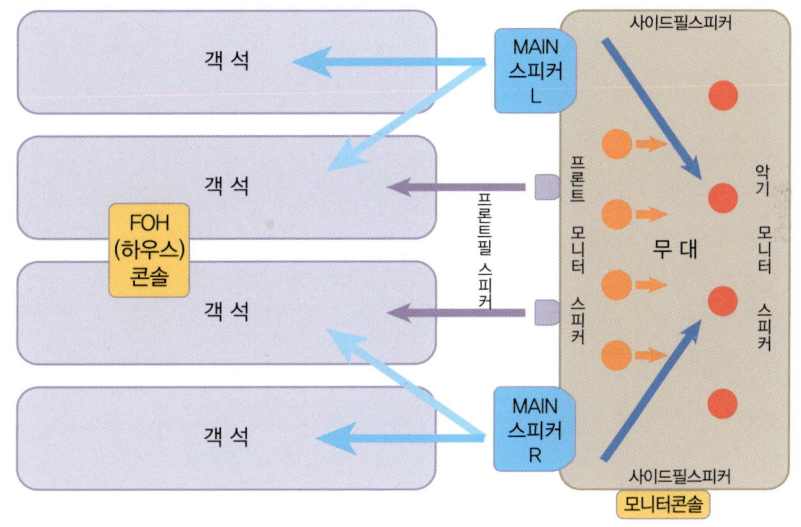

그림 4-268 스피커 공연 스피커 배치

 보통의 예배당의 경우 앞뒤의 거리가 있을 경우 뒤쪽에 서브스피커를 설치하는 경우가 있습니다. 서브스피커의 경우 메인스피커와의 소리의 지연이 생기게 되므로 딜레이를 설정하게 되는데 이 때문에 딜레이 스피커라고 불리기도 합니다. 그 외에 별도로 로비나 유아실 등 별도 공간을 위한 스피커가 있습니다. 여기까지를 회중을 위한 스피커가 됩니다. 이제부터는 강단 위에 스피커를 둘러보겠습니다. 강단 위 모니터 스피커의 음량 조절은 회중을 위한 스피커들과는 달리 예배 인도자들이 자신의 소리를 듣기 위한 스피커 입니다.

웨지(Wedge) 모니터 스피커

모니터 스피커를 플로어모니터, 풋모니터라는 명칭도 사용하지만 웨지(Wedge) 스피커라고 불리는 이유는 그만큼 모니터의 각도가 중요하기 때문입니다..

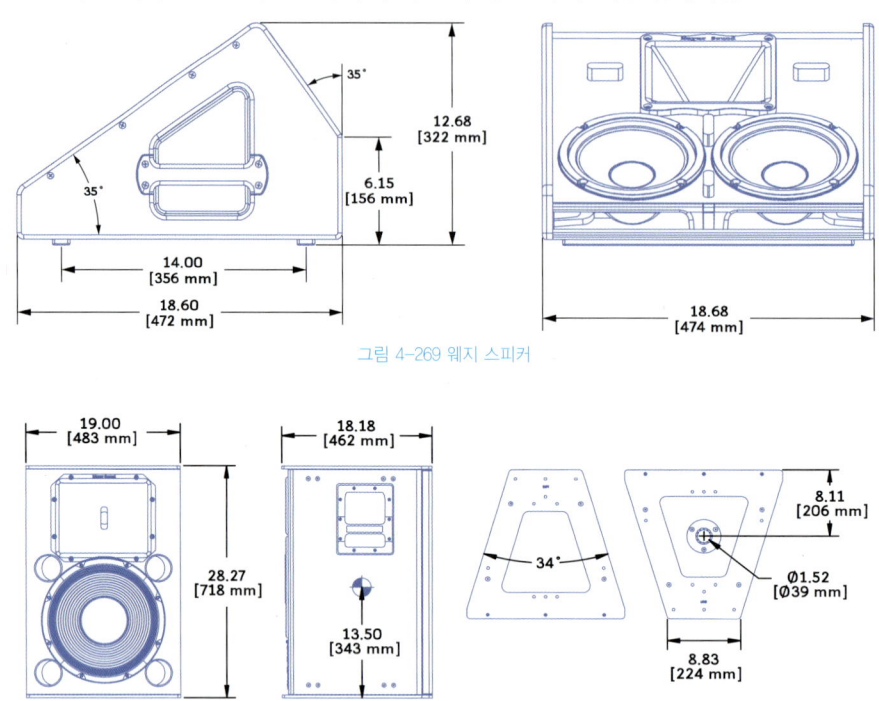

그림 4-269 웨지 스피커

그림 4-270 사다리꼴 스피커

일반적인 스피커는 앞쪽보다 뒤쪽이 작은 사다리 형태를 가지게 디자인됩니다.

하지만 무대 위에 모니터 스피커는 쐐기 모양으로 스피커의 뒷부분이 경사진 모양으로 디자인되어 있습니다. 중요한 부분은 스피커의 각도가 어떻게 되느냐에 따라 소리가 잘 들릴 수 있기도 하고 자칫 지향각을 벗어나게 되면 소리가 제대로 들리지 않을 수도 있습니다. 특히 강단에서 모니터 스피커에서 거리를 두고 사용하는 때가 있는데 이때 지향각을 벗어나게 되면 소리가 제대로 들리지 않아 볼륨을 올리게 되고 그에 따라 피드백이 발생할 확률도 높아지게 됩니다. 이러한 경우를 대비하여 스피커의 지향각을 고려하여 모니터 스피커를 설치해야 합니다.

모니터 스피커를 선택할 때 고려해야 할 부분 중 하나가 모니터 스피커의 크기입니다.

보컬 모니터 스피커의 경우 스피커 유닛이 작은 우퍼 유닛을 10"-12"를 주로 선택하게 됩니다.

스피치일 경우에는 이보다 같거나 작은 인치의 스피커를 사용합니다. 심지어는 강단위에 4" 정도의 모니터를 놓고 사용하는 경우도 있습니다.

악기 쪽의 모니터 스피커일 경우에 조금 더 출력이 커야 하고 특히 드럼이나 베이스 기타 모니터는 저음영역의 충분한 재생을 위해 우퍼의 유닛사이즈를 15"전후하는 모니터 스피커를 사용해야 합니다.

그림 4-271 강단용 모니터 스피커

드럼모니터일 경우 저음의 모니터링을 보강하기 위해 서브우퍼를 함께 사용하는 경우도 있습니다.

스피커 스탠드를 이용하여 앉아 있는 드러머에게 사이드필처럼 세워주거나 서브우퍼 위에 놓고 모니터를 하는 경우도 있습니다.

무대 위에 모니터의 각도는 스피커 지향각을 고려하여 스피커의 기울기를 조정해주는 것이 좋습니다.

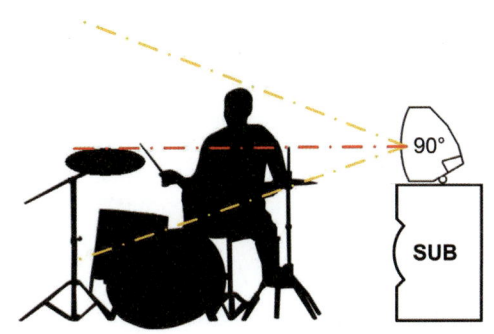

그림 4-272 드럼 모니터 스피커 시스템

강단에 모니터 스피커가 회중들의 시야를 가린다면 단상 아래에 모니터 스피커를 설치하고 철망으로 발판을 만들어 사용하는 경우도 있습니다. 이와 같은 경우 모니터 스피커의 각도가 좁아지는 단점이 있으나 고정된 자리에서 사용한다면 유용한 방법입니다.

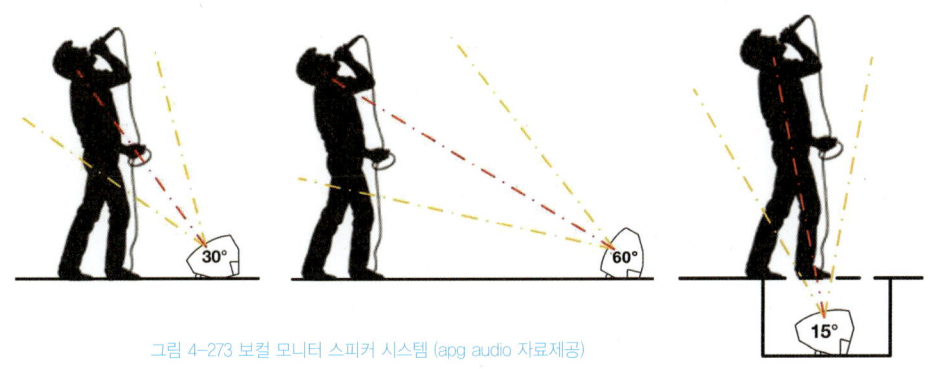

그림 4-273 보컬 모니터 스피커 시스템 (apg audio 자료제공)

사이드필 스피커(Sidefill speaker)

웨지 모니터 스피커의 장점은 개별 소리를 제공할 수 있으나 모니터 스피커의 지향각을 벗어나면 아무리 좋은 스피커라도 명료한 소리를 듣지 못하게 됩니다. 이러한 경우를 대비해서 무대 측면에서 무대를 향해 스피커를 설치합니다. 보컬은 물론 악기팀 전체적으로 들리게 하기 위해서 지향각이 넓게 설치합니다. 하지만 개별적인 소리를 제공하기 힘들기 때문에 전체적인 소리가 모니터링 되도록 설치되어야 합니다.

악기 없이 MR을 위주로 진행하는 댄스 공연 같은 경우라면 사이드 필 스피커만 사용해도 좋습니다. 천정이 낮은 상가형 교회의 경우 모니터 스피커를 센터에서 강단을 향해 설치하면 지향각이 넓고 귀에도 근거리에 위치하기 때문에 볼륨을 작게 설정해도 효과를 볼 수 있습니다. 웨지모니터 스피커의 경우 이동이 가능해서 각도가 틀어질 경우가 있는데 천정에 리깅을 한다면 동일간 각도에 안정적으로 모니터를 할 수 있다는 장점이 있습니다. 리깅방식은 특히 설교시간에 설교마이크만 사용할 경우 마이크의 지향각만 피한다면 매우 효과적입니다.

강단위에서 사용하는 마이크들은 보컬이나 악기들 마이킹이 근접 설치하는 방식이지만 강대상 마이크일경우 마이크와 거리가 있기 때문에 볼륨을 올리고 모니터 스피커를 사용하는 일은 어려운 일입니다.

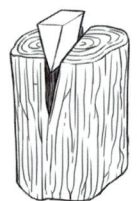 쐐기(Wedge)는 어떤 틈에 박아 넣어서, 틈을 효과적으로 벌릴 수 있도록 하는 도구이다. 또 물체를 들어 올리고 잡고 있는데 쓸 수도 있다. 일종의 휴대용 빗면이라고 할 수 있다. 쐐기의 큰 쪽에 힘을 넣으면 이 힘이 모인 반대쪽에 집중되기 때문에 힘을 집중시킬 수 있다. 이 빗면의 효율은 넓은 폭 대 길이, 즉 빗면의 기울기에 달려 있다. (위키백과)

인이어 모니터 시스템

강단은 악기에서 나오는 소리와 모니터 스피커의 소리로 인해 매우 시끄러울 수 있습니다. 강단에서의 시끄러운 소리는 마이크를 통해 간섭 현상을 일으키고, 피드백으로 인한 하울링의 원인이 되기도 합니다.

특히 강단 앞에 모니터 스피커로 인하여 앞자리의 회중들의 시야를 가릴 수 있고 모니터 스피커의 큰 볼륨으로 인해 메인스피커에서 조절한 밸런스가 무너지는 경우도 있습니다.

이러한 점들을 개선하기 위해 이어폰으로 소리를 전달하도록 만든 인이어 모니터 시스템이 있습니다. 콘솔에서 억스를 통해 무선송신기로 신호를 보냅니다. 이 신호는 무선 또는 유선으로 연주자의 모니터 수신기 벨트 팩으로 전달이 되고 이어폰을 통해 모니터링하게 하는 시스템입니다.

수신기를 통해 개별적으로 볼륨 조정이 가능하며 댄스 등 자유로운 퍼포먼스를 할 때도 균일한 모니터링 환경을 확보할 수 있다는 장점이 있습니다.

 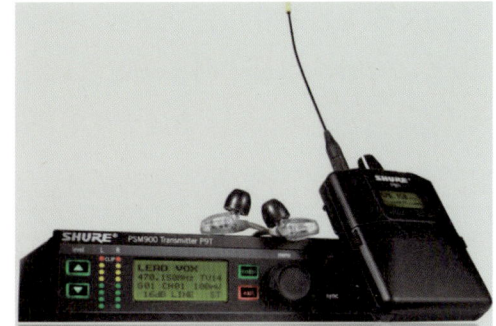

그림 4-274 인이어 모니터 시스템

주로 무선 방식으로 사용되지만 코러스나 건반 등 고정적인 자세에서 모니터를 해야 한다면 유선 방식도 좋은 대안이 될 수 있습니다.

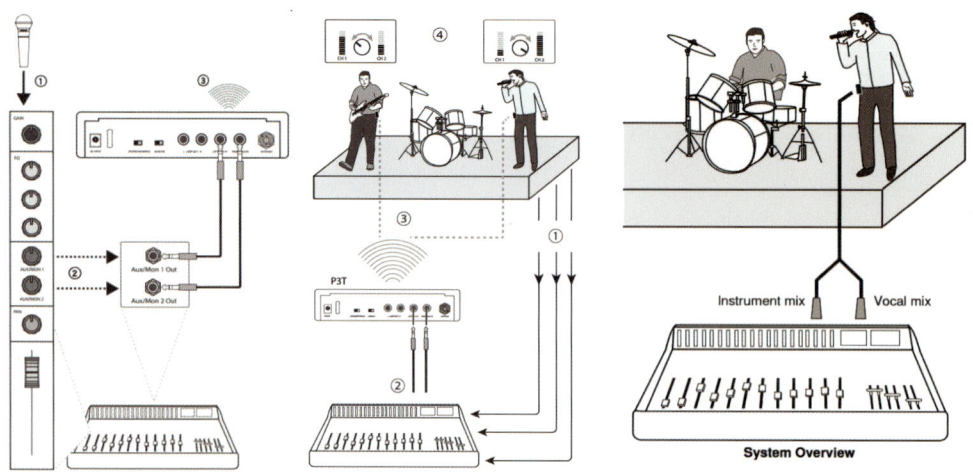

그림 4-275 유선/무선 인이어 시스템

위에 그림은 무선 인이어 시스템과 유선 인이어 시스템의 모델과 구성을 보여주는 사진입니다.

무선의 장점은 동작이 큰 퍼포먼스에서도 자유로운 움직임과 함께 균일한 모니터링이 가능하고 주파수 간섭 문제를 해결할 수 있습니다.

무선 송신기의 안테나는 주로 1개의 패시브 타입 송신기를 사용합니다. 수신기의 경우 벨트 팩 타입으로 되어 있어 개별 볼륨을 조정할 수 있다는 장점이 있습니다.

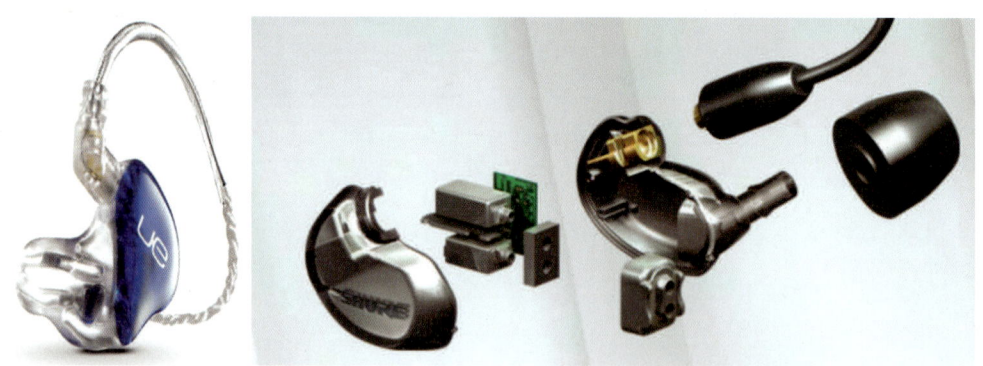

그림 4-276 인이어 이어폰

인이어의 경우 이어폰이 매우 중요합니다. 이어폰의 경우 큰 음압을 정확하게 재생을 해주어야 하기에 고음 유닛과 저음 유닛을 구분하여 제작되는 제품도 있습니다. 사람에 따라서 귀의 구조가 다른 만큼 맞춤식으로 주문하여 판매되는 제품도 있습니다.

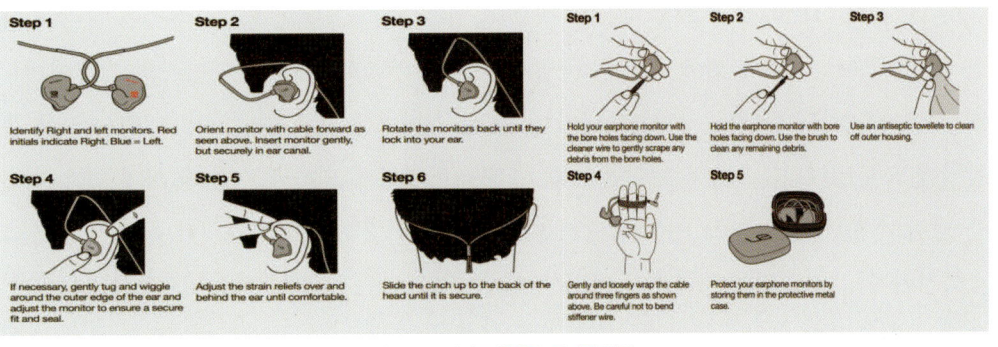

그림 4-277 이어폰 착용과 클리닝 방법

　인이어는 귀속에 직접 착용하여 사용하는 제품이기 때문에 높은 볼륨에 장시간 노출되어 귀가 상하는 경우가 있습니다. 적절한 볼륨을 사용하고 오랜 시간 노출되지 않도록 주의해야 합니다.

하루 동안 지속시간(hour)	Sound level dBA SLOW RESPONSE
8	90
6	92
4	95
3	97
2	100
1.5	102
1	105
0.5	110
0.25	115

그림 4-278 난청 위험 데시벨과 시간

　강단 위에 악기의 소리를 통제하기 위한 여러 방안이 있습니다.

　특히 앞자리에 앉은 회중은 드럼의 직접음으로 전체적인 소리를 듣지 못하는 때도 있습니다. 보통 드럼에 단을 올려 다른 악기들보다 높게 위치해주는 방법이 있습니다. 드럼 단에 드럼이 밀리는 것과, 하단 진동을 방지하기 위해 바닥에 고무 재질로 된 카펫을 사용합니다.

그림 4-279 드럼 차음판 예

또, 투명한 아크릴로 차음을 해주는 방법이 있습니다. 그렇게 되면 1차적인 큰 소리들을 막아 줌으로써 무대 위에 소음을 줄일 수 있다는 장점이 있지만 드러머의 입장에서는 힘든 일이 되기도 합니다. 우선 모니터를 할 때 스피커를 사용하게 되면 드럼 공간은 큰 음압에 노출됩니다. 그래서 이어폰을 통해 모니터링하게 되는데 이는 믹서의 억스 채널을 받아 소형 믹서를 놓고 이어폰 단자를 통해 모니터링하는 방식입니다.

하지만 이어폰으로는 저음의 느낌을 얻을수 가 없다는 단점이 있습니다. 그래서 드럼 의자에 진동기를 설치하고 소형 믹서 기능과 앰프 기능을 추가하여 이어폰을 통해 중고음의 모니터를 하고 진동기를 통해 저음을 느끼게 해주는 쉐이커를 사용하기도 합니다.

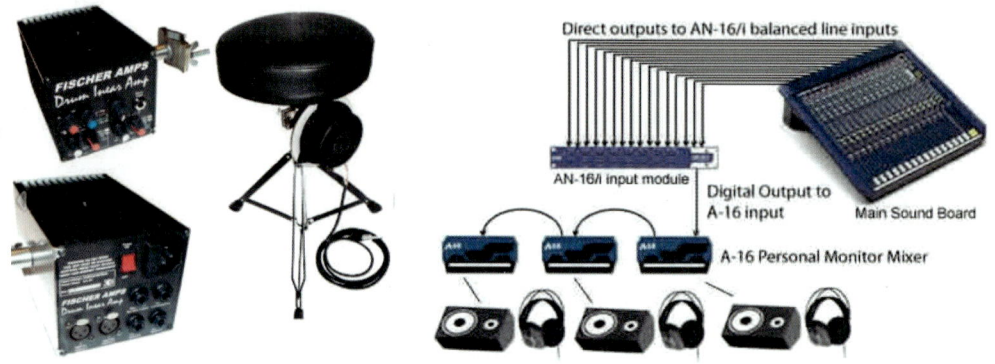

그림 4-280 드럼 쉐이커 모니터   그림 4-281 퍼스널 디지털 모니터 시스템

그리고 다른 악기의 경우 연주를 하면서 각자의 모니터 스피커에서 필요한 소리를 엔지니어에게 요청하는 방식을 사용합니다. 하지만 그때마다 정확한 대응을 하기란 어려운 일입니다. 연주자들과 엔지니어의 편리함을 위해 믹싱 콘솔의 신호를 인풋 모듈에 받아 신호들을 동일하게 퍼스널 믹서에 제공하는 모니터 시스템 방식이 있습니다.

퍼스널 모니터 시스템은 악기 연주자들이 개별적으로 필요한 소리를 직접 조절할 수 있고 이 때문에 엔지니어는 회중들을 위한 소리에만 집중할 수 있습니다. 또 퍼스널 믹서로 온 신호는 헤드폰이나 이어폰을 통해 모니터링할 수 있고 파워가 내장되어 있는 모니터 스피커를 연결하여 사용할 수 있어 연주자들의 취향과 상황에 맞게 사용할 수 있다는 장점이 있습니다.

최근에 여러 회사들에서 이러한 시스템을 출시하였고 전용으로 사용되는 시스템도 있지만 범용으로 사용될 수 있게 판매가 되고 있습니다.

참조 : THE ULTIMATE Church Sound Operator's Handbook Bill Gibson, HAL LEONARD 288page

그림 4-282 모니터 시스템 비교

이어폰이나 헤드폰으로 모니터링을 할 때에 가장 큰 단점은 웨지 모니터를 사용할 때는 연주자들이 모니터 소리와 현장의 소리를 함께 들으며 연주가 가능하지만 이어폰이나 헤드폰은 외부 소리를 차단하여 현장감을 느끼기 힘들다는 것입니다. 이와 같은 단점을 극복하기 위해선 회중 마이크를 설치하여 회중의 환호 및 박수 소리 등을 인이어에 제공하여 현장감을 느낄 수 있도록 해야 합니다.

교회음향을 위한
음향시스템 입문

CHAPTER 05

INTRODUCTION TO
SOUNDSYSTEM
FOR CHURCH

전기음향기기의 연결

케이블
커넥터

Electro-acoustic connected
5 전기음향기기의 연결

케이블(Cable)

케이블의 구조

도체

금속으로 구성된 도체는 은 〉금 〉동(구리) 의 순서대로 전도율이 좋습니다. 가격이 비싼 은이나, 금은 케이블로 사용하기 어려워 일부 고급케이블이나 중요한 부속에 사용합니다. 구리의 경우 위의 3가지 도체 중 가장 저렴하고 가공이 쉬워 선의 재료로 가장 많은 사랑을 받고 있습니다.

그림 5-1 케이블

차폐와 피복

좋은 케이블은 선재도 좋아야 하지만, 케이블의 차폐와 피복도 무시할 수 없습니다. 특히 PA같이 실내외를 구분 없이 사용해야 하는 경우 케이블에 많은 장력이 가해지므로 1차적으로 피복이 좋아야 선재의 내구성을 보장할 수 있습니다.

그림 5-2 편조 쉴드

그림 5-3 알루미늄 쉴드

그림 5-4 쿼드방식 케이블

차폐 쉴드의 구조에 따라 알루미늄테이프를 감은 알루미늄랩 쉴드 방식이 있고, 알루미늄을 촘촘하게 감은 편조 쉴드 방식으로 구분할 수 있습니다. 알루미늄의 경우 선재를 험하게 사용할 경우 알루미늄에 틈(구멍)이 생겨 차폐율이 떨어질 수 있는 단점 때문에 배선용(고정장비 연결용)으로 많이 사용되고, 편조 쉴드의 경우 연성이 좋지만 100% 차폐가 되지 않는 구조를 가지고 있습니다. 고급 케이블의 경우 두 가지 방식을 혼합하여 케이블의 가장 안쪽부분은 편조 쉴드 방식으로 구성하고 그 바깥쪽으로 알루미늄 랩 쉴드 방식으로 감는 방법을 사용하여 안정성을 높입니다.

케이블의 연성과 장력을 유지하기 위해 명주실을 케이블 속에 넣기도 하지만 꼭 있어야 하는 필수사항은 아닙니다. 그 밖에 쿼드방식 등 다양한 방식의 케이블이 개발되는 중입니다. 쉴드는 쉴드 자체의 품질이 좋아야 노이즈를 모으는 안테나가 되는 것을 방지 할 수 있습니다.

도체저항

형 상	모델명	실질도체단면적	판매단위	외경	중량	선심수	구 성		꼬인피치	전기 특성	
							도체단면적 (AWG) 도체구성			도체지항 심선	선간용량 심-심
		㎟	m	mm	kg/100m	본	mm2(AWG) 본/mm		mm	Ω/100m	pF/m
	4S6	1.0	100 200 400	6.4	5.4	4	0.51(20) 20/0.18A		45	3.7	125
	4S8	2.5		8.3	9.5	4	1.27(16) 50/0.18A		70	1.5	145
	4S11	4.3		10.7	16	4	2.18(14) 41/0.26A		120	0.9	146
	4S6-EM	1.0		6.4	-	4	0.51(20) 20/0.18A		45	3.7	125
	4S8-EM	2.5		8.3	-	4	1.27(16) 50 1/0.18A		70	1.5	145
	★4S6G	1.0	당사에문의	6.4	5.4	4	0.51(20) 20/0.18(OFC)		45	3.7	125
	★4S8G	2.5		8.3	9.5	4	1.27(16) 50/0.18(OFC)		70	1.5	145
	★4S11G	4.3		10.7	16	4	2.18(14) 41/0.26(OFC)		120	0.9	146

절연체 : 폴리에틸렌(적 · 맑은적 · 백 · 맑은백) 외피:PVC 내전압: AC500V/1분간 이상없음. ★는 주문생산품 입니다.

그림 5-5 도체저항

위의 표는 일본 Canare사의 4심 스피커케이블 카탈로그입니다.

우선, 도체 저항에 대해 알아보면 4S8의 경우 100미터 당 1.5Ω의 부하가 발생합니다. 예를 들어 스피커는 8Ω, 앰프와 스피커를 연결하는 선의 길이가 100미터라면 8옴 - 1.5옴 = 6.5옴이라는 수치가 나옵니다. 두꺼운 케이블은 앰프의 효율을 살릴 수 없습니다.

4S11로 케이블을 바꾸거나, 앰프와 스피커의 거리를 짧게 해야 손실되는 출력을 줄일 수 있습니다.

마이크케이블의 경우 600Ω의 높은 임피던스를 가지고 있어 신호 손실에 강하지만, 스피커의 연결은 16Ω, 8Ω, 4Ω과 같이 낮은 임피던스를 가지고 있어 신호 손실에 약합니다.

만약 이동용 시스템일 경우에는 케이블이 두껍고 무거운 케이블 보다 조금 얇더라도 손실률이 적은 케이블을 앰프와 가까이 사용하여 무게를 최소화 하는 것이 경제적입니다.

케이블의 종류

음향에서 사용되는 케이블은 크게 신호케이블, 스피커케이블, 전원케이블 등으로 구분 할 수 있습니다.

신호 케이블
멀티 케이블

케이블을 여러 개 배선해야 할 경우 멀티 케이블을 사용하면 편리하게 작업 할 수 있습니다. 스피커용 멀티케이블은 Bi-AMP나, TRI-AMP 또는 다수의 스피커를 연결할 때 편리하고 마이크용 멀티케이블을 사용하면 다수의 마이크 케이블을 한번에 설치하는 것과 같은 효과가 있어서 시간과 물량을 절약할 수 있습니다.

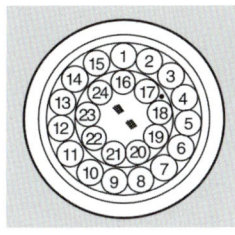
그림 5-6 멀티 케이블 내경

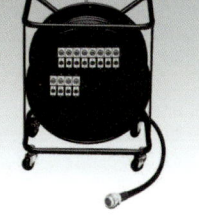
그림 5-7 드럼 케이블

스피커 케이블

특징

스피커 케이블은 앰프에서 나오는 신호를 스피커에 전달하는 통로로, 마이크 케이블이 신호를 전송할 때 저항과 외부의 잡음을 최소화 시켜야 하는 내부 임피던스 등의 요인이 중요한 작용을 한다면, 스피커 케이블은 보다 강력한 신호의 전송이기 때문에 신호를 손실 없이 전송하는 것이 중요한 부분입니다. 케이블의 길이를 최소화(최단배선)하고 두께가 두꺼울수록 신호의 손실이 적기 때문에 라이브 공연현장에서 스피커 케이블의 길이를 최소화하기 위해 파워앰프를 스피커 옆으로 설치하며, 최근에는 스피커 속에 파워앰프를 내장하여 스피커 케이블간의 저항을 최소화 하는 경우도 있습니다.

그림 5-8 2심 스피커 케이블

케이블간의 자기장영향

마이크 케이블과 같이 자기가 약한 케이블에 자기가 강한 전기케이블 이나 스피커 케이블과 교차될 경우 자기장의 영향을 받아 신호에 노이즈가 발생할 수 있습니다.

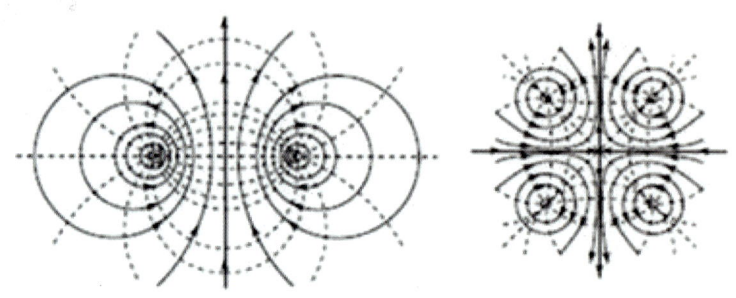

그림 5-9 케이블간의 자기장 영향

그림 5-9에서 보이듯 4심의 경우 각 선마다 중심에서 같은 거리에 설계하여 2심에 비해 자기장의 영향을 최소화 함으로서 노이즈를 줄일 수 있습니다.

스피커 케이블의 거리간 효율

케이블 길이(m)	케이블 직경(㎟)	손실전력(8Ω)	손실전력(4Ω)	손실전력(2Ω)
2	0.3	2.90%	5.60%	10.80%
	0.5	1.74%	3.4	6.7
	0.75	1.16	2.3	4.5
	1.5	0.58	1.16	2.3
	2.5	0.35	0.7	1.39
	4	0.22	0.44	0.87
5	0.5	4.3	8.2	15.5
	0.75	2.9	5.6	10.8
	1.5	1.45	2.9	5.6
	2.5	0.87	1.74	3.4
	4	0.55	1.09	2.2
	6	0.37	0.73	1.45
10	0.5	8.24	15.5	28
	0.75	5.6	10.8	19.9
	1.5	2.9	5.6	10.8
	2.5	1.74	2.9	6.7
	4	1.09	1.74	4.3
	6	0.73	1.09	2.9
30	0.75	15.5	0.73	45
	1.5	8.2	15.5	28
	2.5	5.1	9.8	18.2
	4	3.2	6.3	12
	6	2.2	4.3	8.2
	10	1.31	2.6	5.1

그림 5-10 스피커 케이블의 효율

그림 5-10은 스피커 케이블의 효율을 나타낸 표입니다. 기본적으로 케이블이 굵을수록 임피던스를 높게 사용할수록 효율이 좋은 것을 알 수 있습니다.

AWG(American Wire Gauge)는 미국이나 그 밖의 지역에서 구리, 알루미늄 및 기타 전선의 굵기를 나타내는 단위로서, 전선의 지름 11.680 mm를 AWG 0으로, 0.127 mm를 AWG 36으로 하고, 그 사이를 39단계로 나눈 번호 체계입니다. 구리선은 대게 AWG 18에서 AWG 26 사이의 굵기를 가지고 있으며 AWG에서는 숫자가 크면, 전선은 오히려 더 가늘다는 것을 의미합니다. 전선이 굵으면 간섭의 영향을 받을 여지가 더 적고, 일반적으로 지름이 더 가는 전선은 동일한 거리에서 굵은 전선이 전송할 수 있는 양만큼의 전류를 전송하지 못합니다.

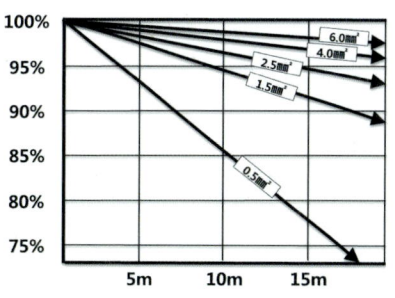

그림 5-11 스피커 케이블 효율

커넥터

커넥터의 역할

커넥터는 케이블과 음향기기를 연결하는 부품으로서 기기의 특성과 종류에 따라 모양이 다양하게 있습니다. 케이블의 종류는 물론, 납땜 방법과 마감을 어떻게 하는가에 따라 손실률이 틀리고 미세하게 음질도 틀리므로 케이블의 연결은 매우 중요합니다.

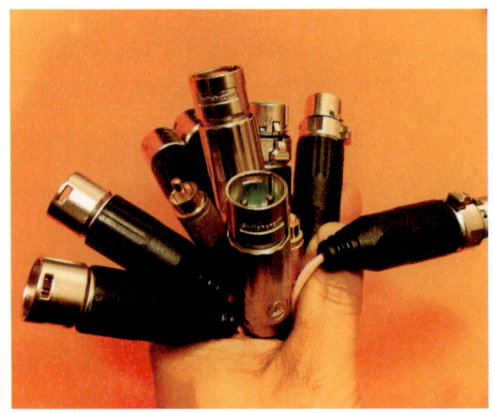

그림 5-12 커넥터

커넥터의 종류

오디오 신호 커넥터

XLR 커넥터

흔히 캐논이라 불리는 XLR커넥터는 ITT Cannon사의 제품번호입니다. 주로 마이크로폰 케이블과 기기를 연결하는 라인레벨 케이블에 사용되며, 그 외에도 조명신호인 DMX커넥터로도 사용되고, 인터컴 회로에도 사용되고 있습니다. 구조 또한 3핀 뿐만 아니라 헤드폰이나 컨트롤을 위한 4~7핀도 있습니다. 일반적으로 출력 측에는 수(Male), 입력 측에는 암(Female)으로 구분이 되어 있습니다. 내부에는 총 3개의 단자가 있는데 1번이 Ground, 2번이 (+)시그널, 3번이 (-)시그널로 되어 있고 가운데 1번이 조금 길게 나와 있어서 커넥터가 결속할 때 접지 먼저 닿게 되어 있어 시그널이 열려있는 상태에서도 보호하는 역할을 하게 됩니다. 특히 암수와 연결될 때 잠금장치가 되어 있어 무대 위에서 안정적으로 사용되고 있습니다.

그림 5-13 XLR 커넥터

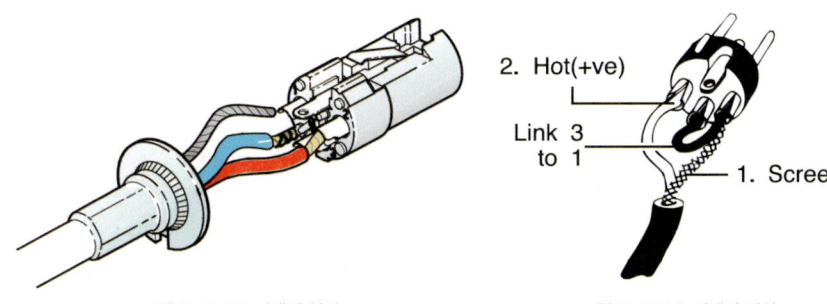

그림 5-14 XLR 커넥터 연결 　　　　　그림 5-15 XLR 커넥터 결선
(The ultimate Church Sound Operator's Handbook p.105 참조)

밸런스 라인은 1번은 쉴드 2번은 유채색 3번은 무채색을 사용하는 것이 일반적인 약속입니다. XLR을 언밸런스로 사용 시 아래와 같이 1번과 3번을 연결합니다.

¼" (Quarter) Mono Phone Plug(T.S), ¼" Stereo Phone Plug(T.R.S)

그림 5-16 ¼" Mono Phone Plug, ¼" Stereo Phone Plug

악기 사용할 때 주로 불리는 55커넥터의 정식명칭은 ¼ inch Mono Phone Plug(T.S), ¼ inch Stereo Phone Plug(T.R.S) 입니다. Phone Plug는 초기 전화국 교환기에서 사용된 말로 유래되어 Phone Plug라 불리었고, 55 케이블이라 불립니다.

T.S 플러그는 언밸런스 신호, 모노, 소출력 스피커 커넥터 등으로 사용됩니다. 플러그에 검은 띠가 1개 있는 것이 언밸런스타입으로 T.S(Tip+Sleeve), 검은 띠가 2개 있는 것이 밸런스타입으로 T.R.S (Tip+Ring+Sleeve) 스테레오 커넥터로도 사용이 됩니다. 형태에 따라 "ㄱ"자 형 플러그, 뮤지션 용으로 사일런스 플러그(커넥터 결합, 분리 시 노이즈 발생 감소형 플러그)도 있습니다.

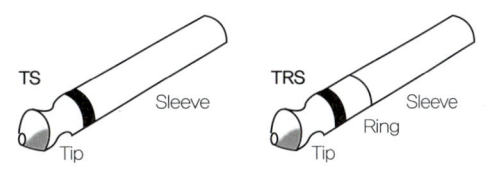

그림 5-17 TS, TRS

사용범위는 악기의 연결과, 음향신호의 연결, 소형스피커를 연결하기도 합니다.

신호가 먼저 접속되고 쉴드가 나중에 접속되기 때문에 뮤트 없이 커넥터를 뽑거나 꼽으면 큰 소리의 잡음이 나게 되므로 주의가 필요합니다.

TS케이블의 제작법은 위와 같습니다. 언밸런스 연결에 사용되는데 유채색을 TIP에 연결하고, 무채색과 쉴드를 묶어 쉴드에 땜합니다.

TRS커넥터의 경우 XLR의 3핀과 같은 밸런스 연결이 가능합니다.

만약 믹서의 억스아웃이 55PLUG인 경우 밸런스로 제작해야 신호를 멀리 전송해도 잡음이 생기지 않습니다.

TIP는 XLR로 따지면 2번(+) RING은 XLR로 따지면 3번(-) 마지막으로 Sleeve는 1번(GND)로 연결하시면 됩니다. 앞서 약속한 대로 유채색이 (+) 무채색이 (-)로 연결하셔야 합니다. 이 커넥터는 언밸런스 인서트에도 사용됩니다.

그림 5-18 NP2RX-AU-SILENT

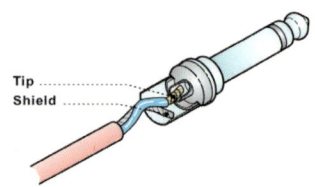

그림 5-19 TS 연결(The ultimate Church Sound Operator's Handbook p.104 참조)

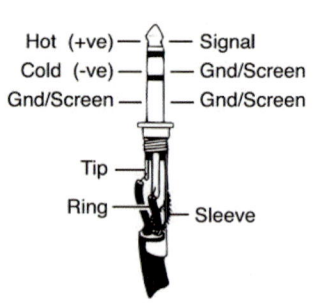

그림 5-20 TRS 제작법

RCA 핀 커넥터

RCA는 Radio Corporation of America의 약자이며 1940년대 개발되었습니다. 본래 턴테이블의 Phono-graph 출력 결선용으로 개발되어, 하이 임피던스회로와 낮은 레벨의 신호(-10dBV)를 취급하는 언밸런스 회로에 사용됩니다. 접점을 좋게 하기 위해 금도금하는 경우도 있습니다. RCA핀 커넥터는 영상기기, CD 플레이어, DAT 등 가정용 기기에 주로 사용되는 커넥터 방식입니다.

그림 5-21 RCA 핀 커넥터

3.5mm Phone 커넥터

3.5mm 폰 커넥터는 MP3 player, 휴대전화, 노트북 등에 자주 사용되는 규격으로 이어폰으로 사용하는 폰 플러그로 3.5mm 미니 스테레오 커넥터입니다.

  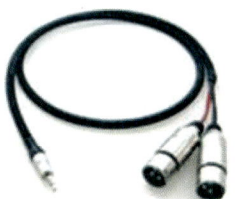

그림 5-22 3.5mm Phone 커넥터

스피콘(Speakon)

Neutrik사에서 만든 스피커연결용 커넥터입니다.

예전에는 ¼" TS 폰플러그로 스피커를 연결했는데 폰플러그는 잠금 장치가 없어 쉽게 연결이 빠지고 제작이 어려웠던 반면, 스피콘의 경우 쉽게 빠지지 않게 잠금 장치가 되어 있고 제작이 쉽습니다. 빠르고 쉬운 접속이 가능합니다. 종류에 따라 2핀, 4핀, 8핀 스피콘이 있습니다. (2핀과 4핀은 같은 스피콘인데 2핀은 1번(+) (-)만 있음)

그림 5-23 스피콘

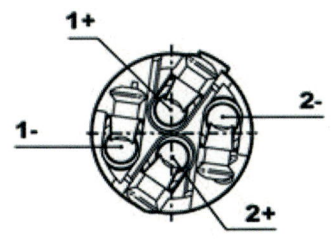 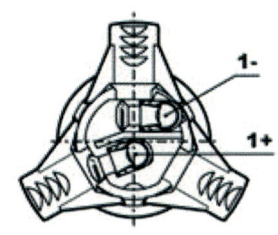 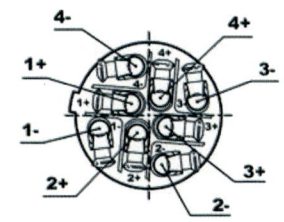

그림 5-24 4핀 스피콘 구조 　　　　　 그림 5-25 8핀 스피콘 구조

1번 (+) (-) 2번 (+) (-)가 있고 바이앰프를 할 경우 1번을 저음 2번을 고음(혹은 반대로) 연결하여 편리하게 사용할 수 있습니다.

8핀 스피콘은 1번부터 4번까지 연결이 가능합니다. 3-WAY 이상 스피커를 사용할 경우 이 커넥터 하나면 쉽게 해결할 수 있습니다. 이 커넥터는 쉽게 접할 수 있는 커넥터가 아닙니다. 보통 대형 포인트소스 스피커나, 중대형 라인어레이 스피커나 대형 스피커에 사용됩니다. 2핀 스피콘과 4핀은 크기가 같아 같이 사용할 수 있지만, 8핀은 크기가 다르기 때문에 8핀은 함께 사용할 수 없습니다.

젠더류

기기간의 연결 시 변환 젠더가 필요한 경우가 발생합니다.

별도로 제작을 하는 경우도 있지만 젠더로 만들어져서 판매가 되는 제품들이 있습니다.

그림 5-26 다양한 젠더 종류

전원 관련 커넥터

파워콘

전원 관련 커넥터는 스피커 커넥터와 비슷하게 생겼지만 전원을 공급하는 파워콘(Power Con)이 있습니다. 전원관련 커넥터는 전원 랙과 케이블간의 결손 시 380V, 220V의 큰 전압으로 인한 사고를 줄이기 위해 결속력을 견고하게 만든 것입니다. 파워드 스피커의 전원 입력으로 사용할 수 있으며 일반적인 용량은 20A(220V일 경우에 220 × 20 = 4.4kW)입니다. 암, 수 구분이 되어 있고 잠금장치가 되어 있으며 한 방향으로 결합하는 방식이기 때문에 N상이 바뀌지 않는 특징이 있습니다.

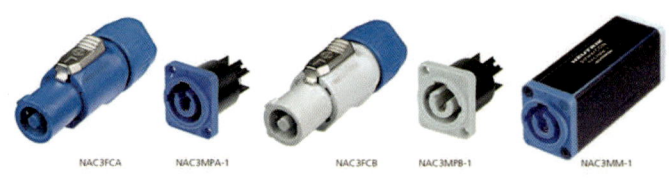

그림 5-27 전원 관련 커넥터

교회음향을 위한
음향시스템 입문

CHAPTER 06

INTRODUCTION TO
SOUNDSYSTEM
FOR CHURCH

교회 음향 DIY

공구사용의 방법
시공사례

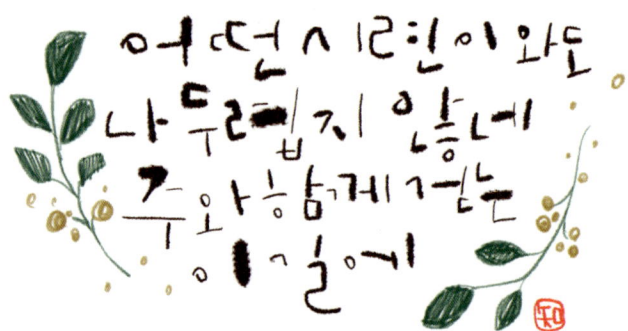

교회 음향 DIY

공구사용의 방법

음향 관련 공사를 하는 것은 경험이 풍부한 전문가들의 영역입니다. 규모가 큰 공사는 전문 음향 업체의 견적서를 통한 제안을 받고 공사를 하게 되지만, 소규모 작업일 경우나 간단한 추가 공사일 경우 시공에 관련한 지식을 알고 있다면 방송실 스스로 A/S를 한다거나 간단한 배선이나 작업등을 직접 설치하여 비용 절감이 가능하며, 직접 설치한 장비이기 때문에 방송을 운용하는 데에 더 적합합니다. 또한 전문 업체들이 시공을 할 경우에 감독을 하는 입장에서 사용공구와 부품들을 알고 있는 것이 더 정확한 결과를 얻을 수 있기에 이 단원을 준비하였습니다.

공구의 종류와 이해

교회 AV공사에 사용되는 각종 공구에 대하여 설명하도록 하겠습니다. 교회 방송실에 전문 업체가 가지고 있어야 하는 모든 공구를 가지고 있을 필요는 없습니다. 간단한 점검이나 시공이 가능한 정도만 되어도 좋습니다. 교회 방송실에서 보유해야 하는 공구는 납땜을 위한 인두기, 인두기 거치대, 납, 케이블 스트리퍼, 니퍼 등이 있고, 스피커를 분해하거나 렉케이스 작업을 하기 위해서는 충전식 전동 드릴이 필요하며 그 외에 드라이버 세트나 다목적 가위, 육각 렌치 세트 등이 필요합니다.

드라이버, L자형 육각 렌치, 별 모양 렌치

드라이버는 주로 기기를 결합하거나 분해할 때 사용합니다. +(십자형) 드라이버를 주로 사용하며 -(일자형) 드라이버나 육각 형태, 별 형태의 특수 드라이버를 사용하기도 합니다. 종류별로 드라이버를 한 세트씩만 구비하고 육각렌치도 인치 타입과 센치 타입 한 세트씩 준비하여 간단한 스피커 수리를 위한 분해 등의 작업을 할 수 있도록 합니다.

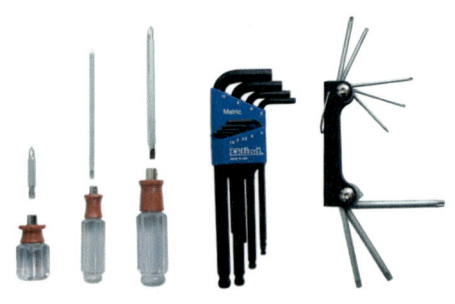

그림 6-1 드라이버, 육각렌치, 별 렌치

드라이버를 사용할 때는 수직으로 세워서 나사와 드라이버를 정확하게 밀착하여 작업하도록 합니다. 그렇지 않을 경우 나사가 마모되거나 파손이 될 수 있기 때문입니다.

만약 작업의 양이 많은 경우라면 전동 공구를 사용하고, 정교한 작업을 할 경우에는 드라이버를 사용하는 것이 좋습니다.

L자형 육각 렌치는 머리에 육각형의 구멍이 있는 볼트를 조이거나 풀 때 사용하는 공구로, 주로 길이가 짧은 쪽을 손잡이로 사용하지만 단단하게 결속해야 하는 경우 긴 부분을 손잡이로 사용하기도 합니다.

인두기

인두기는 교회 방송실의 필수 공구입니다. 종류는 크게 가스 인두기와 전기 인두기가 있는데 교회 방송실에서는 주로 전기 인두기를 사용하며, 전기가 공급되지 않는 건축 현장이나 야외에서 작업할 때 가스 인두기를 주로 사용합니다.

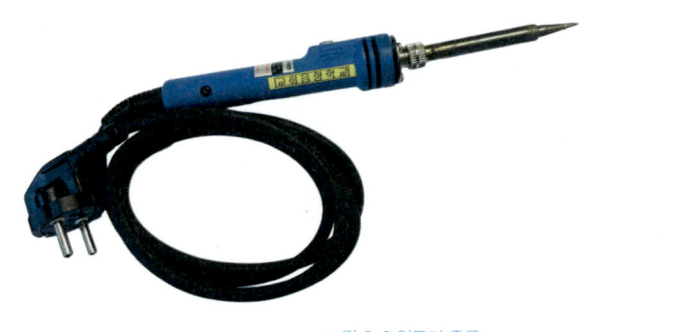

그림 6-2 인두기 종류

전기 인두기 중에서 저렴한 제품은 전열 기구의 특성상 위험할 수 있으므로 어느 정도 브랜드가 알려져 있고 전기안전인증 필증 여부를 확인하고 구입하는 것이 좋습니다. 또한, 인두기의 온도가 낮은 경우 납이 녹지 않거나 녹는 데에 너무 오래 걸리는 경우가 있으므로 온도가 충분히 높은 제품을 구입합니다.

먼저 커넥터에 납을 충분히 입히고 케이블에도 납을 입힌 후, 케이블과 커넥터를 연결하면 결선이 완료된 것입니다. 마이크 커넥터를 결선할 때 인두기를 케이블에 너무 오래 접촉하게 되면 케이블의 피복이 녹는 경우가 있으므로, 열을 가할 때에는 필요한 만큼만 가하여 사용해야 합니다.

전열기를 사용하는 것이기 때문에 화상을 주의하여야 하고, 바닥도 손상될 수 있기 때문에 주변을 정리하고 바닥을 보호할 재료를 깐 후에 그 위에서 작업하는 것을 원칙으로 합니다. 가능하면 인두기 거치대를 사용하는 것이 좋습니다. 또한, 납땜 작업을 오래 할 경우 환기를 반드시 하도록 합니다. 선풍기를 이용하거나 환기가 잘 되는 곳에서 사용하도록 하며, 작업을 마친 후에는 인두가 완전히 식은 후에 정리합니다.

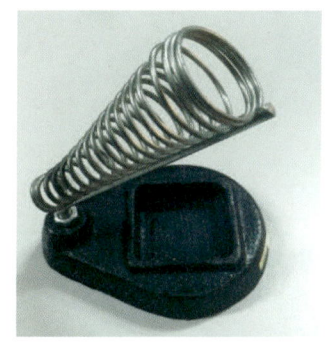
그림 6-3 거치대

그림 6-4 납

그림 6-5 납 흡입기

납

두 개의 금속 표면을 이어 붙이는 역할을 하며, 마이크 케이블이나 전자 제품 등의 부품을 연결할 때 사용합니다. 종류는 유연과 무연 두 가지 타입이 있습니다.

납 흡입기

인두기로 납을 녹인 후 흡입해서 납을 제거하는데 사용합니다. 주로 전자기판이나 멀티핀과 같은 복잡한 납땜을 할 때 사용합니다.

페이스트(송진), 인두기 팁 클리너

그림 6-6 인두기 페이스트, 팁 클리너

페이스트는 인두기 팁을 세정해주는 역할과 납땜 작업 시 촉매 역할을 합니다.

팁 클리너는 인두 팁에 이물질이 많이 묻은 경우, 팁을 넣었다 뺐다 하면서 팁을 청소하는 데에 사용합니다.

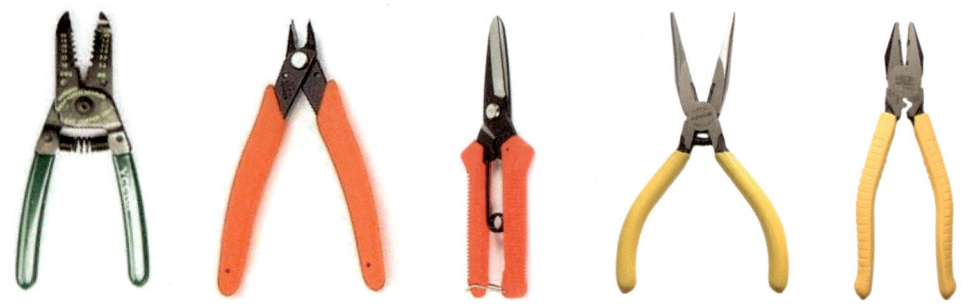

그림 6-7 와이어 스트리퍼, 니퍼, 다목적 가위, 롱노우즈, 펜치(좌측부터)

와이어 스트리퍼

스트리퍼는 케이블 굵기에 따라 피복을 벗길 때 사용합니다. 마이크 케이블처럼 가는 케이블의 피복을 벗길 때 유용하고 시간을 절약해줍니다.

니퍼, 다목적 가위

공사 현장에 없어선 안될 몇 가지 도구들이 있는데 그 중 하나가 바로 다목적 가위입니다. 이 다목적 가위는 각종 케이블을 자르거나 피복을 벗기는 데에 유용하게 사용됩니다. 니퍼는 다목적 가위와 용도가 비슷하지만, 더 강한 힘이 필요할 때 사용합니다. 커터는 마이크 케이블의 쉴드를 깔끔하게 제거할 때나 세밀한 작업을 할 때 유용합니다.

롱노우즈, 펜치

롱노우즈는 원래 와이어를 구부리거나 펼 때 사용하지만 음향에서는 전자 부품을 잡을 때도 사용합니다. 손으로 잡을 수 없거나 땜질 등으로 뜨거워서 잡을 수 없는 경우에 유용하게 사용되며 펜치는 와이어나 피복을 벗기는 용으로 사용되는 공구입니다. 다목적으로 사용되는 펜치입니다.

전기 테스터기, 케이블 테스터기

그림 6-8 전기테스터기, 케이블 테스터기

테스터기는 각종 케이블 작업을 완료한 후 케이블이 제대로 만들어졌는지 확인하거나 각종 전원들의 전압이 정상 수치가 나오는지 확인하는데 반드시 있어야 하는 필수 공구입니다. 통상 음향 쪽에 사용되는 기능은 직류 건전지 체크나 교류 전압 측정 등입니다. 케이블 테스터기는 마이크 커넥터는 물론 스피콘 단자까지 테스트할 수 있는 기기입니다.

충전식 전동드릴 & 해머드릴

그림 6-9 전동드릴, 해머드릴

충전식 전동드릴은 렉케이스 작업이나 스피커 수리 등 각종 나사를 풀거나 조일 경우 유용하게 사용되므로 방송실에서 구비하는 것이 좋습니다.

스피커를 설치할 때 벽이나 천장에 해머드릴을 사용할 수도 있습니다.

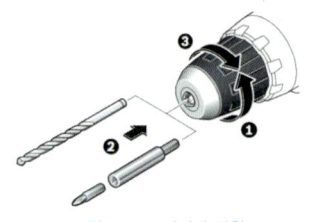

그림 6-10 드라이버 장착

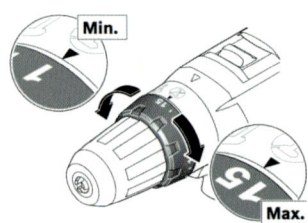

그림 6-11 드라이버 기어 선택

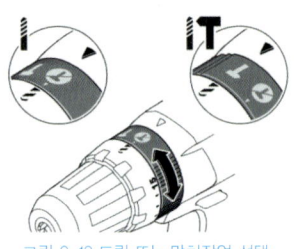

그림 6-12 드릴 또는 망치작업 선택

※기본 사용법

1. 나사마다 제각기 다른 형태를 가지고 있으므로 나사 머리에 꼭 맞는 스크류 드라이버 비트를 선택하여 장착합니다.
2. 방향 스위치를 사용하여 정/역회전을 선택합니다.
3. 전동 드라이버의 기어를 낮은 속도로 선택합니다. 그리고 비트를 나사에 정확하게 댄 후 작업합니다. 공구에 적절한 힘을 가해 나사를 수직으로 눌러주어 사용합니다. 공구의 회전하는 힘 때문에 비트가 나사 머리에서 이탈하거나 나사 머리를 망가뜨릴 수 있으므로 주의합니다.
4. 작업에 따라서 드릴이나 망치 작업 등을 할 경우에는 다이얼을 돌려 망치가 있는 쪽으로 선택하여 작업합니다.
5. 작업을 마치면 배터리를 빼서 충전 아답터에 연결해 충전합니다. 그리고 마지막으로 천으로 전동 드라이버를 닦아주어 청결한 상태를 유지하도록 합니다.

〈해머드릴로 콘크리트나 블록 벽돌에 구멍을 뚫는 경우〉

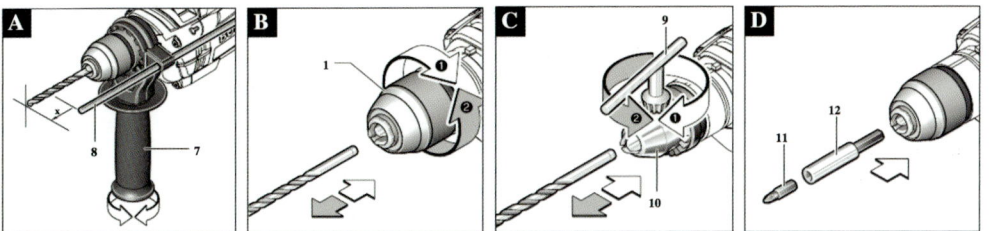

그림 6-13 해머드릴 스크류 장착

1. 손으로 척을 좌측 방향으로 돌려서 비트를 장착합니다.
2. 척키를 척의 옆 구멍에 연결하여 시계 방향으로 돌려 꼭 조입니다.
3. 드릴/해머 선택 스위치를 망치 그림이 있는 쪽으로 선택합니다.
4. 정/역회전 선택 스위치를 정방향 화살표에 위치하도록 선택합니다.
5. 보조 손잡이에 달려있는 깊이 조절자를 앞뒤로 움직여 뚫고자 하는 깊이로 알맞게 조정합니다
6. 전원을 연결하고 방아쇠 스위치를 당기면서 힘을 주어 공구를 작동 시킵니다.
7. 콘크리트나 블록 벽돌에 적당한 깊이로 천공을 한 뒤 빼면 됩니다.
8. 작업을 마치면 드릴 비트를 공구에서 역순으로 빼내고 청소하여 정리합니다.
9. 나사를 사용해 작업할 때도 비트를 같은 방법으로 체결하여 사용합니다.

〈충전식 전동 드릴 사용 시 주의점〉

– 작업장 주위를 정돈합니다.
– 공구를 사용하기 전 안전 점검을 합니다(전선이나 공구 표면의 파손 여부 등).
– 습기가 있거나 물에 젖은 곳에서는 감전의 위험이 있으므로 작업하지 않습니다.
– 어린이와 방문자들은 공구에 접촉하지 않도록 합니다.
– 전선은 안전하게 항상 공구에서 떨어져 있어야 합니다.
– 작업장에는 항상 소화기와 응급 약품 세트를 준비합니다.
– 위급한 상황에 도움을 받을 수 있도록 미리 작업 사실을 알리거나 다른 사람과 함께 작업을 합니다.

드릴 비트에는 두 종류가 있습니다. 한 가지는 콘크리트에 사용되는 비트로, 끝을 자세히 보면 텅스텐 팁이 용접되어 있습니다. 콘크리트를 두들겨 동그란 구멍을 만드는 역할을 합니다.

또 다른 드릴 비트는 철제용으로, 몸체를 날카롭고 각이 지도록 비스듬히 깎아서 열처리한 것입니다. 철제용 비트는 나무를 칼로 깎아 내듯이 날카로운 비트의 끝이 금속을 파고 돌면서 구멍을 만들게 됩니다. 사용 용도에 맞는 드릴 비트를 사용하도록 합니다.

그림 6-14 콘크리트용 비트와 금속용 비트의 차이

멀티공구세트

그림 6-15 멀티공구

멀티 공구 세트는 공구 상자 등을 들고 다니며 작업할 수 없을 때 그 대용으로 사용하기 좋습니다.

드라이버, 칼, 집게, 롱노우즈, 니퍼 등을 하나의 뭉치에 사용할 수 있어 편리합니다. 강단 위에서 악기나 간단한 작업을 할 때 유용합니다.

대부분 전용 파우치를 제공하므로 벨트에 부착하면 이동 시나 고공 작업 시에도 간편하게 휴대할 수 있습니다.

이 밖에도 드라이버 세트, 공구 상자, 망치, 렌치 등을 구비하면 교회에서 방송기기를 점검하고 간단히 수선할 때에 유용하게 사용할 수 있으므로 구비하여 사용하도록 하고, 라벨과 공구 대장 등을 제작하여 방송실 인원뿐만 아니라 그 외의 사람들과도 함께 사용하는 데 문제가 없도록 하는 것을 추천합니다.

그림 6-16 전용파우치 벨트　　　　　그림 6-17 공구 보관함

공사에 필요한 자재류

그림 6-18 나사 그림 6-19 평와셔 그림 6-20 스프링 와셔 그림 6-21 화이바와셔 그림 6-22 앙카

나사(Bolt)

나사는 둥근 철봉에 나사열을 낸 것으로 머리 부분과 드릴 부분으로 나뉘게 됩니다. 머리 부분의 방식에 따라 +, -, 육각형 등으로 사용되며 그에 따른 드라이버를 선택하여 사용합니다. 드릴 부분은 나사 끝이 철판까지 사용이 가능한 드릴 모양이 있고, 얇은 철판용이나 목재용으로 사용하는 뾰족한 모양도 있습니다.

와셔(Washer)

와셔는 주로 볼트와 너트로 물건을 조일 때 풀림을 방지하기 위해 끼워 넣는 얇은 금속 판형물입니다.

1. 평(원)와셔 : 평와셔는 볼트의 헤드 부분이 닿는 표면적을 높게 하기 위하여 주로 사용합니다.
2. 스프링 와셔 : 스프링 와셔는 주로 볼트나 너트 사이에 풀림을 방지하기 위하여 사용되는 와셔로, 너트/볼트와 스프링 와셔 평와셔 순으로 결합 합니다.
3. 화이바와셔, P.V.C와셔 : 화이바 와셔는 종이 재질로, (렉 나사)와 절연 역할과 동시에 기기 표면의 페인트가 벗겨지는 것을 방지하는 역할도 합니다.

앙카 (Anchor)

앙카는 세트 앙카와 스트롱 앙카가 주로 사용됩니다. 콘크리트 벽에 사용되는 세트 앙카는 스피커 리깅이나 브라켓에 주로 사용됩니다.

세트 앙카를 사용할 때는 먼저 해머드릴로 콘크리트 벽에 구멍을 뚫은 뒤 볼트와 캡만 구멍에 넣고, 전용 펀치를 사용하여 망치로 볼트를 치면 캡이 확장되어 고정됩니다. 그 후에 브라켓을 설치하고 세트 앙카의 너트와 스프링 와셔와 평와셔를 조여 고정하는 방법으로 사용합니다.

 세트 앙카와 드릴 비트는 같은 규격을 사용하고, 천공을 할 때는 앙카의 길이에 맞추어 깊이를 조절하여 천공합니다. 3/8 인치 규격의 세트 앙카를 사용하면 드릴 비트도 3/8인치 규격을 사용하고 앙카 길이보다 너무 깊거나 얕게 천공하지 않도록 합니다.

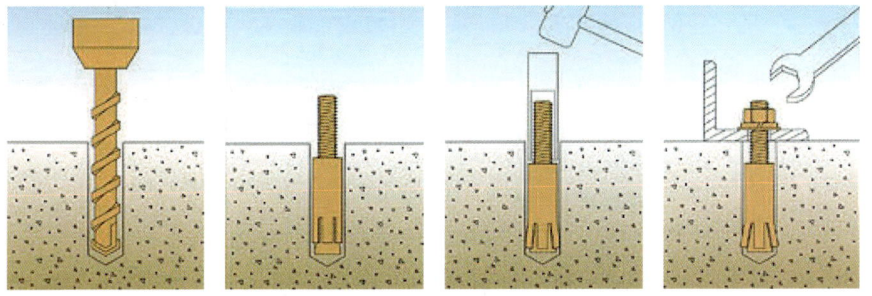

그림 6-23 앙카 설치법 (http://m.blog.daum.net/gubong33/15972121)

 스트롱 앙카는 칼블록과 같은 구조를 가지고 있습니다. 벽에 구멍을 뚫고 너트식 앙카를 망치로 때려 고정을 시킨 후 전산볼트를 길이에 맞게 그라인더로 재단해서 사용하므로, 길이를 조절할 수 있다는 장점이 있습니다.

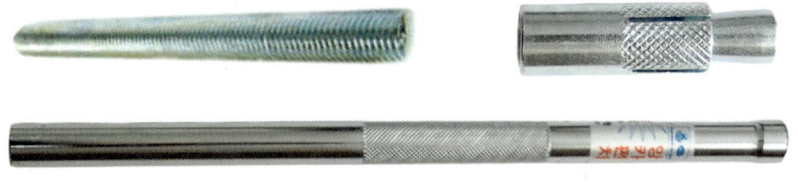

그림 6-24 앙카자재

리깅용 자재
와이어 로프, 체인

리깅에 사용되는 자재에는 체인과 와이어 로프가 있습니다. 와이어 로프는 탄소강 재질의 소선을 꼬아 만든 구조물로, 산업 현장에서 다양하게 사용되고 있습니다. 교회에서는 주로 스피커를 천정에 리깅을 할 때 사용합니다. 중심(CORE)과 이를 둘러싼 수개의 스트랜드(STRAND)로 꼬아진 구조로, 체인에 비해 탄성력이 좋아 충격을 완화시키면서도 조용한 장점이 있습니다. 하지만 장기간 사용을 하게 되면 마모, 절손 등 훼손이 되므로 사용 연한을 잘 알아야 합니다. 스트랜드(STRAND)를 구성하는 강선(WIRE)의 수는 로프의 종류에 따라 다양하게 구성되어 있으며, 안전 기준에 따라 규격을 선택하여 사용합니다.

그림 6-25 체인, 와이어 로프

와이어 로프를 사용할 때는 와이어 로프 클립으로 고정하여 사용합니다.

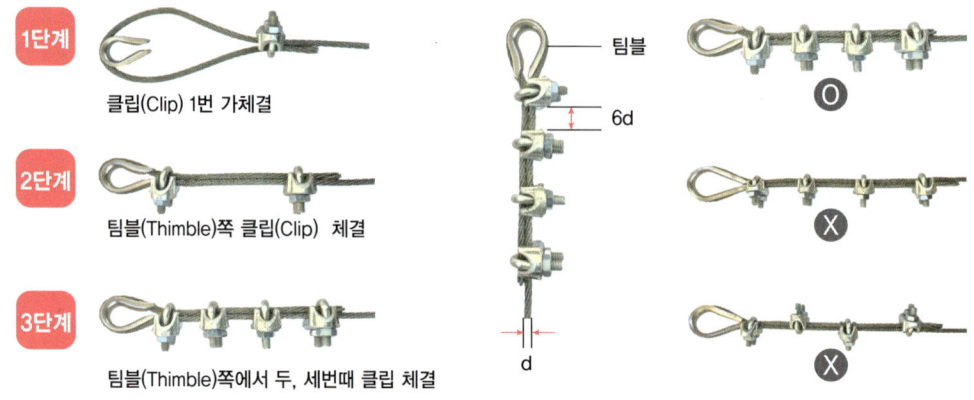

그림 6-26 와이어 로프 클립 (와이어로프사용안전 한국산업안전보건공단 p12)

와이어를 팀블을 통해 고정시키고 와이어로프 클립을 사용합니다. 그림처럼 끝부분에 체결을 하고 팀블쪽을 체결합니다. 그리고 이어서 매듭을 짓는 방식을 사용합니다.

와이어 로프 클립(WIRE ROPE CLIPS) 류

와이어 로프 클립은 그림처럼 조이는 부분을 고정 와이어 방향으로 통일하여 체결해야 합니다. 와이어 로프 클립을 사용할 때는 와이어 커터를 사용하며, 클립을 조일 때는 T 복스를 사용합니다.

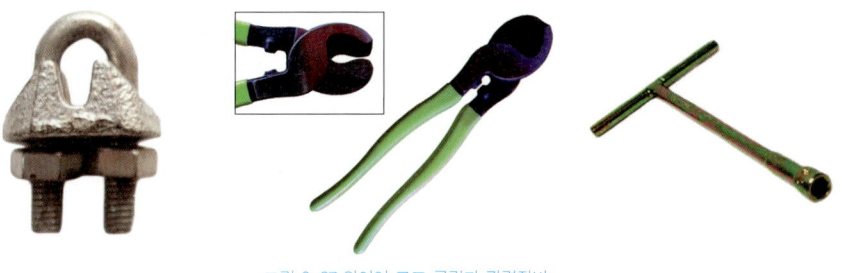

그림 6-27 와이어 로프 클립과 관련장비

팀블(Steel Thimble)

팀블은 와이어 로프를 보호하는 역할을 하며, 와이어 로프와 같은 굵기의 규격을 사용하여야 합니다.

그림 6-28 팀블

비나

비나는 와이어를 체결 시 게이트가 있기 때문에 편리하게 스피커와 와이어의 결속을 할 수 있으며 인장 하중 강도가 뛰어나기 때문에 스피커 리깅 시 유용하게 사용합니다. 하지만

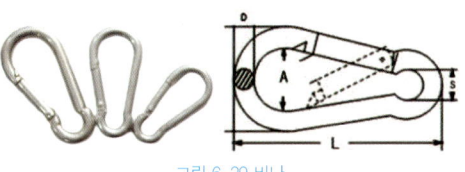

그림 6-29 비나

과도한 무게를 받을 경우 안전 장치가 없기 때문에 쉽게 벌어질 수 있으므로, 스피커의 무게를 지탱하는 데에 사용하기 보다는 각도를 조정하는 데에 국지적으로 사용하는 것이 좋습니다.

퀵링크(Quick Link)

비나와 비슷한 모양새이지만 게이트 대신 잠금 장치가 있습니다. 주로 간단한 결선을 하거나 물건을 지지할 때 사용됩니다.

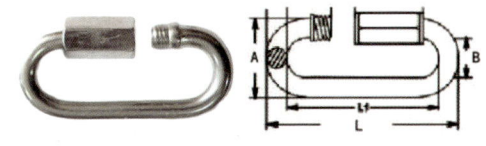

그림 6-30 퀵링크

턴버클(Turnbuckle)

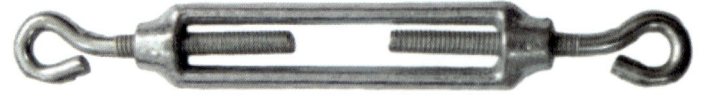

그림 6-31 턴버클

턴버클은 와이어 로프 체결 시에 사용되며 미세한 거리를 조정할 때 사용합니다.
스피커를 리깅하고 수직 각도를 조정할 때 유용하며 반드시 구부리지 않고 수직 방향으로 사용해야 합니다.

아이 너트, 볼트(Eye Bolt)

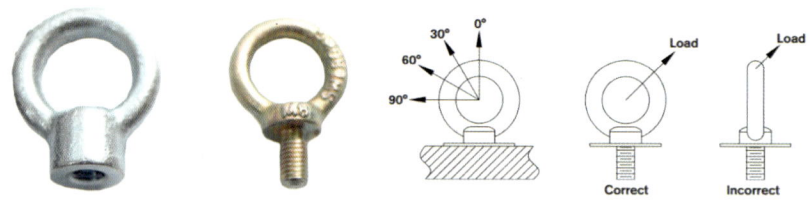

그림 6-32 아이볼트

아이 볼트는 눈 모양의 고리가 달려있는 볼트 형태로, 수직 하중을 전달하는 데에 사용합니다. 수직으로 사용하기 어려운 경우 힘의 방향과 원의 중심이 일직선이 되도록 사용합니다. 음향에서는 스피커의 리깅에 사용하는데 주로 M8, M10 규격을 사용하며, 스피커에 부착되어있는 볼트를 뺀 후 빼낸 볼트와 같은 규격의 아이 볼트를 체결합니다. 이 때, 와셔를 사용하여 닿는 표면적을 넓게 하여 설치합니다.

만일 아이볼트의 외관에 균열이 있다거나 형태가 변형된 경우 폐기해야 합니다.

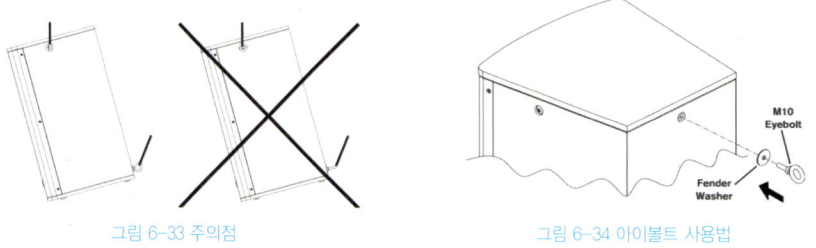

그림 6-33 주의점   그림 6-34 아이볼트 사용법

스피커 브라켓(bracket)

브라켓이란 스피커 등의 기기들을 매달기 위해 벽이나 구조 보강재 등에 고정하여 지지하게 만든 구조재입니다. 주로 철제로 제작을 하며 각 제조사마다 전용 브라켓을 만들어 판매하는 경우도 있습니다.

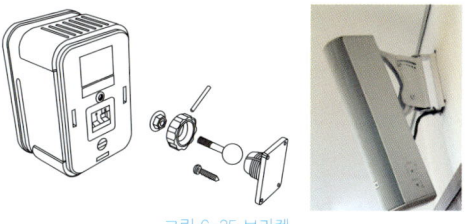

그림 6-35 브라켓

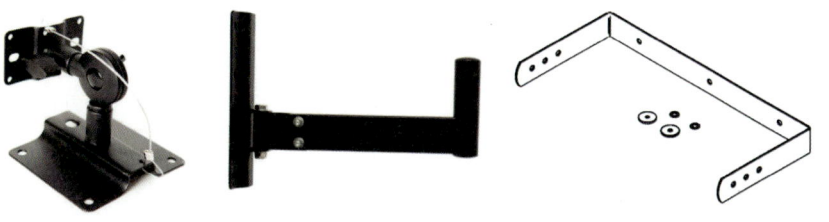

그림 6-36 브라켓 종류

브라켓에도 치수와 모양별 종류가 있습니다. 소형 사이즈는 주로 나사로 스피커를 고정시키는 방법을 사용합니다. 중형 스피커의 경우 스피커 아래 부분에 홀컵이 있어 브라켓이 폴마운트 타입으로 되어있습니다. 좌우가 길쭉한 발코니형 스피커 등에는 U자 브라켓이 사용됩니다.

스피커의 설치

스피커를 설치하는 방식에는 단상 위에 쌓는 스택 방식이 있고, 벽의 브라켓을 통해 고정시키는 방식이 있고, 천장에서 와이어를 통해 매다는(리깅) 방식이 있습니다.

특히 리깅과 같은 시공 방법은 전문적인 지식과 경험이 필요한 작업이므로 전문 업체에 의뢰하고, 안전하게 작업하는지 철저히 관리 감독 하는 것을 추천합니다.

스택

스택 방식은 주로 수련회나 체육대회 같은 단기 일정의 경우에 사용됩니다. 예배당에서 스택 방식을 사용할 경우 앞자리의 회중과 뒷자리의 회중 간에 음압의 편차가 커지므로 가능하면 사용하지 않는 것이 좋습니다.

브라켓 설치

브라켓 방식에는 벽부형 브라켓(Wall Mount 브라켓)과 U 브라켓(혹은Yoke 브라켓)이 있습니다.

벽부형 브라켓은 주로 예배당의 옆벽에 스피커를 설치하여 사용하는 데에 사용되는 방식으로, 스피커의 각도를 숙여 지향각을 확보합니다. 비교적 편리한 시공 방식이므로 널리 사용되는 방식이지만, 좌우가 넓은 교회일 경우에는 가운데 자리가 상대적으로 소리가 작게 들릴 수 있고, 앞자리와 뒷자리의 편차등으로 좋은 소리를 얻기에는 한계가 있습니다.

그림 6-37 브라켓 설치

그림 6-38 낮은 천정의 브라켓

천장이 낮은 공간에 스피커를 옆으로 천장에 설치할 경우 스피커의 양 옆에 U자(ㄷ자) 모양의 브라켓 철판을 이용하여 철판의 긴쪽은 천장에 고정하고 짧은 쪽은 스피커에 고정하여 사용할 수 있습니다. 상하 각도를 조절한 후 볼트를 조여서 고정할 수 있으므로 편리하게 스피커를 설치할 수 있습니다. 미관상의 이유로 스피커가 천장 안쪽으로 매립할 수 있도록 철재 작업을 한 후 천장과 같은 컬러로 도색하여 마감을 하는 경우도 있습니다.

스피커의 리깅

스피커를 천장에 리깅을 하면 스피커의 지향각이 넓어져 소리의 편차가 줄어 든다는 장점이 있습니다. 이 장점 때문에 최근에는 많은 음향 디자인 업체들이 리깅을 기본으로 하여 디자인하고 있습니다. 그러나 안전과 기술적인 어려움이 따르므로 전문 업체에 의뢰가 필요해 비용이 발생합니다.

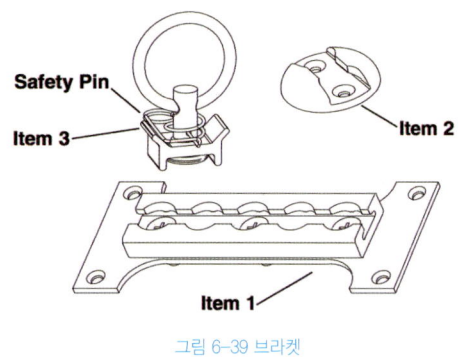

그림 6-39 브라켓

스피커 제작 업체들도 고가 제품에는 리깅을 위한 포인트들을 디자인하여 제작하고 있습니다.

스피커의 플라잉 순서

1. 스피커의 지향각과 위치를 선정합니다. 이 때, 리깅하고자 하는 부분의 천장 인테리어와 조화가 가능한지, 스피커의 무게 지탱을 위한 철물이 천장 내에 들어갈 공간이 있는지 등도 고려합니다.
2. 스피커의 3점 부분의 볼트를 빼낸 후 아이볼트로 결속합니다.
3. 와이어 로프나 체인을 가공합니다.
4. 리깅 포인트를 설정한 후 포인트에 구멍을 뚫어 놓습니다.
5. 천장 속 포인트에 앙카 볼트를 고정하고 아이너트를 결합한 후, 미리 가공해 둔 와이어와 비너를 이용하여 결합합니다.
6. 턴버클을 상부 가공 와이어와 하부 와이어 사이에 설치합니다.
7. 스피커를 들고 퀵링크를 이용하여 3점 포인트 부분에 와이어를 결합합니다.

8. 각도를 확인하고 턴버클로 정확하게 각도를 측정하여 고정합니다.

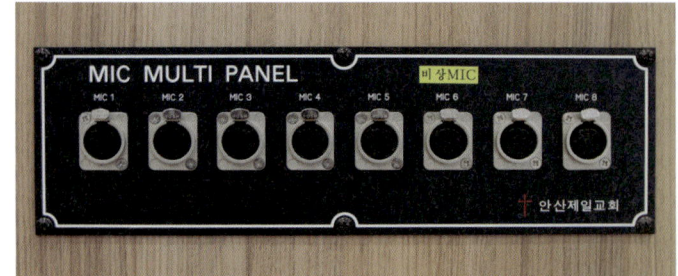
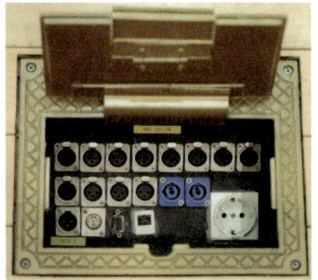

그림 6-40 잭 판넬

잭 판넬 설치

예배를 드릴 때, 강대상에서 간헐적으로 사용하거나 사용 후에 매 번 정리해야 하는 연결선들이 있습니다. 예를 들어, 설교자가 종종 노트북을 사용하여 자료를 방송하며 설교를 한다면, 방송실의 장비와 매 번 연결 및 분리해야 하는 번거로움이 있을 것입니다. 잭 판넬은 이러한 어려움을 해소해주기 위한 것으로, 방송실의 장비들과 미리 연결해 둔 연장선을 하나의 판넬에 모아둔 것입니다.

예배당에서 잭 판넬은 사용 빈도와 목적에 따라 설치 위치가 중요합니다. 만약 어떤 판넬을 자주 사용하는 경우 사용하는 곳에서 가까운 벽이나 바닥에 자주 사용하는 것들을 모아서 설치하고, 그 외에는 무대 좌, 우측이나 중앙 계단의 수직한 부분에 설치하여 여분의 마이크 및 모니터 스피커 연결을 대비할 수도 있습니다. 위에서 예시를 든 것처럼 강단에서 노트북 영상 출력을 자주 요구한다면 판넬에 영상 출력용 연장선도 함께 포함하는 것도 좋은 방법입니다.

렉 설치

렉은 장비들을 담아두는 일종의 안전 케이스로, 주로 19"가 사용됩니다.

19" 렉은 다양한 장비를 장착하기 위한 표준 프레임입니다. 렉에 장착되는 각 장비 넓이는 나사로 프레임에 고정하기 위한 모서리를 포함해 19"인치 (482.6 mm)입니다. 각 기기의 표준 높이는 1.75 인치 (44.45 mm)(1랙 유닛/1U)의 배수로 정해집니다. 현재 19인치 랙 포맷은 음향기기는 물론 통신, 컴퓨팅, 비디오 등의 분야에서 사용되고 있습니다.

그림 6-41 렉

멀티미터(Multimeter) 사용

멀티미터

멀티미터는 전기 측정 장비 중 가장 기본적인 장비로서, 전류, 전압, 저항, 단락 등을 측정할 수 있습니다.

전압측정

전압은 직류와 교류가 있는데, 직류의 경우에는 로터리를 직류(DCV)로 두고 붉은 검침봉을 (+)극에, 검은 검침봉을 (-)극에 접해줍니다. 그러면 멀티미터 화면에 전압이 표기되고, 혹 반대로 연결 한다면 전압이 - 값으로 표기됩니다. 보통 건전지나 아답타의 경우에 사용되는데 직류 전압을 측정할 때는 검침봉의 극성을 확인해서 사용하도록 합니다.

그림 6-42 직류전압측정

교류의 경우에는 로터리를 교류(ACV)로 두고 검침봉을 전기 콘센트 양 극에 접촉해줍니다. 이 경우 역시 멀티미터 상에 전압이 표기됩니다.

이때 검침봉은 극성이 없으므로 바꾸어도 상관없습니다.

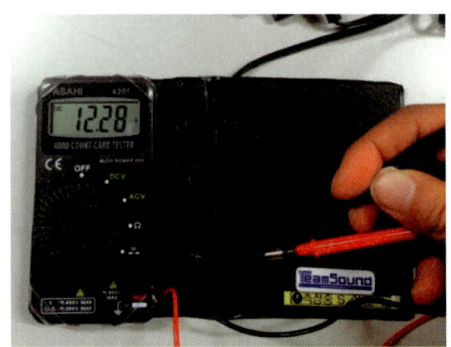

그림 6-43 교류 전압측정

※ 교류 전압 측정 시 로터리를 직류에 두고 사용하면 테스터기에 고장이 발생할 수 있습니다.

저항 측정

저항을 측정할 때에는 로터리를 저항(Ω)에 두고, 검침봉을 사용하기 전 먼저 저항값을 확인합니다. 저항값이 없거나 O.L이 표기되어야 정상적으로 사용할 수 있는 상태입니다. 그리고 측정하고자 하는 부분 양측에 검침봉을 접촉하여 저항값을 측정합니다.

그림 6-44 콘센트 전압 측정

저항 측정의 응용

교회 음향에서는 일반적으로 마이크 케이블의 합선·단락, 혹은 단선 등을 알아보기 위해 사용되는 경우가 더 많습니다. 마이크 케이블의 납땜이 떨어져 단선이 되거나, 피복이 벗겨져 합선된 경우 멀티미터로 확인할 수 있습니다. 로터리를 부져로 두고 마이크 케이블의 양단의 단자에 접속하여 봅니다. 합선이 되었을 경우 부저에서 소리가 나게 됩니다. 또한 여러 케이블 배선 시 한쪽을 묶어서 단락시키고, 멀티미터로 측정하여 케이블을 찾을 수 있습니다.

그림 6-45 저항측정을 응용한 라인 연결 확인

주님이 찾으시는
그 한사람
그 예배자
내가 그 사람되길
간절히 주께
예배하네

시공사례

하나사랑의교회

그림 6-46 하나 사랑의 교회

하나사랑의교회의 리모델링 과정을 통하여 전기음향 개선 방향을 알아보겠습니다.

일산에 위치한 하나사랑의교회는 바닥면에 비해 천장이 높은 구조의 독립형 교회입니다. 교회 건물의 1층은 카페로 사용되고, 2층과 3층은 본당 대예배실로 되어 있으며, 4층은 교육관으로 사용되고 있습니다.

공사 내용

순서	공사명	공사내용
1	방송실 이전	본당 내의 기존 방송실의 위치가 3층에 있어 원활한 커뮤니케이션을 위해 2층으로 이전
2	스피커 위치 조정	메인스피커와 서브스피커의 위치 조정
3	성가대용 전동 마이크 설치	성가대가 예배 중 강단 앞으로 오기 때문에 마이크를 전동으로 설치하는 작업
4	콘솔 교체 및 이전 작업	본당 내의 아날로그 콘솔을 디지털 콘솔로 교체하고 기존 아날로그 콘솔을 4층 교육관으로 이전하는 작업

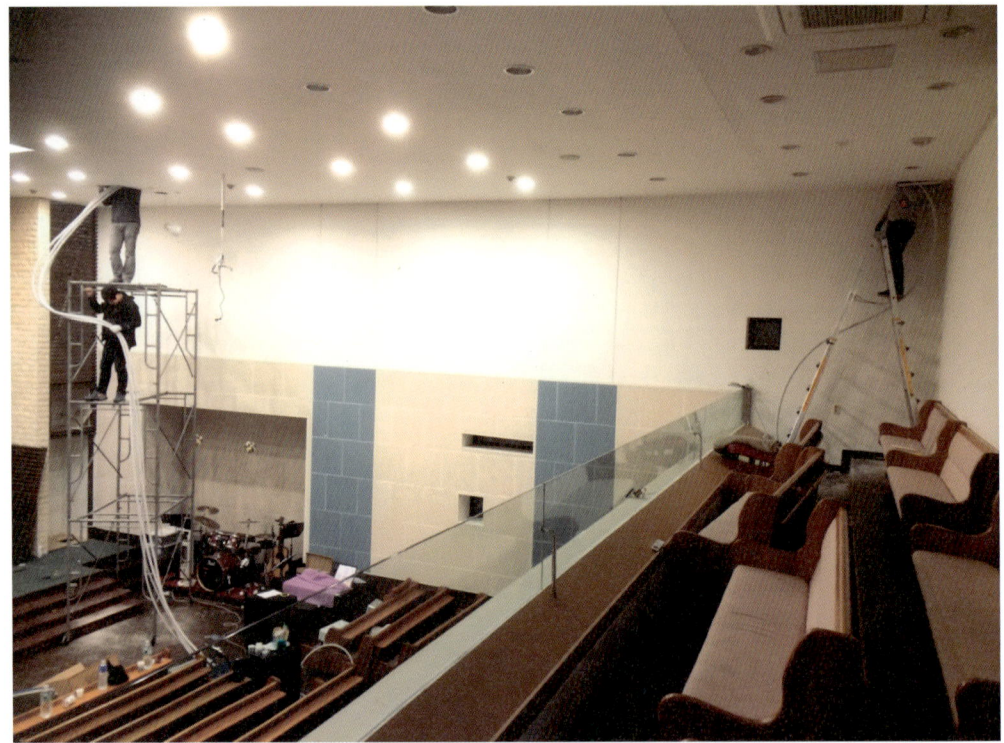

그림 6-47 발코니

방송실 이전

기존에 있던 케이블은 모두 제거하고 새로운 방송시스템에 맞추어 배관배선을 하였습니다. 2층으로 옮기게 되는 방송실의 천장과 3층 발코니의 바닥을 관통하는 통로를 만들고 본당의 천장과 스피커까지 케이블이 연결되도록 하였습니다. 천장의 배선 관리를 위해 별도의 점검구를 설치하였습니다.

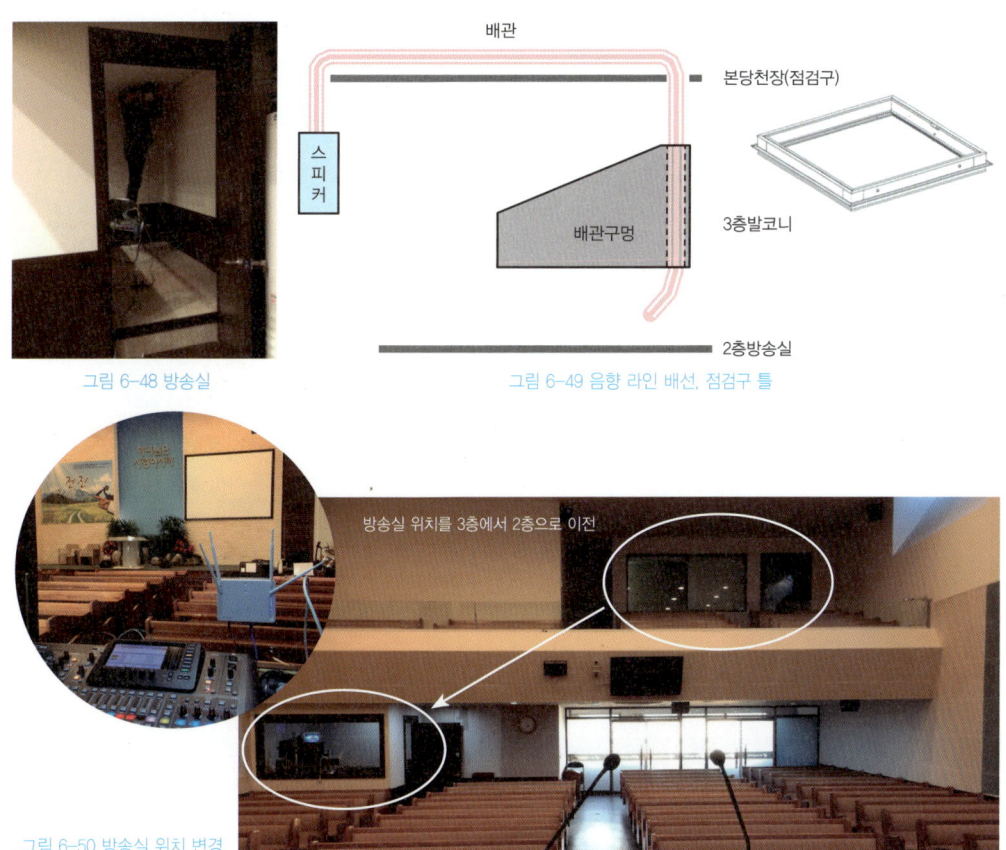

그림 6-48 방송실 그림 6-49 음향 라인 배선, 점검구 틀

그림 6-50 방송실 위치 변경

강단에서 바라본 회중석 입니다. 오른쪽 위의 3층 방송실이 왼쪽 아래의 2층 방송실로 이전하게 되면서 강단과 방송실의 소통이 용이해졌습니다. 2층에 새롭게 이전된 방송실의 바닥은 엑세스 플로어를 설치하여 케이블 배관을 용이하게 하고, 높이를 올려서 강단의 설교자가 잘 보이도록 개선하였습니다.

그림 6-51 방송실 바닥 공사

메인스피커와 서브스피커의 위치 조정

기존에 설치된 메인스피커의 위치는 강대상 후측벽 안에 바닥과 평행하게 설치되어 있었습니다.

강대상 후면에서 방사되는 메인스피커의 소리가 강단의 마이크로 수음되어 잦은 하울링이 발생하였고 본당의 후벽과 3층 발코니면에 반사되어 소리가 명료하지 않았습니다.

그림 6-52 메인스피커 위치조정

메인스피커의 위치를 강대상 앞쪽 천장으로 이동하였고, 트위터의 지향 범위를 고려하여 스피커의 위아래를 뒤집어 설치하였습니다. 메인스피커는 L-Track 방식을 사용하여 리깅 작업을 하였고, 스피커 케이블과 와이어를 위한 배관을 설치하였습니다.

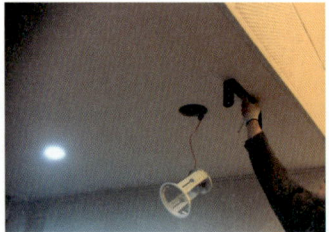

그림 6-53 발코니 보조스피커 시공

기존 발코니 아래 측벽의 서브스피커 소리는 측면에 앉은 회중들에게만 전달이 되어서, 스피커의 위치와 지향각을 중앙 천장으로 조절하였습니다.

시공 작업의 편의를 위해 전등을 임시로 떼어내었고, 스피커의 무게를 분산하기 위해 목재를 발코니 하부 천장 내에 설치하였습니다. 목재의 위치를 잡고 케이블을 정리한 뒤 스피커를 장착하였고, 전구를 재설치 하였습니다.

전동 마이크 설치

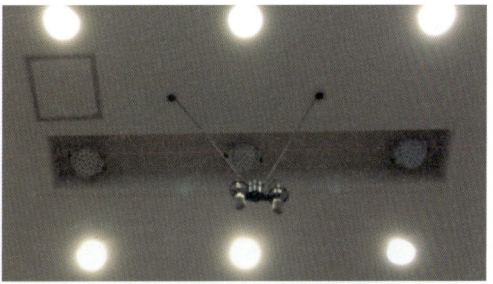

그림 6-54 전동 마이크 설치

전동 마이크 시공은 한 포인트로 연결하는 방식과 두 포인트를 V형태로 연결하는 방식이 있습니다.

한 포인트 방식은 마이크가 상하로 이동할 때 전후 좌우로 흔들릴 수 있는 단점이 있지만, 마이크를 높이 올려 시야를 확보 할 수 있습니다. 두 포인트 방식은 상하로 이동할 때 마이크의 흔들림이 적지만 높이 조절이 한정되어 시야를 가릴 수 있습니다.

하나사랑의교회는 천정이 높아 두 포인트 방식이 적합하여 설치 되었습니다.

4층의 교육관은 천장이 낮은 구조로 강단을 기준으로 앞뒤 거리보다 좌우의 폭이 넓은 공간입니다. 메인스피커는 LL, L, R, RR로 배치하고, 12" 우퍼, 2 WAY방식의 스피커를 위아래로 뒤집어서 설치하였습니다.

그림 6-55 교육관 음향설비

기존 천장의 텍스를 제거하고 드라이비트 (외단열공법; 벽 내부가 아닌 건물이나 벽면 밖에 단열재를 따로 붙여서 단열재가 겉으로 드러나는 마감 기법)로 마감 후 케이블 배관을 설치해 놓았습니다.

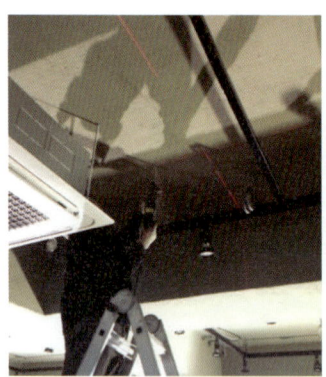  

그림 6-56 교육관 스피커 설치

그림 6-57 L-Track 고정

모니터 스피커에는 아이볼트를 연결할 수 있도록 포인트가 되어 있고, L-TRACK 방식으로 전용 클립을 사용하여 설치하였습니다.

메인스피커와 모니터 스피커의 지향 범위가 겹치지 않도록 모니터 스피커를 배치하였습니다.

모니터 스피커를 바닥에 배치하였을 경우 방향이나 각도가 틀어질 수 있다는 단점이 있는데, 모니터 스피커를 중앙에 리깅함으로써 이러한 점을 보완하였고 귀에 더 가까운 위치로 배치하였습니다.

교육관의 방송실은 오른편 후면에 위치하였습니다. 바닥은 엑세스 플로어를 사용하여 높이를 올려 케이블을 배관하였고, 창문이 아닌 오픈형 유리를 설치하였습니다.

기존 본당에서 사용되던 콘솔은 교육관에서 사용하도록 이전 설치하였고 장비를 운용 할 공간 확보를 위해 낮은 울타리로 경계를 두었습니다.

그림 6-58 교육관 콘트롤

리모델링이나 건축 등이 진행될 때 스피커의 지향각에 따른 위치 선정, 케이블 배선, 방송실의 위치 등을 고려하여 디자인 하시기 바랍니다.

하나사랑의교회의 리모델링 과정을 통하여 교회 음향을 담당하는 분들이 시공이 필요한 경우나 외주업체 시공이 진행 될 때 참고하여 더욱 좋은 결과를 얻으시길 바랍니다.

그림 6-59 교육관 완공후

상하이한인연합교회

그림 6-60 상하이한인연합교회 본당

상하이에 위치한 상하이한인연합교회(SKCC)는 장방형구조의 복층 구조이며 바닥면에 비해 천장이 낮은 교회입니다.

바닥의 면은 평평한 하기 때문에 뒷자리에 앉은 회중들이 시야확보의 어려움이 있어 영상 스크린의 활용도가 높습니다. 강단의 방향으로 갈수록 천장이 낮게 설계 되어 있어 천장의 높이를 확보하는데 어려움이 있었습니다.

방송 시스템을 음향, 영상, 조명, 무대, 악기 등을 예배에 보다 집중적이고 효과적인 운영을 위해 리모델링하게 된 사례입니다.

공사 내용

구분	순서	문제점	공사내용
음향	1	소리의 불균형적 분포	스피커 시스템 튜닝 (라인어레이방식 교체하는것으로 디자인했으나 1차적으로 기존스피커를 활용하여 최적화 디자인) 강단모니터스피커위치를 천정에 리깅 메인스피커와 서브스피커의 딜레이 조정
	2	성가대위치가 메인스피커 앞에 위치	성가대 위치를 강단안으로 이동 강단안쪽으로 이동, 전동 마이크 설치 (성가대가 예배 중 사용하나 강단을 넓게 사용하기 위해서 필요 시 성가대 단상 이동 시를 대비하여 성가대 마이크를 전동으로 설치하는 작업)
	3	성도석 앞자리 소음	찬양팀 모니터시스템을 퍼스널모니터시스템사용, 드럼 차음쉴드, 저음보강을 위한 쉐이커설치 (본당 내의 사용 콘솔을 업그레이드 작업)
	4	찬양팀과 커뮤니케이션	본당 내의 기존 방송실의 위치가 발코니위에 있어 원활한 커뮤니케이션을 위해 성도석으로 이전
영상	1	스크린 이동	스크린이 좌우로 분산 예배 시 강단시선 분산 – 스크린을 가운데로 이동
	2	영상 노이즈	케이블 재배선 및 영상 분기기 사용하여 신호 증폭
조명	1	예배시 조명 분산으로 예배 방해	집중조명을 이용하여 예배시 강단 및 성가대, 찬양대 위치 조명 메모리
	2	과도한 전력 소모 및 열 발산	LED 방식의 조명기기로 교체
	3	무대배경색 변경	조명 집중 효과 극대화를 위해 무대 전체 배경을 블루블랙으로 선정

음향스피커의 선정

　상하이한인연합교회의 건물은 직사각형 장방형 구조로 되어있습니다. 앞뒤의 길이가 길고 좌우의 폭이 좁은 형태를 가지고 있습니다. 이 공간은 포인트소스 스피커 방식보다 라인어레이 방식이 더 적합하였고, 메인스피커는 EAW KF650z 제품으로 수평지향각도 H 60 degrees, 수직지향각도 V 45 degrees 를 가지고 있는 스피커 2대를 하나의 범퍼로 좌우(L, R)포인트로 리깅 하였습니다.

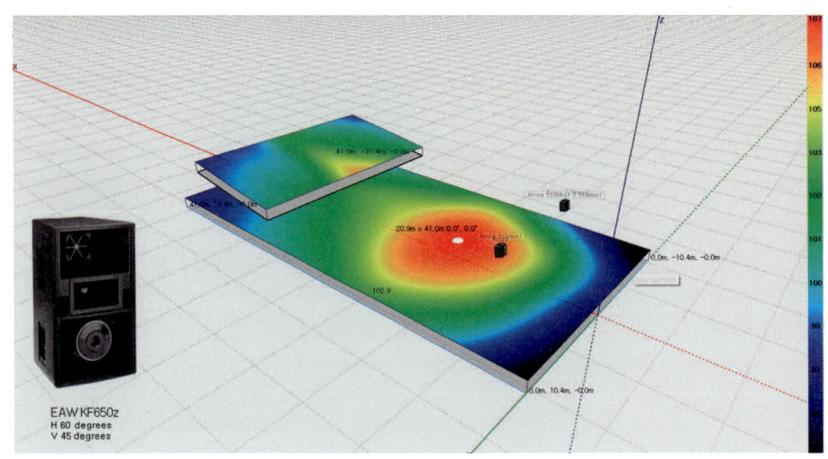

그림 6-61 기존 스피커 사용시

　초기 제안서에서는 EAW NTL720 3-WAY LINE ARRAY 제품으로 수평지향각이 H 110 degrees로 기존서브우퍼는 KF850z는 활용하여 디자인하려 했으나 차후 프로젝트에 반영을 하기로 하였습니다.

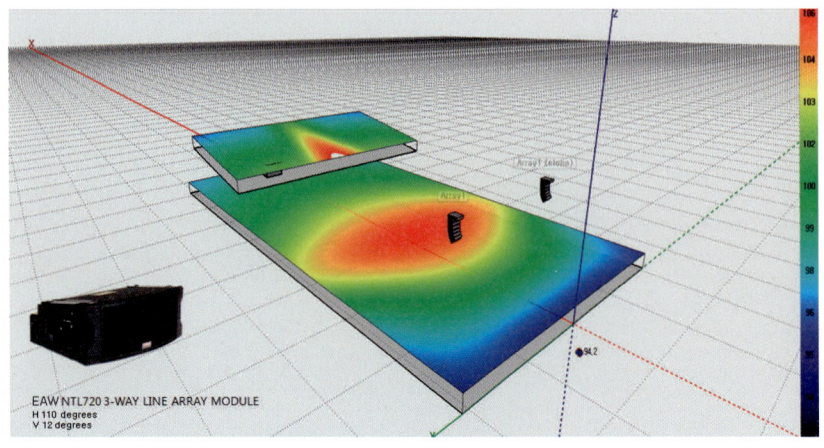

그림 6-62 라인어레이 스피커로 교체 시

음향 스피커의 셋업

기존 메인스피커는 성가대 뒤쪽에 위치하고 있어서 성가대 찬양 시 마이크로 소리가 피드백되어 볼륨을 자유롭게 조절 할 수 없는 문제가 있었습니다. 이를 해결하기 위한 물리적인 방법은 스피커의 위치를 최대한 성가대 마이크의 수음 지향 범위를 피하거나 성가대의 위치를 옮기는 방법이 있습니다. 상하이한인연합교회에서는 성가대의 위치를 단상 위로 옮기고 전동 마이크를 설치하였습니다.

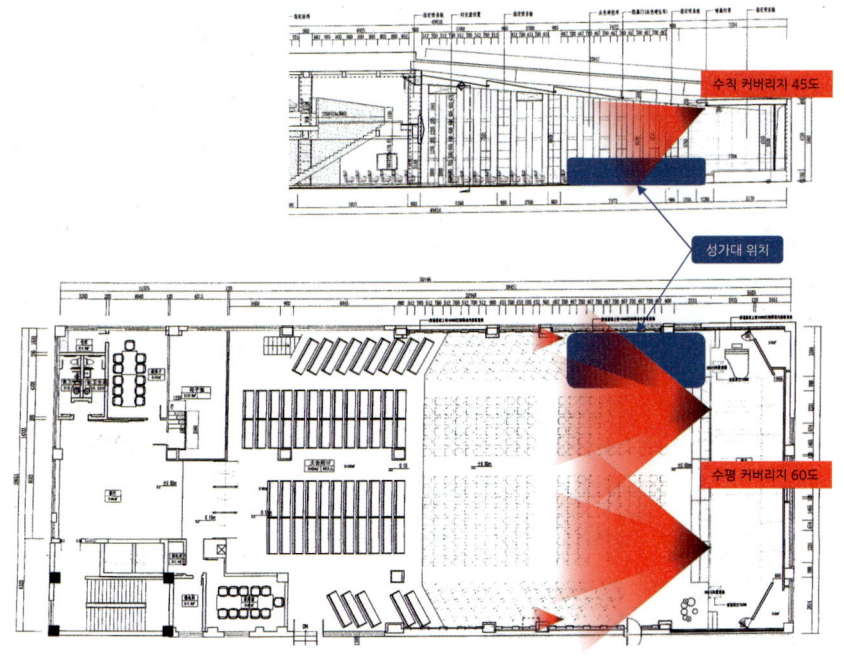

그림 6-63 성가대 위치

성가대원들의 모니터링을 위해 천장에 두개의 스피커를 설치했습니다. 성가대 천장과 후벽 부분을 반사재로 마감하였고 강단의 측벽을 두꺼운 커튼을 사용하여 흡음을 하였습니다. 소리의 잔향을 필요로 하는 성가대와 오케스트라 연주에는 잔향이 부족한 점이 있지만, 공간계 이펙터를 통해 보완하였습니다.

설교말씀의 음성 명료도와 밴드 연주의 음악 명료도는 명확하게 전달이 될 수 있는 전기 음향 시스템으로 디자인되었습니다.

강단 모니터 스피커의 경우 웨지타입의 모니터로 찬양인도자와 강단용으로도 사용하였고 사이드 필로 천장 좌우에 설치하여 강대상을 향해 일정한 각도로 모니터링 환경을 만들었습니다. 초기 제안은 강단 앞자리 천장에 스피커를 리깅하려 했지만 천장의 높이가 낮아 스피커가 빔프로젝터 투사각에 걸려 좌우로 옮기게 되었고, 모니터스피커는 메인스피커 뒤쪽에 리깅하여 회중석에서 보이지 않도록 디자인하였습니다.

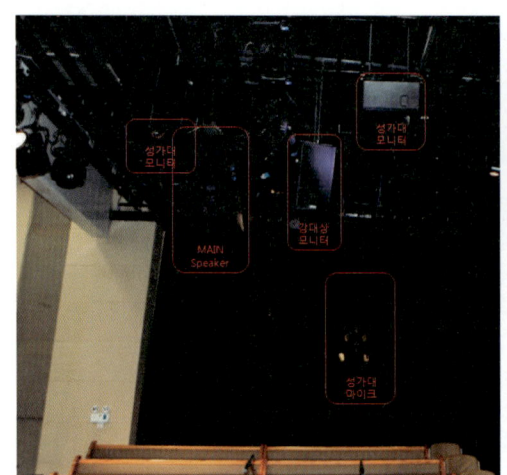

그림 6-64 본당 모니터 시스템

메인스피커의 경우 기존 다운필 스피커를 제거하고 스피커의 리깅 높이를 올리고 기울기를 조정하였습니다. 메인스피커가 지향 범위가 충분히 확보되어 다른 서브스피커를 설치하지 않았고, 발코니 아래의 서브스피커와 중층의 서브스피커들의 딜레이도 조정하였습니다.

서브우퍼 스피커는 강단아래에 매입하였고 딜레이를 조정하였습니다.

그림 6-65 서브우퍼

앞자리 회중석을 위해 강단 위 에이프론 스피커를 놓아 보정을 하였고 기존 파워앰프를 활용하여 스피커를 구동하였습니다. 2 way BI-AMP로 사용하던 구조에서, 메인스피커를 3 way TRI-AMP로 고음과 중음, 저음으로 나누고 서브우퍼를 더해 총 4way구성으로 스피커 프로세서를 설계하였습니다.

EAW스피커의 경우 전용프로세서인 UX8800을 사용하려했으나 기존에 있는 장비들을 최대한 활용하는 방법으로 진행하였습니다. 제조사에서 제공하는 프리셋을 사용하여 스피커 프로세서를 연결하였습니다.

그림 6-66 앰프 시스템

OUIPUT	Name	LF	MF	HF
GAIN	(dB)	3.0	-7.6	-10.0
DELAY	(ms)	2.23	0.00	0.75
POLARITY		Positive	Positive	Positive
HPF	FREQ (Hz)	33	386	2000
	Slope (dB)	24	24	24
	Shope	Linkwitz-Riley	Linkwitz-Riley	Linkwitz-Riley
LPF	FREQ (Hz)	257	1782	21983
	Slope (dB)	24	24	12
	Shope	Linkwitz-Riley	Linkwitz-Riley	Bessel
PEQ1	FREQ (Hz)	45.5	1498	6350
	Level (dB)	4.0	9.0	-2.0
	Type	Parametric	Parametric	Parametric
	Q	1.59	3.36	4.00
	(Bandwidth)	0.63	0.35	0.25
PEQ2	FREQ (Hz)	140	865	10375
	Level (dB)	-1.5	-4.5	4.0
	Type	Parametric	Parametric	Parametric
	Q	1.78	3.00	4.00
	(Bandwidth)	0.56	0.33	0.25
PEQ3	FREQ (Hz)		1634	15545
	Level (dB)		2.5	4.0
	Type		Parametric	Parametric
	Q		2.12	2.38
	(Bandwidth)		0.47	0.42
PEQ4	FREQ (Hz)		2378	7772
	Level (dB)		2.5	-1.5
	Type		Parametric	Parametric
	Q		3.00	2.00
	(Bandwidth)		0.33	0.50
PEQ5	FREQ (Hz)		445	1260
	Level (dB)		-1.0	-6.0
	Type		Parametric	Parametric
	Q		2.00	4.00
	(Bandwidth)		0.50	0.25

그림 6-67 프로세서 셋팅 (KF650z Try-Amp)

찬양팀 세팅

찬양팀 밴드 자리를 강단 오른편으로 이동시켰습니다. 모니터 스피커로 인한 강단의 소음을 고려하여 퍼스널 모니터 시스템을 사용하였습니다. 베링거사의 S16을 스테이지랙의 아웃풋으로 받아 보컬을 제외한 각 연주자마다 P16 퍼스널 믹서를 사용하여 이어폰으로 모니터 하였습니다.

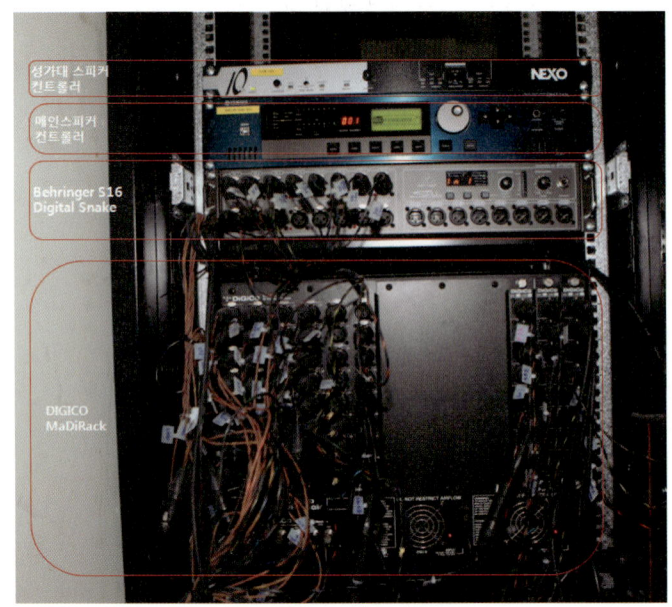

그림 6-68 무대 악기 음향셋팅

  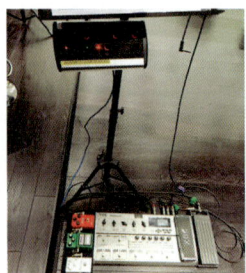 

그림 6-69 무대 모니터 시스템

회중석에서 들리는 드럼의 직접음을 최소화하기 위해 드럼 쉴드를 설치하였으며 드러머에게는 퍼스널 모니터 시스템을 사용하여 이어폰으로 모니터하도록 하였습니다. 드럼 의자에 저음이 재생함에 따라 진동을 발생시키는 드럼 쉐이커를 설치하여 이어폰으로 인해 부족해진 저음 반응을 보정하였습니다.

연주자들은 퍼스널 모니터 시스템을 통해 개별적으로 모니터 볼륨을 설정하도록 하였고 목사님께는 무선 인이어 모니터를 제공하여 모니터 볼륨을 자유롭게 설정하도록 하였습니다.

방송실 이전

기존 방송실은 중층 우측에서 1층 발코니 앞으로 이전을 하였습니다.

방송실 이전으로 강단과의 커뮤니케이션이 원활해졌고, 회중 사이에서 현장감을 느끼며 되어 섬세한 믹싱이 가능하게 되었습니다.

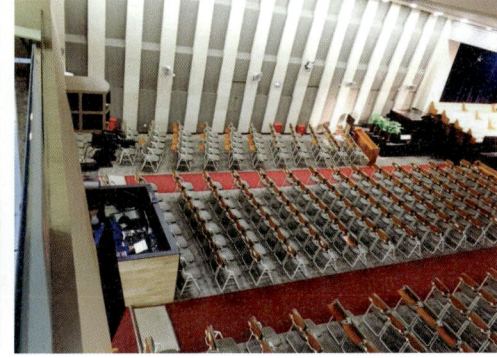

그림 6-70 방송실 위치 변경

콘솔 선정

상하이 한인연합교회는 클래식 형태의 찬양과 팝음악 형태의 찬양으로 예배가 드려지기 때문에 음향적으로 스피치와 클래식, 팝음악을 동시에 만족시키는 음향 환경이 필요했습니다. 저장값을 설정하여 상황에 따라 다르게 사용할 수 있는 디지털 콘솔의 활용이 합리적이였습니다. 채널은 48채널 SD9와 서브 및 방송 송출용 콘솔로 SD11을 선정하여 연동 문제와 봉사자를 통한 음향 운영에도 적합하도록 하였습니다.

그림 6-71 방송실 위치 변경

영상
화면의 분산 개선

그림 6-72 기존 빔프로젝트 스크린

그림 6-73 빔프로젝트 위치 변경

기존 영상 화면은 좌,우에 배치되어있어 시선이 분산되어 집중도가 낮았지만, 중앙에 화면 설치를 통해 정위감(定位感)을 일치하도록 하였고, 회중들의 시선이 집중 되도록 디자인 하였습니다.

영상 노이즈 해결

영상 노이즈를 해결하기 위하여 노후된 케이블을 교체하였고 라벨링, 케이블 배선도 등을 제작하여 관리가 용이하도록 하였습니다.

그림 6-74 영상라인 교체 및 환경개선

조명

1. 예배 시 조명 집중
   - 상부 형광등 조명 (A)
   - 상부 라운드 조명 (B)
   - 에어컨에 반사되는 조명 (C)

그림 6-75 기존 조명 시설 문제점   그림 6-76 신규 조명 시설

2. 기존 조명기기들은 1Kw의 전력소모가 많은 조명기기들로서 예배 시 발열로 인해 강단에 온도가 높아지게 됩니다. 특히 천정이 낮은 교회일 경우 무대의 온도 변화에 신경을 써야 합니다.

3. 이를 해결 하기 위해 주광등 타입의 LED 조명기기로 교체하여 전력소모와 발열을 최소화 하였습니다. 또한 무빙타입의 조명을 재배치하여 조명의 활용도를 높였습니다.

그림 6-77 조명 시설 변경

4. 무대 오브제와 무빙조명, 스팟조명의 집중효과를 높이기 위해 벨벳 계열의 방염처리 된 블루쉬 블랙 커튼과 원목 무대에 블랙계열의 도색처리를 통해 조명의 난반사로 인한 조명효과 감소를 예방하였으며, 다양한 프로그램 및 공연이 가능한 무대로 설계하였습니다.

그림 6-78 다양한 연출 무대

상하이 한인연합교회는 성도들은 물론 지역사회에서 예배당을 공유함으로서 예배뿐만 아니라 인문학강좌, 콘서트 등 다양한 프로그램을 위한 디자인으로 설계하였습니다.
예배 중 소리의 정위와 주파주별 균등성 등을 중심으로 고려하였으며 영상과 조명에 있어서도 예배에 집중 할 수 있는 예배당이 되도록 노력하였습니다.
시공과정은 2015년에 진행이 되었으며 공사방식은 현지에서 시공팀들과의 커뮤니케이션을 통해 시공을 하였으며 이번 프로젝트의 모든 디자인과 진행은 교회TF팀과 함께 협력하였습니다.

교회음향을 위한
음향시스템 입문

CHAPTER 07

교회방송실 안전메뉴얼

안전관리 철학
전기안전
고소작업안전
화재예방

주의 교회를 향한 우리 마음
희생과 포기와
가난과 고난
교회를 교회되게
예배를 예배되게

우리를
사용
하
소
서

우리에겐 소원이 하나 있네

Safety Manual
교회방송실 안전 매뉴얼

교회에서 예배를 준비하거나 예배중에 발생할 수 있는 사고들은 매우 다양하게 존재합니다. 방송실 담당자는 예배당내의 안전사고에 관하여 반드시 대비를 해야합니다. 방송과 관련된 모든 장소는 안전사고의 위험이 늘 존재하는 공간이기 때문에 안전에 관련한 의식과 안전을 위한 매뉴얼을 준비하는 것이 필수입니다.

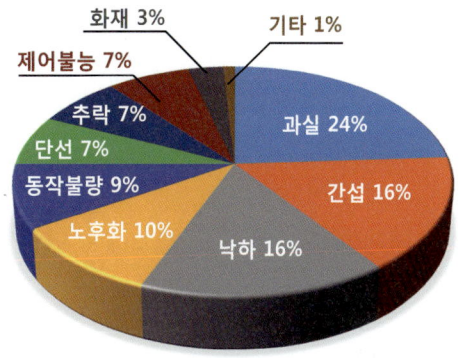

그림 7-1 사고원인별 비율 (출처 : 공연장의 무대공연에 관한 연구)

안전관리 철학

1. 방송실에서는 작업에 필요한 안전수칙을 작성합니다.
2. 작업 전에 스탭회의를 통해 협력하도록 합니다.
3. 안전사고를 방지하기 위한 교육 프로그램을 준비합니다.
4. 사고발생 시 원인을 규명하고 조치한다. 그리고 재발 방지를 위해 사후처리를 하도록 합니다.

복장

1. 안전작업 시에는 몸에 편리하고 착용감 있는 옷을 선택합니다. 겨울철에는 정전기 방지 처리가 된 옷감을 선택해야 합니다.
2. 목공 작업이나 공사에 관련한 작업시 안전화, 안전모를 착용하며 분진발생시 마스크를 착용합니다.
3. 장갑착용을 습관화합니다.
4. 작업에 필요한 작업공구 멀티툴, 랜턴등 툴바를 사용하는 것도 좋은 방법입니다.

그림 7-2 안전모

안전매뉴얼 309

안전수칙 수립 시 고려 사항

1. 작업 시에는 계획서를 중심으로 함께 일하는 스탭들과 공유하며 무리한 일정은 사고의 원이 됨으로 금물입니다.
2. 주 강단(main stage), 강단 뒤(back stage)의 모든 환경은 사용한 후 깨끗하고 안전하게 정돈합니다. 그 외의 장소에 방치되는 무대 장치, 소품, 도구 등이 없어야 합니다.
3. 강단 위에서 이루어지는 모든 무대작업이나 리허설은 예배가 시작되기 30분 전에 마치도록 합니다.
4. 무대나 통로 등에는 유도등을 반드시 설치하여 어두운 상황에서 충돌이나 추락을 방지하도록 합니다.
5. 강단, 무대 위 공간에서 사용되는 모든 도구들은 안전고리를 사용해서 안전하게 사용해야 합니다.
6. 무대장치를 올리거나 내릴 때는 반드시 담당자의 지시를 따릅니다.
7. 구조물에 올라가거나 내려올 때는 반드시 사다리, 계단, 또는 난간이 있는 안전한 수단을 이용합니다.
8. 방송·무대기기의 전기 관련 보호설비를 잘 설치하는 것도 중요합니다.
9. 전기장치나 방송장치는 반드시 담당 전문가가 설치하고 해체합니다.
10. 주 강단(main stage), 강단 뒤(back stage) 등에서 페인트 및 용접 작업을 할 때는 방송 담당자에게 알리고, 안전수칙을 준수하여 작업합니다.
11. 콘솔 - 프로세서(컴프레서, 이퀄라이저, 이펙터 등등) - 앰프 순서로 전원을 올리고 사용을 마친 후에는 역순으로 전원을 내리도록 합니다.
12. 예배 큐시트를 확인하면서 준비 내용에 대한 점검을 합니다.

그림 7-3 조명

전기 안전

1. 강단 위의 전기 계통도를 파악하고 특수조명이나 냉난방기의 전기차단기는 별도로 설치하여 사용해야 합니다. 드라이아이스를 이용한 연무 장치 등 누전차단기를 장비에 직접 설치하기 어려운 경우, 누전차단기를 설치한 전원부를 따로 설치하여 사용해야 합니다.
2. 분전반에 설치된 차단기나 퓨즈의 정격용량을 초과하지 않도록 부하를 배분합니다.
3. 접지형 콘센트와 플러그를 사용해야 하며 건물에 접지를 반드시 하도록 합니다.

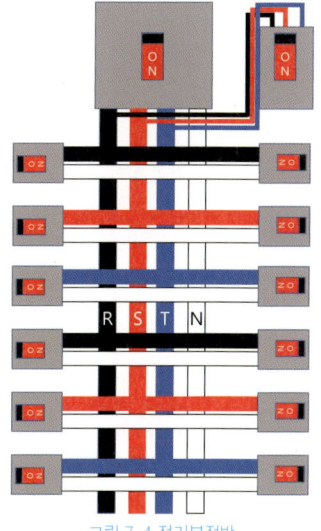

그림 7-4 전기분전반

조명기기

1. 조명기기와 접속되는 케이블 및 커넥터는 용량을 확인하여 정격용량의 제품을 사용해야 합니다.
2. 조명의 연결커넥터는 접지형을 사용하되 콘센트와 플러그가 결속이 잘되도록 동일 제조사의 제품을 사용하는 것이 좋습니다.
3. 무대 바닥이나 세트에 직접 조명기 몸체가 닿게 설치되는 바닥 조명 (foot light) 또는 ground light 등의 조명기기는 바닥보호용 천 또는 방염 합판 위에 설치하여 사용 해야 합니다.
4. 바닥배선용 전선등은 출연자, 스태프, 장비등의 통행에 방해가 되지 않도록 정리하고 절연이 가능한 보호덮개로 덮어둡니다.
5. 조명기구를 매다는 경우 추락방지용 안전고리를 부착하고, 조명의 무게가 지지 프레임의 허용적재하중을 초과하지 않아야 합니다.
6. 허용 전류가 명시되어 있는 전선을 사용합니다.

그림 7-5 가드

사다리 사용 시 주의사항

교회 내에서 전등이나 커튼 등을 교체작업을 할 때 사다리를 사용하게 됩니다. 이 때 사다리를 사용할 때의 준수사항을 지키도록 합니다.

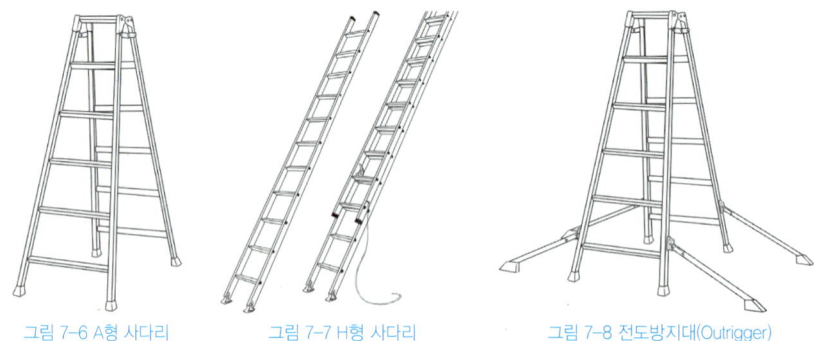

그림 7-6 A형 사다리 　　　 그림 7-7 H형 사다리 　　　 그림 7-8 전도방지대(Outrigger)

1. 작업에 적합한 사다리를 사용하며, 산업용 등급의 제품을 사용합니다.
2. 사다리는 항상 사용 전에 점검을 해서 안전한 상태를 유지하도록 해야 합니다. 사용하기 전에 사다리에 대한 육안검사를 합니다.
3. 사다리 대신 의자, 탁자 또는 상자 등을 사용해서는 안되며, 사다리를 높이기 위해 탁자나 상자를 사다리 밑에 놓아서 사용하면 매우 위험합니다.
4. 사다리를 사용할 때에는 항상 사다리를 마주보고 올라가고 내려갑니다.
5. 발판 사다리(A형 사다리)는 발판을 밟고 걸어가듯이 올라가야 합니다.
6. 사다리는 문이 열리는 곳이나 보행자 통행로, 차량 도로 등 사다리와 충돌 가능성이 있는 장소에 설치해서는 안됩니다. 부득이한 경우에는 사다리 주위에 방호물을 설치하거나 감시자를 배치하여야 합니다.
7. 이동식 사다리는 평탄하고 견고한 지반, 바닥에 설치하여 사다리의 기울어짐 또는 전도에 의한 추락재해를 방지하여야 합니다.
8. 사다리의 발 부분에 마찰력이 큰 재질로 미끄러짐 방지가 된 사다리를 사용하여야 합니다.
9. 이동식 사다리를 수평으로 눕혀서 사용하거나 계단식 사다리를 펼쳐서 사용하지 않습니다.
10. 일자형 사다리의 미끄러짐, 전도 등으로 추락위험이 있는 경우에는 사다리의 상부 또는 하부를 고정시켜야 합니다.

비계 설치 시 주의 사항

1. 비계는 바닥이 평평하고 견고한 받침대 위에 세웁니다.
2. 바퀴를 가진 비계는 대각선 방향과 수평방향으로 지지대를 가져야 하며 4개의 바퀴 중 2개 이상이 잠금 기능을 가지고 있어야 합니다.
3. 이동식 비계의 경우 사람이 올라탄 채로 비계를 움직이지 않습니다.
4. 이동식 비계는 작업 전 모든 바퀴를 고정시키고 전도방지대를 설치하여 흔들림이 없도록 합니다.
5. 비계 재료의 연결이나 해체 작업을 할 때는 발판을 설치하고 작업할 때 안전 난간 등을 사용하여 추락을 예방합니다.

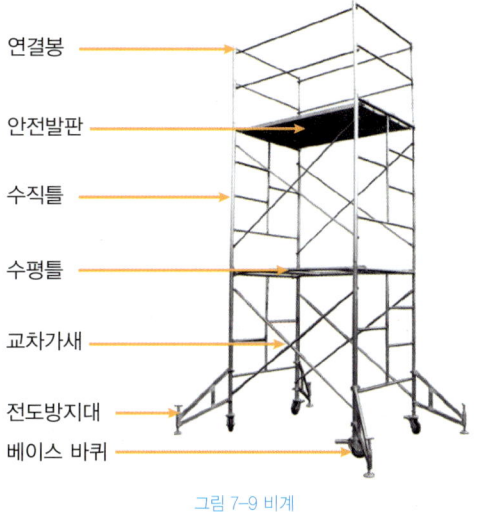

그림 7-9 비계

고소작업대

고소작업대는 고소작업의 위치에서 안전하고 빠르게 설치 접근할 수 있고, 특히 수직 고소작업대는 실내나, 실외에서 안전하게 작업할 수 있습니다. 직접 주행 및 상하 운전을 쉽게 하기 때문에 작업시간 단축 효과를 볼 수 다는 장점이 있으나 강단위 처럼 단이 있는 경우에는 움직여서 사용이 어렵고 회중석에서도 의자를 이동해야 움직일 수 있기 때문에 단상 위에서만 사용을 해야 합니다.

1. 고소작업대를 높일 때는 최대 높이까지 올리지 않습니다.
2. 최소 2명의 작업자가 한 조를 이루어 고소작업대의 안전하게 이동, 고정시켜야 합니다.
3. 전도방지대(outrigger)를 사용하여 작업대를 수평하게 위치하여 고정해야 합니다.
4. 원활한 의사소통을 위하여 주변 소음을 최소화하고 고소작업대가 이동하는 동안 작업 조명을 최대한 밝게 합니다.
5. 고소작업대 이동 경로에 바닥에 이물질이나 장애물이 없도록 합니다.
6. 작업 종료 시 작업대를 가장 낮게 위치한 후 안전하게 이동합니다.
7. 작업대가 올라간 상태에서 작업자를 태우고 이동하지 않습니다.
8. 고소작업시에는 안전모와 하네스를 착용합니다.

그림 7-10 고소작업대와 하네스

화재발생 시

화재는 대형 참사로 이어질 수 있는 만큼 매우 위험하며 초기 대응이 매우 중요합니다. 교회에서는 화재 예방 교육과 안전대책 등을 사전에 준비하여야 합니다.

1. 화재 신고 및 전파 : 119에 화재발생을 신고하고 화재경보기를 작동시킨 다음, 상황을 전파합니다.

   (예) 정확하고 침착하게 화재위치를 알린다. "여기 ○○시 ○○로 ○○번길 대형빌딩 옆 쪽에 있는 교회 무대에서 불이 났습니다."

   가능하면 무엇이 타고 있는지와 사람이 있는지 알려주면 더욱 좋습니다.

2. 대피유도 : 성도들이 일시에 출구로 집중되지 않도록 침착한 상황 설명과 대피 안내를 실시합니다. 노약자와 여성부터 차례대로 질서를 유지하며 탈출을 하게 합니다. 엘리베이터는 사용을 금하고 반드시 계단으로 탈출을 하게 합니다.

3. 초기 소화 : 자체 소화시설의 소화기로 진화작업을 실시합니다.

4. 모든 성도들의 탈출을 확인한 후 출입문을 닫아 화재와 연기의 확산을 지연시킵니다. (출입문을 잠그지 않습니다.)

5. 필요한 경우 방화막을 내립니다.

6. 교회 직원과 스태프 등을 철수시킵니다.

7. 소방차 진입로에 차량이나 장애물이 없는지 확인하여 통로를 확보합니다.

화재예방

1. 비상구 표시 및 비상탈출 도면을 준비하여 배치하도록 합니다.

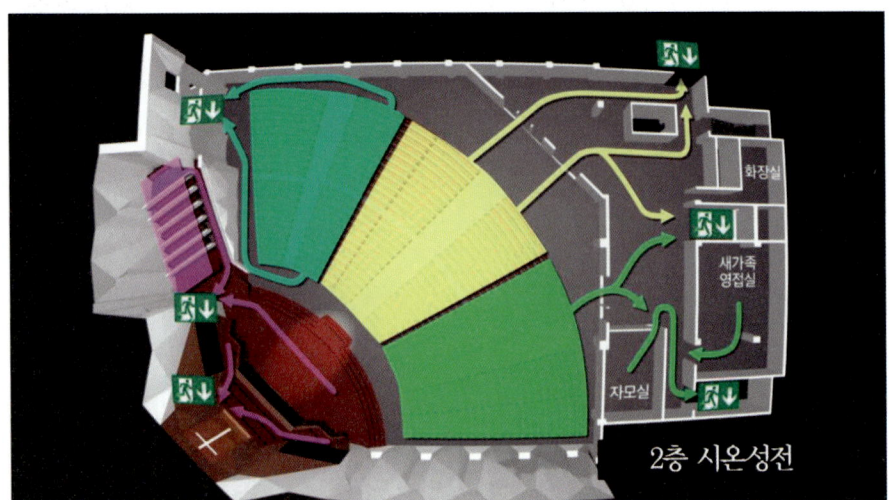

그림 7-11 비상탈출 안내판 (만나교회 제공)

2. 소방안전교육을 정기적으로 실시하고 방송실 스탭은 물론 교역자들까지 대피훈련을 실시합니다.
3. 소화기 종류

    분말소화기 - A.B.C 모두 사용할 수 있는 소화기입니다.

    이산화탄소(CO_2) 소화기 - B급, C급 에 사용합니다

    이산화탄소 소화기는 이산화탄소를 액화로 만들어서 충전한 것입니다. 이산화탄소가 소화기에서 나오면서 고체상태인 드라이아이스로 변하고 공기의 공급을 차단하는 소화기입니다

    할론소화기 - A.B.C 모두 사용 할 수 있는 소화기 입니다.

    이산화탄소 소화기와 마찬가지로, 할론가스를 분사해 산소를 차단하는 소화기입니다. 최근에는 오존층 파괴 염려로 사용을 줄이고 있습니다.

4. 소화기 사용법

　① 안전핀을 뽑는다. 이때 손잡이가 눌려 있스면 잘 빠지지 않으니 잘 살핀 후 제거한다.

　② 호스걸이에서 호스를 벗겨내어 잡고 끝을 불쪽으로 향한다.

　③ 가위질하듯 손잡이를 힘껏 잡아 누른다.

　④ 불의 아랫쪽에서 빗자루를 쓸듯이 차례로 덮어나간다.

　⑤ 불이 꺼지면 손잡이를 놓는다.(약제 방출이 중단된다)

　소화약제가 방출되는 시간은 20초 정도입니다.

소화기 설치 및 관리

① 소화기는 눈에 잘 띄는 곳에 두고 스티커 등을 부착하여 평소에도 성도들이 인지하게 하되 통행에 지장을 주지 않도록 설치합니다.

② 직사광선을 피하고, 습기가 적고 건조하며 서늘한 곳에 설치합니다.

③ 정기적으로 점검하여 파손이나 분실 등을 확인하고, 흔들어보아 소화약제의 응고여부 등을 확인합니다.

④ 한 번 사용한 소화기는 다시 사용할 수 있도록 허가업체에서 약제를 재충전 합니다.

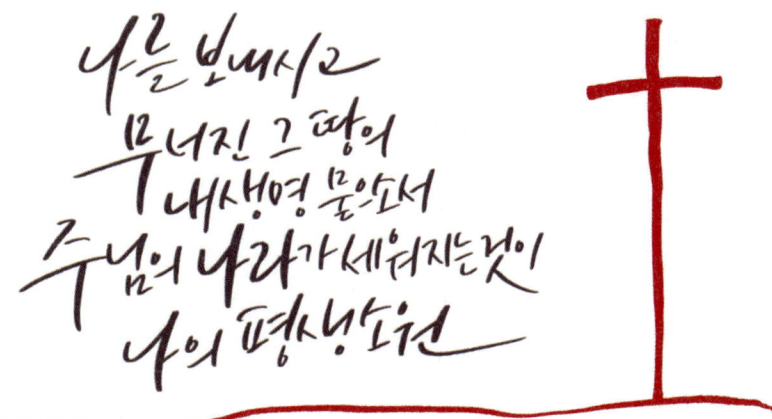

교회음향을 위한
음향시스템 입문

CHAPTER 08

INTRODUCTION TO
SOUNDSYSTEM
FOR CHURCH

부록

방송실 서식 모음
음향서비스센터리스트
참고문헌

당신의 눈에
태초부터 나는
안전해

방송실 자산관리 대장 (중예배실)

자산코드			자산명	모델명	위치 호실	담당부서 담당자	취득일자	내용 연수	취득 금액	단가 상각비	상각 누계액	장부가액	비고
구분1	구분2	구분3											
장비	음향기기	믹서	MACKIE	1604VLZ PRO			2005.9						(21)BW70 329
		앰프	ECLER	PAM1360E			1997						168445
		카세트	TEACK	W-780R			1997						90714
		콤보	LG	LG-404M			2005.9						34918
		EQ	DBX	1215									
		EQ	DBX	266XL			2005.9						
		순차전원기	LEEM	NS-8S			2005.9						
		무선마이크	WINIX	WRX3000			1997						
		나무랙					2004.7						
		스피커	ECLER	EPC-212			1997.7						166232
		스피커	ECLER	EPC-212			1997.7						166235
		멀티BOX	16CH-30m				2001						
		스크린	전동	120"			2005.9						
		프로젝터	SHARP	XG-C40XE									

00교회 장비관리표

품목	품명	입출내역							
음향자재류	마이크 라인 (XLR)	납 짜	6/2						
		보유(잔고)량							
		취득(입고)량	5						
		소비(출고)량 양							
			이월 잔고	/	/	/	/	/	/
음향자재류	55 라인 (BAL)	납 짜	6/2						
		보유(잔고)량							
		취득(입고)량	5						
		소비(출고)량 양							
			이월 잔고	/	/	/	/	/	/
음향자재류	55 라인 (UNBAL)	납 짜	6/2						
		보유(잔고)량							
		취득(입고)량	5						
		소비(출고)량 양							
			이월 잔고	/	/	/	/	/	/
음향자재류	스피커 라인 (SPEAKON)	납 짜	6/2						
		보유(잔고)량							
		취득(입고)량	5						
		소비(출고)량 양							
			이월 잔고	/	/	/	/	/	/
음향자재류	노트북 음성라인 (55 TO 3.5)	납 짜	6/2						
		보유(잔고)량	4						
		취득(입고)량							
		소비(출고)량 양							
			이월 잔고	/	/	/	/	/	/

부서명 : 미디어팀

2015년도 예산 요구서

(단위 : 원)

예산 과목	2015년 예산 요구			2014년도 예산		비고
	금액	수량	산출 내역	금액	산출 내역	
(비)성가대 및 오케스트라, 핸드벨용 컨덴서 마이크 - AKG C414-XLII	0,000,000	6	- 2004년 부단 입단 구입 마이크 사용 노후화로 인한 음향 열화 현상 발생 - 2014년 9월 비전부흥회 동안 C414 Test 사용 - 음향의 질적 향상 가능. 0,000,000 * 6 EA	신규		
(비)중창진 모니터 시스템 - AVIOM SYSTEM	00,000,000	1	- 2012년부터 2014년까지 예배가 없었었던 중창진전으로 수요예배, 젊은이 예배, 중등부 예배 등 예배가 확장되므로 본당을 위해 철수 했던 중창진 모니터 장비의 보완 설치가 시급함. - 단빨 제작 및 기타 사무를 위한 컴퓨터 노후화로 교체 필요.	신규		
(비)음향실 작업용 PC (모니터 포함) - IBM 호환 (1 EA) - MAC PRO (1 EA)	- IBM 0,000,000 - MAC 00,000,000	IBM 1 / MAC 1	- 주일 예배 설교, 금요부흥회, 비전부흥회, 사랑방장 예배 등의 녹음과 편집을 담당하는 컴퓨터의 노후화 - IBM 예산 : 0,000,000 - MAC 예산 : 00,000,000		중창진 작업용 PC 구입	
음향 비품류 합계	00,000,000원					

부록 323

분류번호 문서번호	미디어팀 1501-01		**품 의 서**		
처리기한		결 재			
		담당	팀장	담당 장로	
품의일자					
보존년한					
보조 기관			시행 일자		
			확인 부서		
기 안 자					
경 유 수 신 참 조	내부결재	발 신		통 제	
제 목	성가대 음향 증폭용 마이크 구입건.				

(제 1 안)
수 신 : 내부결재
 1. 성가대 및 오케스트라 음향 증폭용 마이크의 노후로 잦은 하울링 발생과 비정상적인 음향 수음으로 성가대 음향 품질 유지에 어려움이 있습니다. 이에 다음과 같이 신규 마이크 구입을 신청하오니 재가 바랍니다.

  다 음
 1. 구입 장비 - AKG c-414-xlⅱ (개당 0,000,000원)
       현 사용 : 젠하이저 MD441 (2004년 구입, 개당 0,000,000원)
 2. 설치위치 - 성가대 각 파트별 1개, 오케스트라 좌, 우 2개 총 6개 구입
 4. 금 액 - 0,000,000원 VAT포함.
 5. 구입 일시 - 2015년 1월 30일
 6. 구입 업체 - 정품 최저가 주식회사 00음향
          판매 업체명   **주식회사 00음향** 00사운드   00음I
          판매가 **0,000,000원**   0,000,000원   00,000,000원
            업체 비교   **행사기획상품**
           정품 최저가   정품 최저가   일반 정품가
(비품구입비 중 성가대, 오케스트라, 핸드벨용 컨덴서 마이크)
첨부 : 견적서 3부 끝.

음향 수입사 및 서비스센터

주) 소비코 [Meyer Sound 외 수입]
서울특별시 서초구 남부순환로 2271-5
TEL | 02-2106-2800~4

사운드솔루션 [Adamson, Midas콘솔 외 수입]
서울시 영등포구 문래동3가 55-20 에이스하이테크시티 4동 201호
TEL | 02.2168.4500

주)아빅스 [NEXTproaudio, Behringer 외 수입]
경기도 성남시 분당구 황새울로 351번길 10, 5층
TEL | 02-565-3565

TechData [JBL, SOUNDCRAFT 외 수입]
서울특별시 용산구 원효로4가 135 금홍빌딩
TEL | 02-3272-7200

JBL A/S 센터
서울특별시 용산구 효창원로 69길 25 B1
TEL | 1661-9474

SOUNDUS [Digico, Coda 스피커 외 수입]
서울특별시 영등포구 양평동 3가 16 우림 e-BIZ 센터 807호
TEL | 02)525-7822

삼아프로사운드(주) [SHURE, ALLEN&HEATH 외 수입처]
서울특별시 종로구 삼일대로 457, 11층(경운동)
TEL|02) 734-0631
A/S : 서울 특별시 종로구 삼일대로 457, 11층(경운동)
TEL | 02) 734-0653

BLS [DPA 마이크 수입]
서울 성동구 광나루로 130 (성수동) 서울숲 IT 캐슬 12층
TEL | 02 515 7385

DLOGIXS 디라직 [EV 스피커 수입]
경기도 안양시 동안구 별말로 118번길 18 디라직 B/D
TEL | 031-441-9610

EV전자 [스피커 수리 전문]
서울시 종로구 삼일대로 428(낙원상가 2층 69호)
TEL | 02-762-7068

삼미싸운드 [스피커 수리 전문]
서울시 종로구 삼일대로 428(낙원상가 2층 5,62호)
TEL | 02-743-8596

아세아 음향 [스피커 수리 전문]
서울시 종로구 삼일대로428 (낙원상가 2층 159호)
TEL | 02-744-4563

오무사 [스피커 수리 전문]
서울시 용산구 청파로 132번지 나진상가 20동 114-1
TEL | 010-2252-4993

원전자 [앰프전문수리]
서울시 종로구 삼일대로428 (낙원상가 2층 138호)
TEL | 02-743-5156

동양음향 [앰프전문수리]
서울시 종로구 삼일대로428 (낙원상가 2층 143호)
TEL | 02-3675-6977

태성음향 [음향전자기기 수리전문]
서울시 용산구 청파로83 원효전자상가 4동 205호
TEL | 02-712-1604

CS전자 [무선마이크수리, 아날로그 콘솔수리]
서울시 종로구 세운상가 8층 870호
TEL | 010-5448-9457

진광전자 [무선마이크수리, 아날로그 콘솔수리]
서울시 종로구 인의동 112-2 세운스퀘어 테크노관 3층 337호
TEL | 02-2268-6267

종합전자 [신디사이저, 전자악기 수리 전문]
서울시 종로구 삼일대로428(낙원상가 2층256호)
TEL | 02-744-8882

코스모스악기 서비스센터 [기타앰프,건반류]
서울시 서초구 반포대로1길51 덕암빌딩1층
TEL | 02-3486-0033

참소리사 [스피커 유닛 재생]
부산광역시 부산진구 부전1동 347-40(서면악기상가2층)
TEL | 051-803-4470

애성전자악기 [파워엠프,건반류]
부산광역시 진구 부전1동 347-40(서면악기상가2층)
TEL | 051-816-0787 / 010-3841-5651

참고문헌

RIGGING FOR ENTERTAINMENT : REGULATIONS AND PRACTICE, Chris Higgs, ETP (2003)
Handbook for Sound Engineers Third Edition, Ballon, Focal press (2002)
The Ultimate Live Sound Operator's Handbook, Bill Gibson, HAL.LEONARD (2007)
Live Sound Reinforcement Bestseller Edition, Stark, THOMSON (2005)
Sound Reinforcement Handbook, Gary Davis & Ralph Jones, YAMAHA (1990)
Basic Live Sound, Paul White, smt (2003)
Guide to Sound Systems for Worship, EICHE, YAMAHA (1990)
BACKATAGE HANDBOOK, Paul Carter, Broadway Press (1994)
LIVE AUDIO, Dave Swallow, Focal Press (2011)
Basic Live Sound Reinforcement, Raven Biederman.Penny Pattison, Focal Press (2014)
Mix Smart, Alexander U.Case, Focal Press (2011)
CRANK IT UP, CLIVE YOUNG, Backbeat Books San Francisco (2004)
WIRED FOR SOUND, Paul D.Greene.Thomas Porcello, Music/Culture (2005)
live sound, jerry j.slone, HAL.LEONARD (2002)
HOW TO Make Your Band Sound Great, Bobby Owsinski, HAL.LEONARD (2009)
THE SOS GUIDE TO LIVE SOUND, Paul White, Focal Press (2015)
Music Technology in Worship, Steve Young, HAL.LEONARD (2004)
THE ULTIMATE Church Sound Operator's Handbook 2nd Edition, Bill Gibson, HAL.LEONARD (2012)
HOUSE OF WORSHIP SOUND REINFORCEMENT, Jamie Rio and Chris Buono, COURSE TECHNOLOGY (2009)
church sound systems, LONNIE PARK, HAL.LEONARD (2001)

LIVE SOUND HANDBOOK, 박경배, 레오방송아카데미 (2014)
음향입문, 장인석, SRMUSIC (2001)
레코딩 교과서, 쿠즈마키 요시로, SRMUSIC (2011)
믹스 테크닉 99, 쿠즈마키 요시로, SRMUSIC (2010)
베이직 사운드 & 레코딩, 변태식, 충남대학교출판부 (2003)
음향인을 위한 전기실용강좌, 오츠카 아키라, SRMUSIC (2006)
건축음향설계 방법론, 김재수.양만우, SEOWOO PUBLICATIONS (2004)
건축음향설계, 김재수, 세진사 (2004)
건축음향, 김재수, 세진사 (2010)
PA입문, 코세 타카오.스도 히로시, SRMUSIC (2015)
미디어 음향, Stanley R.Alten, 커뮤니케이션북스/THOMSON (2014)
실전! 라이브음향 현장별 테크닉, 미야자와 키요토, SRMUSIC (2004)

무대음향 I, 이돈웅, 교보문고 (2012)
무대음향 II, 이돈웅, 교보문고 (2010)
무대음향 III, 조현의 최기선 이돈웅 이수용, 교보문고 (2013)
음향용어사전, 한국음향학회, (주)교학사 (2003)
스피커 공학, 오세진, 碩學當(석학당) (2006)
무대음향개론, 박영철, 예영커뮤니케이션 (2006)
음향과 음향녹음, 윤오성 SRMUSIC
음향기술총론, 강성훈, Sound Media (2015)

참고 사이트
국제무대전문종사자연맹 – http://www.iatse-intl.org/
독일무대전문협회 – http://www.dthg.de/
문화체육관광부 – http://mcst.go.kr/
영국극장기술가협회 – http://abtt.org.uk/
예술경영지원센터 – http://www.gokams.or.kr/
한국메세나협회 – http://www.mecenat.or.kr/
한국무대예술음향협회 – htttp://www.soundkorea.org/
한국문화콘텐츠 진흥원 – http://www.kocca.kr/

Audio Engineering Society – http://www.aes.org/
Ampenol – http://www.amphenolaudio.com/
Neutrik – http://www.neutrik.com/
Lk connectors – http://www.lkconnectors.info/
Legrand – http://www.legrand.co.uk/plugs-sockets-and-combination-units
Mennekes – http://www.mennekes.de/

논문
일본 극단〈사계〉운영시스템 연구, 우영하, 단국대학교 대중문화예술대학원 석사논문
무대기술 스태프 양성 및 재교육 연구, 이용석, 한남대학교 사회문화대학원 석사학위논문
대중음악공연 연출, 이윤신, 단국대학교 문화예술대학원
공연장 무대장치감독의 업무에 관한 연구, 이준표, 중앙대학교 대학원, 석사학위논문
공연예술 관련 직무향상을 위한 전문교육의 필요성에 관한 연구, 박경배, 중앙대학교 문화예술경영, 석사학위논문

보고서 및 간행물
공연기획 제작자를 위한 기술행정, (재)예술경영지원센터 공연예술 실태 조사, (재)예술경영지원센터

내 작은 손이라도
당신이 사용하신다면
기꺼이 주를 위해
헌신하겠습니다.